INCUBATION & METAMORPHOSIS

孵化与蝶变

顾 斌　沈风雷　著

复旦大学出版社

初次看到"复客"两个字,不免让我想起《论语·颜渊》中的"克己复礼",虽然此"客"非彼"克"。多年来我一直在科技部高新技术司从事科技创新与科技融合管理工作,却对中国传统文化深感兴趣,长期阅读,颇有感悟。我们的科技创新事业在追求技术层面的"术"之外,最根本的还是要坚守一个"道"字,即在纷繁复杂、瞬息万变的发展环境中,始终坚守投身国家发展、致力经济转型、造福人民群众的初心。无论是"复客中国"之名恰有此意,还是我的内心感悟正好与之贴合,复客中国甫一亮相,我便对其产生了好感。在当今中美大国博弈、地缘政治险恶、技术壁垒森严的大背景下,我国科技创新事业的发展更应该坚持"克己复礼"之道,坚持以中国特色的科技创新引领经济社会高质量发展。

我与复客中国颇有些缘分,从早年刚听说"复客"这个名字我就印象深刻,到后来与复客又有了更多的接触和了解,在我心里其实早已把复客中国与那些杰出企业画上了等号。从国际大都市上海到小桥流水的水乡周庄,从太湖之滨吴江到长三角北翼南通,复客人的脚步一刻没有停止,并始终高举创新大旗,引领科创载体发展格局。在披荆斩棘、开疆拓土的过程中,复客人始终把握着锐意进取与脚踏实地之间的平衡,控制着高歌猛进与从容淡定之间的节奏,将兼收并蓄、推陈出新的海派风格诠释得淋漓尽致。这些年我在巡视走访或座谈交流的时候,总会与行业内外的专家、学者、从业者们提起复客中国的故事,介绍他们在科创载体建设运营方面的经验和做法。我一直以来也有写点东西的打算,希望能对复客中国的案例做进一步的剖析和研究,并把它的成功经验推广到全国,但由于工作业务和生活事务的繁忙,计划总是一再被推迟。

也许是缘分使然,就在我心心念念而又无暇顾及之际,复客中国董事长顾斌将这本《孵化与蝶变》的初稿寄给了我,并盛邀我为之作序。为了不负顾总的重托,拿到书稿后,我挤出时间从头到尾认真看了两遍,并对一些重点章节反复进行了研读。应该说这本书的体系比较完整,内容也十分详尽,我长久以来想要总结和表达的东西,在书中基本能找到;有些过去不太在意的内容，在书中也有详细的介绍。全书从科技园区相关理论介绍开始，中间贯穿了项目策划、商业模式、产业定位、招商策略、服务体系、品牌战略、模式创新、生态打造等科创载体建设运营的全过程要素，最后以复客中国鲜活的运营案例结尾。全书不仅具有一定的理论性，而且带有很强的操作性，既可以作为学术研究的参考，又可以作为实际操作的指南，是近年来科创载体领域不可多得的一本好书。

《孵化与蝶变》的字里行间不仅充满着复客人在科创载体领域的专业精神，更洋溢着复客人身上那种强烈的家国情怀。这份全身心致力于国家科技创新事业发展的家国情怀，不但激励着复客人砥砺前行，更是深深地感染了作为读者的我。我希望本书能够尽快出版，因为我们国家有庞大的创新创业人群，有大量的科技型中小企业，还有众多的科创载体运营机构和从业人员，如果能让他们早一天读到这本书，并对他们今后的事业发展有所助益，那一定是件功德无量的好事，对我们国家未来的创新发展也一定会起到积极的推动作用。

2023 年 4 月 25 日

# 前言
>>> FOREWORD

众创空间、孵化器、加速器、产业园,这些以前只有政府相关部门或业内人士熟悉的名词,2015年以后,变得耳熟能详、人尽皆知。如今,每个城市都有科技园区,在一些经济发达地区的城市,更是随处可见各种各样的科技园、产业园。

"大众创业、万众创新"已经成为国家推动经济发展、推动就业的重要战略,而承载着培育产业、孵化企业、培养企业家、促进科技成果转化、解决就业问题等使命的科技园区,无疑成为"双创"战略付诸实践最接地气的载体之一,也推动了区域经济高质量发展。党的二十大报告中再次强调了创新驱动的发展战略,为科技园区未来发展注入了强劲动力。

2015年是科技园区发展的分水岭。以孵化器为例,据火炬中心统计,2015年,全国列统的孵化器共2 536家;到了2021年,列统孵化器数量已达到6 227家,比2015年增长了约146%。没有列统或未经科技部门认定和备案的孵化器、众创空间更是数不胜数。加速器和产业园的数量虽未见官方权威数据,但发展态势也是如火如荼。2015年以来,包括众创空间在内的科技园区呈现出爆发式增长。各种类型、各种模式、各种机制的科技园区如雨后春笋般出现在人们的视野中,这预示着我国科创事业发展的春天已经来临。

科技园区的快速发展除了得益于国家宏观政策环境的支持以外,也与数量庞大的园区专业运营人员的努力分不开。在一般人看来,园区运营的门槛并不高,对从业人员所学专业没有硬性要求,似乎随便找几个人、招几家企业就可以搞起来。但是长期从事科技园区运营的人都明白,这绝对是一个系统工程,涉及的知识面非常广,对从业人员的综合素质要求非常高。

科技园区从发展理念、载体建设、经营模式、企业引进、孵化服务、产业培育到绩效评价,有一整套专业理论、运营体系和操作流程,需要有专业的运营机构、专业的运营团队、专业的运营技能以及专业的服务体系,才能运营好。

纵观科技园区的发展史可以发现,世界各国特别是西方发达国家对科技园区运营的研究已经相对成熟,形成了产业聚集理论、技术创新理论、制度创新理论、三元参与理论、五元驱动理论等多个理论体系;随着时间的推移,这些理论各领风骚数十年后,又被新的理论所替代。虽然在这些不同理论的指导下,科技园区运营也曾有过或多或少的亮丽表现,然而这些理论只是研究的角度、强调的侧重点有所不同而已,并且被深深地打上了时代和地域的烙印,因此不可能放之四海而皆准,对中国这样的新兴经济体而言尤其如此。科技园区的运营和发展到底有什么样的特点和规律,需要在实践中不断探索、学习和总结。我国科技园区运营领域的观点、经验、理念十分庞杂,至今没有形成一套广为认可的理论体系。高校、科研院所专门研究科技园区运营的学者非常稀缺,而众多的科技园区从业人员也为日常事务所累,没有对一些好的经验做法进行总结,乃至上升至理论高度。2020年12月,国家市场监督管理总局和国家标准化管理委员会共同发布了《科技企业孵化器服务规范》(GB/T 39668—2020),但只是在实操层面为科技园区运营提供了行业的规范和标准。所以,理论的归纳和提升是当前我国科技园区运营面临的一大困境。

截至2023年,科技园区的发展在我国只有短短35年的历史,甚至在国家行业分类目录中还查不到相应的编号。然而,科技园区在国家发展战略中的地位越来越重要,在培育企业成长、推动产业升级、促进经济发展过程中的作用日益彰显。未来,科技园区的发展必须建立在一整套符合中国国情、富有中国特色的基本理论指导基础上,否则有可能迷失方向,或者各行其是、无序发展。所以,积极探索科技园区的发展与创新之路、夯实科技园区行稳致远的理论基础,是当下科技园区广大理论工作者和运营者的神圣使命。

复客中国围绕科技园区建设和运营,从孵化链、产业生态和服务生态三个维度,以生态的视角探索科技园区的发展与创新,提出"一个链条、两个生态"的运营模型。《孵化与蝶变》对复客科技园区进行了系统总结,为打造成功科技园区提供了理论基础和实践经验,特别是提出了科技园区要从蝶变的角度,不仅要帮助企业化蛹成蝶,更要从质量提升、价值创造、价值投资、品质塑造、品牌培育等方面实现自身质的飞跃和根本性蜕变,走出一条可持续发展道路。本书希望为我国的科技创新事业发展尽一份绵薄之力。

# 目录
>>> CONTENTS

第一章　认清形势，科技园区发展现状与未来趋势　001
　　第一节　忆往昔，科技园区之峥嵘岁月　001
　　第二节　看今朝，科技园区之发展现状　005
　　第三节　思短板，科技园区之困境忧患　016
　　第四节　从头越，科技园区之未来趋势　019

第二章　运筹帷幄，科技园区项目策划与商业模式　024
　　第一节　寻他千百度，怎样找到理想的载体　024
　　第二节　妙算多胜者，全方位策划与精准定位　039
　　第三节　谋定而后动，竞争态势下的正确盈利模式　042

第三章　赢在起点，科技园区载体建设与物业服务　050
　　第一节　筑巢好引凤，了解企业的多层次需求　050
　　第二节　搭台好唱戏，打造载体的全要素空间　055
　　第三节　平凡化神奇，提升物业的人性化服务　070

第四章　筑巢引凤，科技园区产业生态与招商体系建设　079
　　第一节　科技园区产业生态　079
　　第二节　科技园区招商体系　085
　　第三节　科技园区招商策略　088
　　第四节　科技园区招商渠道　095
　　第五节　科技园区招商方法论　099
　　第六节　科技园区招商团队　104
　　第七节　科技园区招商常见误区　108

第五章　化茧成蝶，科技园区服务生态与企业孵化　111
　　第一节　科技园区服务平台建设与服务资源集聚　111

第二节	与企业为伴，全周期陪伴企业成长	115
第三节	服务生态圈建设与运用	133

第六章　提质增效，科技园区政策支持与绩效评价　　141

第一节	锦上添花，科技园区项目申报的意义	141
第二节	抛砖引玉，科技园项目申报的基本流程	145
第三节	顺风借力，科技园区支持政策的主要方向	150
第四节	小处着手，科技园区绩效评价的指标体系	162

第七章　模式创新，科技园区孵化链条与生态建设　　176

第一节	常规科技园生态系统产生的蝴蝶效应	177
第二节	"一链两态"产生的蝶变效应	182
第三节	孵化链条产生的长尾效应	185
第四节	产业生态产生的磁场效应	188
第五节	服务生态产生的增值效应	191

第八章　品牌战略，科技园区运营创新与团队建设　　195

第一节	搭建新平台，锻造为企业赋能的运营机构	195
第二节	变换新思路，创新为企业赋能的最佳模式	203
第三节	组建新团队，锤炼为企业赋能的专业人才	211
第四节	创建新品牌，打造为企业赋能的百年老店	215

第九章　复客中国科技园区运营案例　　224

案例一	探索科技企业孵化器的规范化运营之路	224
案例二	昆山复客智能制造产业园打造专业化加速器	230
案例三	构建两岸青年创业为特色的众创社区	
	——以昆山两岸青年创业园为例	235
案例四	在转型升级中打造的国家级科技园区	244
案例五	立足上海，建设5G双创中心	252
案例六	探索老城区科创载体创新之路	257
案例七	建设具有人才科创特色的高端孵化平台	262

后记　　268

第一章 认清形势，科技园区发展现状与未来趋势

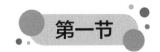

第一节

忆往昔，科技园区之峥嵘岁月

一、美国硅谷的创意——星星之火

1891年，美国"铁路大王"利兰·斯坦福（Leland Stanford）为了纪念自己去世的儿子，创建了斯坦福大学，并希望以此培养美国西部地区的高端人才。到了20世纪40年代后期，为了提高学校的学术声望，斯坦福大学打算聘请一批一流的教授来充实教师队伍，这需要投入一大笔资金。于是，斯坦福大学副校长、电气工程学家弗雷德里克·特曼（Frederick Terman）提出在斯坦福大学建立研究园的设想，以促进学生自己创立公司，研发和制造新的产品，以此带动学校财政收入的提升。

1951年，在政府和各方的支持下，世界上第一个科技园区——斯坦福研究园（Stanford Research Park）正式成立，为后来闻名世界的工业基地和高技术企业聚集地——硅谷（Silicon Valley）奠定了基础。在斯坦福研究园建立之后，许多公司便争相进入，斯坦福研究园迅速发展成为世界高技术研发和制造中心。从建园起，在10年不到的时间里已有32家公司在科技园

区建厂。到了1970年,这个数字迅速增加到70家,而到了20世纪80年代初期,整个科技园区的655英亩(约2.65 km²)土地便全部租了出去。随着硅谷的兴起,科技园区的概念逐渐清晰地呈现在世人面前,并一步步吸引着几乎所有国家的注意。硅谷成为美国和世界各地争相效仿的高新科技园区的楷模,并逐渐在全球范围内开启了科技园区的时代。

作为世界科技园区的先创者,硅谷成功成为美国乃至世界的科技创新中心。20世纪50年代以来,硅谷已经孕育了惠普(HP)、英特尔(Intel)、甲骨文(Oracle)、苹果(Apple)、雅虎(Yahoo)、谷歌(Google)、特斯拉(Tesla)等高科技企业。《2022年硅谷指数》报告指出:2021年,硅谷地区风险投资继续创纪录,总规模达441亿美元。美国1/4的"独角兽"公司(市值在10亿美元以上)和2/3的"十角兽"公司(市值在100亿美元以上)的总部位于硅谷。自20世纪90年代以来,硅谷在美国的专利注册份额持续占据高位,2021年硅谷注册的专利总数高达约18 730件。经统计,虽然受到了美国通胀政策的影响,但是硅谷2020年度人均年收入依旧达17万美元,大幅高于美国人均年收入7万美元的水平。大型科技公司如Meta、Google、NetApp、Apple等,持续在硅谷大幅扩展。

二、第三次科技革命——燎原之势

从20世纪四五十年代起,人类历史迎来了第三次科技革命,特别是从1960年开始,半导体产业与空间技术的进步大大推动了科技园区的发展。此时,美国的科技园区走上了稳定发展的道路,科技园区兴建之风也开始扩展到海外。英国、法国、日本和苏联都开始兴建科技园或科学城,如英国的剑桥(Cambridge)科学园、法国的索菲亚·安蒂波里斯(Sophia Antipolis)技术城、日本的筑波(Tsukuba)科学城等。虽然在1970年前后,由于世界经济进入滞涨时期,科技园区的发展遭遇了一个低潮阶段,发达国家科技园区的建设与发展受到较大影响,但是此时,新兴工业化国家和地区的科技园区开始涌现,如新加坡的肯特岗(Kent Ridge)

科学工业园区和韩国的大德（Daedeok）科学园区等。到20世纪70年代末，科技园区和科研成果转化为生产力的运行机制已经初步形成，其为全世界科技园区的兴起和发展提供了示范。

经过半个多世纪的发展，全球科技园区的数量和规模得到了很大提升。在发达国家的高新科技园区的带领下，世界各个地区的科技园区数量迅速增加，从原来的零星的几个发展到几百个。大部分发展中国家为了不被世界潮流淘汰，纷纷开始创办科技园区。科技园区的发展为各个国家的经济起到了带头作用，引领各个国家的经济发展。

据不完全统计，到20世纪90年代中期，世界范围内约有1 009个科技园区，主要集中在北美、欧洲和东亚地区。从国家（地区）层面上看，发达国家（地区）拥有大部分的科技园区，占世界科技园区总数的75%左右。其中，美国是拥有科技园区最多的国家，占园区总数的近40%，其次是德国和日本，分别拥有超过10%的科技园区。在北美洲，除了硅谷外，还有美国的128公路、北卡罗来纳三角研究园和加拿大的"北硅谷"等具有代表性的科技园区。在欧洲，英国的剑桥科学园、法国的索菲亚·安蒂波里斯技术城、德国的海德堡科技园区和卡尔斯鲁厄技术工厂等科技园区对欧洲经济的发展起到了极大的推动作用。在亚洲，日本的筑波科学城、以色列的特拉维夫科技园、印度的班加罗尔国际科技园、中国的北京中关村和新竹科技园等科技园区对亚洲经济的发展和经济转型升级起到引领示范作用。

也是在这一时期，我国的科技园区经历了从酝酿起步到初具规模的发展历程。20世纪80年代初，鉴于国外科技园区良好的发展态势，部分经济学专家学者向国家提出了借鉴美国硅谷经验在中国创立科技园区的建议。1984年6月，国家科委向国务院提交了《关于迎接新技术革命挑战和机遇的对策》的报告，希望国家加大对高新技术的重视力度，制定促进新技术园区发展的政策，鼓励高新技术企业的发展，并在中国建立科技园区。1985年3月13日，《中共中央关于科学技术体制改革的决定》发布，这是中共中央首次明确提出在全国范围建立高新技术科技园区。1985年4月，国家科委向中央财经领导小组提交了《关于支持发展新兴技术新兴产业的请示》，提出将北京中关村、上海张江、武汉东湖等具有经济发展优势和人才优势的地区作为高新科技园区的试点地区，进一步细化了在我国建立高新科技园区的操作步骤。这一阶段为我国科技园区的建立打下了坚实的基础。

1986年11月，国务院正式启动了"国家高技术研究发展计划"（863计划）。1988年5月10日，国务院正式批准成立北京市高新技术产业开发试验区，即后来的中关村科技园区，这是中国第一个国家级高新技术产业开发区。1988年8月，国务院批准了火炬计划，明确提出将推进高新技术开发区的发展作为火炬计划的重要组成部分，鼓励各省、自治区、直辖市结合自身实际情况建立高新科技园区，拉开了中国高新科技园区蓬勃发展的序幕。1991年，国务院批准建立了26个国家级高新科技园区。1992年11月，国务院又批准在上海、苏州、昆明、青岛等地建立25个国家级科技园区。至此，全国范围内一共建立了52个科技园区，我国科技园区的发展初具规模。1994年11月，国家科委出台了《关于对我国高新技术创业服务中心工作的原则意见》，首次明确提出对高新科技园区建立企业孵化器给予政策支持，为高新科技园区的进一步发展创造了良好条件。

三、新世纪的二十年——百舸争流

发达国家的科技园区纷纷成熟，而发展中国家科技园区的发展也相对稳定。通过前期的经验积累，世界各地科技园区的发展朝着又快又好的方向不断发展，改变了传统技术发展速度慢、方向偏、人才少的特征，这一特征在发展中国家体现得尤其明显。进入21世纪以来，科技园区在世界各地再次得到迅速扩张。到2022年6月，根据国际科技园区协会的统计，协会的会员分布在5个洲（欧洲、北美洲、亚洲、南美洲、非洲）的77个国家。科技园区发展的区域明显扩大，欧洲区会员增长幅度最大，所占的比例也最大，约有60%；亚洲区会员约占会员总数的20%，排在第二位。这在一定程度上反映了世界科技园区的分布情况和进入21世纪以来科技园区的发展状况。

科技园区汇聚了大量生产要素和科技资源，园区间的知识扩散、信息交流、技术合作和功能互补进一步提高了园区的科技创新、知识创新和机制创新能力，使得科技园区的科技竞争力得到极大提升，竞争优势更为凸显，对全球经济和地方经济的带动作用更为显著。我国由于改革开放以来所积攒的经济基础，以及对外来事物接受能力的提高，对于科技园区的发展比较支持。特别是在2008年，世界金融危机的发生让中国经济发展受到很大影响，经济结构调整势在必行。2010年，中央进一步强调充分发挥市场对资源配置的决定性作用，加强国家经济政策的引导，推进产业结构调整优化升级。高技术产业具有附加值高、资源消耗低、环境污染少、带动能力强等特点，通过发展高新技术产业，能够改变我国高消耗、高污染、低产出的粗放型发展模式，促进产业结构调整优化升级，有利于我国经济的转型发展。东西部地区通过产业转移形成不同的产业梯度，各区域结合自身特点形成具有地方特征的科技园区。早在2006年，科技部火炬中心就发布《建设世界一流高科技园区行动方案》，确定北京中关村、上海张江、深圳、西安、武汉东湖和成都等6个国家高新区作为建设世界一流高科技园区的试点园区。2015年6月，科技部召开建设世界一流高科技园区工作座谈会，将杭州、苏州纳入建设体系。2018年的会议上，合肥和广州双双入选，至此，世界一流高科技园区的试点和示范单位扩大到10家。

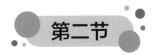

第二节

看今朝，科技园区之发展现状

一、科技园区的内涵特征

科技园区发源于20世纪50年代的美国。经过70多年的发展，科技园区的内涵越来越丰富，演化出了高新产业开发区、高新技术园区、经济技术开发区、科技企业孵化器、大学科技园区等诸多版本。目前，国内外学者对科技园区的内涵及特征主要有下述认识。

（一）科技园区是一种新的生产组织形式

科技园区是一种科技–产业综合性创新基地，以科技园区为载体，能够将企业、政府、科研机构、中介机构有机结合，加速技术创新、企业孵化和科技成果转化，同时加速推进产业规模化，以此提高科技成果转化速度。通过推动科技园区的发展，可以对周边区域的经济发展起到带动作用。

（二）科技园区以科技转化为目的

科技园区的目的是将知识技术转化为现实的生产力，通过政府引导、产业集聚、科研投入等共同作用，进行知识创新、技术创新、技术转化，将智力资源与资本资源、人力资源相结合，创新出新的产品或服务。

（三）科技园区以产业集聚为支撑

随着科技的发展，高新技术产业突破了以往产业结构的束缚，具有互补与协同效应的高新技术企业逐渐聚集在一起形成高新技术产业集群，通过集聚效应吸引智力资源、中介机构、政府机构与之结合，形成了现有的科技园区。

（四）科技园区以智力集聚为动力

科技园区要实现技术成果商品化，离不开进行知识创新、理论创新的高等院校、科研机构等专业机构的合作。园区企业一定程度上成为科研机构与高等院校的科技转化源头，即"实验基地"，而科研机构与高等院校则成为企业的创新载体，即"创新基地"，二者的结合产生了良好的化学反应，推动了科技成果的转化。

（五）科技园区以政府主导为依托

一是政府引导科技园区的发展方向，这一点在我国尤为明显。二是政府为科技园区提供并完善相应的基础设施，包括政府对科技园区进行选址、规划、建设，对园区周边公路、地铁、公交等交通设施进行完善等。三是政府为科技园区提供诸多优惠政策，包括行政、财政、税收、人才引进等方面。

（六）科技园区以园区内各要素的协调有序为关键

科技园区中，企业、政府、科研机构和中介机构等主体相互融合、相互补充、相互促进，通过协同作用将各自的优势相结合，发挥 1+1 > 2 的效果，才能够推动科技园区健康发展。如果这些要素之间没有得到很好的协调，会产生反效果，导致科技园区的无序化，使得科技园区的优势难以发挥。

二、科技园区的主要类型

科技园区是一个国家或地区为了实现产业结构改造和促进高科技产业的发展而在本国或本地区境内划出的，以新兴工业产品的研究和开发以及高科技产业的生产为主要内容的区域。根据其功能、结构、范围和特点的不同，科技园区可具体分为企业孵化器、加速器、众创空间、科学园、技术城、经济技术开发区、高新技术产品加工区、高新技术产业带、创意产业园区等，本书主要围绕众创空间、企业孵化器和企业加速器进行阐述。

（一）众创空间

众创空间（maker space）是指为满足大众创新创业需求而提供的工作空间、网络空间、社交空间和资源共享空间。积极利用众筹、众扶、众包等新手段，以社会化、专业化、市场化、网络化为服务特色，众创空间打造了低成本、便利化、全要素、开放式运营的创新创业载体和平台。

（二）企业孵化器

企业孵化器（business incubator）是以促进科技成果转化、培育科技企业及企业家精神为宗旨，提供物理空间、共享设施和专业化服务的科技服务机构，是国家创新体系的重要组成部分、创新创业人才的培养基地，以及大众创新创业的支撑平台。

科技企业孵化器包含高新技术创业服务中心、大学科技园、留学生创业园等科创载体，可以为规模较小的高新技术企业提供优惠政策、金融服务、法律咨询等，为企业降低风险，提高企业的存活率和成功率，主要包括场所、服务和资源提供等要素。

（三）企业加速器

企业加速器（enterprise accelerator）是孵化器与产业园区之间的过渡载体和平台，是快速成长企业的集聚地，通过技术、资金、政策等赋能，为创业企业加速发展提供助力。企业加速器是从"企业孵化"到"产业孵化"的突破口，将形成产业集聚效应，促进优势产业的集约化发展和壮大。相对于企业孵化器而言，企业加速器更着重于加强对成长期企业的支持。

三、园区发展的主流理论

（一）产业集聚理论

所谓产业集聚，是指具有相关性的企业在一定地理空间上集中，通过相互之间在资源流动、信息沟通、人才交流等方面的便利，促进产业的整体发展。目前，根据研究角度的不同，产业集聚理论可以分为阿尔弗雷德·马歇尔（Alfred Marshall）的外部经济理论、阿尔弗雷德·韦伯（Alfred Weber）的产业区位理论和迈克尔·波特（Michael Porter）的新竞争优势理论。

马歇尔在1980年的《经济学原理》一书中，首先发现了产业集聚现象，他使用了"产业区"一词对此进行说明。马歇尔认为产业集聚有以下优点：一是产业集聚可以引起进一步的产业分工，随之而来的就是更加专业化的产品和服务；二是产业集聚可以吸引具有同样特性的劳动力资源，保证企业具有充裕的劳动力资源；三是产业集聚可以通过扩散效应实现区域技术与信息共享，促进区域创新能力的提高；四是具有关联性的企业位于同一区域，一定程度上可完善该区域的产业结构，促进区域经济健康发展；五是产业聚集地具有先天性的商品优势，既有利于企业下游销售环节的发展，又给顾客带来了便利。

韦伯在《工业区位论》一书中，从工业区位的角度对产业集聚现象进行了分析，这也标志着产业区位理论的基本成熟。韦伯认为，区位因素主要包括交通运输的便利性和生产资源的廉价性，这是产业聚集能否实现的重要条件。产业聚集形成以后，一方面可通过企业规模发展壮大实现产品生产成本下降和企业利润增加；另一方面可以通过在生产上存在密切联系的企业之间的交流合作实现比企业分散分布更大的效益。韦伯强调产业聚集的自发性，认为产业聚集对企业的效益具有正面作用。

波特在1990年发表的《论国家的竞争优势》一书中，首先提出了产业集聚的概念，将其引入对区域经济和国家战略发展的研究。波特认为产业集群具有3个方面的竞争优势：一是通过企业之间的相互作用使得整体效益大于单个企业的利益之和；二是集群内企业之间的信息交流传播有利于企业对先进科技和先进理念的掌握和吸收，有助于提高企业的创新能力；三是产业集群一旦形成，就具有发展扩大的自发性，可以通过集群本身的发展壮大来提高竞争优势。

（二）创新理论

约瑟夫·熊彼特（Joseph Schumpeter）在《经济发展理论》一书中首次提出了"创新"这一概念，认为创新是"将生产要素和生产方法的新的结合方式引入生产体系"。随后他又通过《经济周期》和《资本主义、社会主义和民主》两本著作进行阐述，形成了完整的创新理论体系。

熊彼特认为创新是一个非均衡的过程。他将经济体系分为两种类型：一种是经济循环类型，经济资源在体系中循环流转，没有产生突破性的变化，整个体系始终处于均衡状态；另一种是经济发展类型，经济资源在整个体系中的流转渠道和流转状态不断发生变化，新的变化不断对旧有的均衡状态进行改变，属于非均衡状态。熊彼特认为：在没有创新的情况下，经济体系中只有资源的流转，经济增长仅由资本数量和人口数量的增长所推动，并没有产生质的飞越；只有当经济体系中有创新存在时，经济才能够产生突破性的进展，即经济发展，创新是经济发展的必要条件。

熊彼特提出创新理论之后，许多学者对此进行了研究，丰富了创新理论研究体系。目前创新理论有两个主要分支：一是以爱德温·曼斯菲尔德（Edwin Mansfield）、罗伯特·索洛（Robert Solow）和克里斯托夫·弗里曼（Christopher Freeman）等为代表，强调技术的变革、演进对经济发展的影响；二是制度创新理论，以格拉斯·诺斯（Douglass North）和兰斯·戴维斯（Lance Davis）等为代表，强调体制机制和生产方式的变化对经济发展的影响。

（三）多元发展理论

三元参与理论于20世纪90年代被首次提出，其中三元指的是政府、企业和大学。该理论认为：科技产业是建立在大量的研发活动基础之上的，是资金、科技和人才等因素高度集中且经济活动高度一体化的新兴产业。科技园区为政府、企业及高校三元结合提供了产销一体的载体。

2008年，时任中国科技金融促进会风险投资专业委员会副主任、陕西省人民政府副省长景俊海在其著作《科技园区的西安模式》中首次总结并提出了五元驱动理论。景俊海认为科技园区发展由政府、企业、大学、孵化器、风险投资这5个方面驱动。该理论认为，政府的作用是为园区发展营造宽松的创业环境、优惠的政策环境和健全的法律体系环境，完善基础设施的建设，积极引导要素的聚集。企业是科技创新的主体，处于园区发展的核心地位；高新企业要对商品市场有敏锐的洞察力，能看清市场高科技发展趋势，强化与大学的联系，有效促进市场需求和企业商品的结合，推动高技术商品的产业化，进而实现国际化。大学承担科技创新职能，能够为邻近的园区提供科技创新成果，为企业培养高素质人才。孵化器是为园区企业提供服务的空间组织。风险投资承担为园区企业发展提供资金的任务；对于初创阶段的企业，一般风险较高，投资需求较大，风险投资尤为重要。五元驱动理论所强调的是 5 个要素之间的相互影响。

四、科技园区的发展模式

针对科技园区的发展模式分析，重点是科技园区从起步阶段至成熟阶段的整个发展演变涉及的模式路径。为了对发展模式做更深入的研究，需要从静态角度做横向比较。国内外科技园区发展模式可细分为建设管理模式、创新模式、产业培育模式、投融资模式等多个维度，由于所处环境的差别，上述模式均呈现异质化特征。

（一）建设管理模式

依据科技园区建设过程中主导力量的差异，可将园区建设模式划分为两大类，即政府主导建设模式和市场主导建设模式。国内科技园区以政府主导建设模式为主，管理模式上也主要是政府主导管理模式，这种模式的选择可为中国科技园区建设带来快速启动建设、利于招商引资及实现规模经济、便于政府统一规划等优势。国外科技园区以市场主导建设为主，管理模式则主要是以市场力量为主的企业化管理模式和弹性管理模式。这种模式选择有利于提高园区企业质量、实现"小机构，大服务"和实现内生化增长的优势。

建设管理模式是否适合，关键看园区所处的发展阶段及其外部条件。中国为后发国家，基础差、底子薄，需要实现赶超战略，因此在园区发展早期，依托政府集中资源进行培育成为最佳选择。但在园区逐步成熟后，应吸收欧美园区市场主导建设管理模式的优点，适当弱化政府角色，增强市场力量，提升园区发展的可持续性。

（二）创新模式

一直以来，中国科技园区以培育产业为主，而不是以技术创新为主，其创新模式主要是模仿创新，自主创新较少。发达国家科技园区依托长期的知识和技术积累，更多地集中于研发创新活动，以自主技术创新为主要特征，致力于发展高新技术产业。不同的科技园区创新模式实际上也有一定交叉，但各有侧重，分别对应多元理论、社会经济网络理论、产业集群理论等园区发展理论。不同创新模式各有优劣：全球化联合研发 + 官产学研合作模式有利于技术基础较弱地区以较快速度实现技术追赶；大企业带动模式有利于模仿，实施门槛较低；创新网络模式则对创新促进效果最佳，但实现难度大。中国科技园区创新模式更接近全球化联合研发 + 官产学研合作模式和大企业带动模式，实践中对促进创新具有一定效果，但以网络为组织基础的创新方式应是未来转变的方向。

（三）产业培育模式

促进创新成果转化、培育新兴产业是科技园区重要职能之一。根据对园区产业培育特点的分析，可将产业培育模式划分为3类，即主导产业带动模式、内生培育模式和产业集群发展模式。

中国科技园区产业培育模式有两类：第一类为主导产业带动模式；第二类为内生培育模式。国外科技园区产业培育模式同样有两类：第一类为主导产业带动模式；第二类为产业集群联动网络模式。总体来说，中外科技园区产业培育均集中于主导产业带动模式，产业选择上，少数园区为自发形成，多数为有意培养。但内生培育模式和产业集群联动网络模式更为柔性、开放和网络化，创新要素的流动性也更强，可以在现实中看到，选择这两种模式的园区均具有发展可持续性强、科技园区孵化高新企业能力发挥更充分等特点。美国硅谷孕育出英特尔、苹果、惠普、谷歌等国际领先企业,深圳高新区孕育出华为、中兴、腾讯等国内龙头企业。因此,这两种产业培育模式应成为中国科技园区未来转型的目标。

(四)投融资模式

资金对科技园区发展至关重要,在各自的发展过程中,国内外科技园区形成了不同的投融资模式。中国科技园区投融资模式有两类:第一类是投资推动型,即政府财政拨款主推;第二类是投融资结合推动型,即多渠道筹资。国外科技园区投融资模式有三类,包括上述的两类以及融资推动型,即风险资本主推。对比来看,国内外科技园区投融资模式类似,但中国偏投资推动,国外融资推动的程度更深。在投资推动型模式下,政府的资金注入和政策优惠对科技园区的发展具有较强的保障作用。融资推动型则具有偏重投资技术的转化应用、为投资对象提供优质增值服务、以项目为主要投资对象、注重长期持有等四大特点,资金使用效率较高。不同于国外,中国科技园区长期处于资金短缺的约束下,政府资金注入必不可少,但随着中国经济的快速发展,民间资本存量已大大增加,适度减少政府资金、引入更多风险资本等民间投资越来越必要。因此,兼具灵活性、高效性和对园区保障性的投融资结合推动型即多渠道筹资模式更符合中国科技园区未来发展。

五、我国园区的规模现状

(一)建设规模不断扩大

随着"大众创业、万众创新"的来临,国家通过发展众创空间、孵化器、加速器等,大力推动全社会创新创业。2015年以来,我国的创新创业孵化载体如雨后春笋般不断涌现,规模也不断壮大。截至2021年年底,全国已建成科技企业孵化器6 227家、众创空间9 026家、加速器880余家,数量稳居全球第一。众创空间和科技企业孵化器如今已经覆盖了全国

95%的县以上地区，并在京津冀、长三角、粤港澳、成渝等地区形成科技创新创业良好集聚生态。

其间，我国还涌现了创业大街、创业小镇、创业社区等不同类型的众创集聚区，出现了博士创业园、大学生创业园、妇女创业中心、退役军人创业孵化基地、专精特新孵化基地、瞪羚企业谷、独角兽孵化加速体验中心等面向不同创业人群和创业企业的创业孵化载体。

（二）服务体系逐渐完善

我国各地根据自身创新实践，探索出了概念验证、众包孵化、循环孵化、产业孵化、离岸孵化、反向孵化、生态链孵化、数字孵化、链条孵化等新型孵化模式。在鼓励孵化模式创新的基础上，企业内生孵化、平台开放孵化等新型创业孵化载体不断出现，企业总部型、技术中试型、专业产业型等多种类型科技企业加速器不断建成，品牌孵化器通过连锁经营、品牌输出、一器多地等模式实现了规模化发展。

如今在各地探索各具特色的孵化模式的基础上，我国创新创业孵化载体的孵化服务体系逐渐健全完善。2020年12月14日，第一个创业孵化服务国家标准《科技企业孵化器服务规范》正式发布实施。这标志着我国创新创业服务行业向标准化、体系化建设迈出了重要一步。

在此背景下，创新创业孵化机构持续推进创投、培训、咨询等服务的专业化，不断提升资源对接、精准孵化、生态打造、区域协同等服务的水平，加速生成新产品、新企业、新产业，不断激发经济发展新动能。当前创新创业孵化机构正在深化体制机制改革，优化商业与运营模式，调整孵化服务方向，获取更丰富的孵化资源，增强孵化服务人员的能力素质，提升创新创业孵化的绩效和水平。全国创新创业孵化行业正日益向体系化、专业化、标准化、网络化、生态化发展，逐渐从集聚创业要素向促进资源开放共享演进。

（三）带动效应日益强化

科技园区作为国家创新体系的重要组成部分，是经济社会发展不可或缺的创富源和就业源。2015年以来，我国科技园区扎实推动科技政策落地，搭建公共技术平台，加大扶持政策供给，推动科技企业成为技术创新主体。2021年，科技企业孵化载体总收入801.76亿元，当年享受税收减免达到11.1亿元。在孵企业年总收入达1.24万亿元，拥有有效知识产权141.1万项，其中发明专利21.2万项，当年研发经费支出达831.5亿元，平均研发投入强度达6.7%。在孵科技型中小企业研发投入同比增长28.9%，高新技术企业同比增长11.1%。

与此同时，我国科技园区的发展逐步形成了针对高质量就业的带动效应，科技创新创业带动高质量就业的成效日益明显。2021年，众创空间和孵化器内创业就业人数达498.3万人，吸纳应届大学毕业生就业达50万人。按创业主体分类，大学生创业的有164 624人，科技人员创业的有96 197人，原大企业高管创业的有41 739人，留学生创业的有18 142人。

截至2021年年底，众创空间内累计获得投融资的创业团队和企业有9.2万家，金额达到7 723亿元。众创空间形成了孵化+投资、引入社会资本投资以及服务换股权等多种投资模式。2021年当年，孵化器内1.6万家在孵企业获得社会资本投资1 226.5亿元，众创空间帮助2万余个创业团队和企业获得投资，总额超过897亿元。

（四）生态服务趋于健全

全国各地科技园区经过不断探索，企业加速器重点围绕高成长性企业提供定位清晰、方位明确的专业化服务，科技园区真正形成百花齐放的可喜局面。在此基础上，我国科技园区服务体系逐步完善，涵盖了"众创空间—孵化器—加速器—产业园"全链条，服务企业全生命周期。

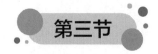

第三节

思短板，科技园区之困境忧患

一、政府动因与创业动机的差异

政府创办科技园区的动因是认识到科技园区是新经济发展的核心地区，是一个国家建设创新高地迈入新时代的重要标志。政府主导建设科技园区的目的是打造国家的创新创业高地，不断地完善创新创业生态，并引领建设过程中的创业者、企业、投资人、大学、研发机构等发挥相应的重要作用。自20世纪80年代末，在30余年的发展历程中，我国在学习硅谷模式的同时，结合自身特色（即政府在科技园区建设过程中发挥了重要作用）形成了促进科技园区发展的中国模式。

然而在政府大力推动创新创业的同时，参与创业的企业、投资人等，他们的实际动机与政府动因存在着或多或少的差异，甚至矛盾。对于这些企业、投资人来说，追逐可见或者不可见的利益往往才是其跻身创新创业领域的真实动机。从市场规律来说，企业追逐利益天经地义，但是在目前我国相关领域缺少监管的情况下，就出现了借政府创办科技园区的"东风"而实现不当目的之现象，涉及创新创业、高新技术等领域的违法犯罪活动屡屡见于报道。比如，广东佛山某园区负责人为了获得国家高新技术企业认证所带来的税收优惠政策和资金奖励，串通不符合必备条件的企业进行数据造假，以帮助企业申请高新技术企业认证并侵占相关资金补贴和奖励，最终被检察院以诈骗罪提起诉讼。

除了科技园区经营者、企业创业者之外，部分地方政府对于园区运营、创新创业发展的认识也存在问题，导致了一系列衍生问题。比如：地方政府视上级政府的创新创业发展规划为"表现契机"，默许甚至参与到不当甚至不法的经营行为中，以求为地方政绩提分；好大喜功地推行不切实际的创新创业指标给辖区科技园区，从某种程度上"逼迫"科技园区经营者、企业创办者弄虚作假；对于创新创业发展的目标和意义缺乏理解和关注，通过一系列面子工程完成流于形式的考核任务。

二、管理体制与市场机制的落后

从研发投入、专利产生速度、千人拥有的授权专利量等指标来看，目前我国科技园在发展的层次与内涵上与国际先进水准差距明显，个中原因也是多方面的。发达国家的市场经济发展历经百年之久，已经形成了比较完善、有效的管理体制和与之相适应的市场机制、法律法规等。我国的市场经济与之相比仍不完善，长期以来实行计划经济所带来的惯性与市场经济的力量并不匹配。在日常的经济生活中，来自体制、惯性、观念等各方面的因素仍时时阻碍着市场作用的发挥，因而我国科技园区虽历经30多年的发展，应该说仍处在探索阶段。目前参与科技园区建设的主体多元（有各级政府、大学和社会企业等部门单位），建设与管理模式各不相同，形成了在管理体制以及相应市场机制上较为复杂的局面。多头管理既制约发展，又在管理中出现了诸多问题，如政府、园区、企业、高校等共建各方在建园时出台的许多管理办法由于缺少相应的完善的法律法规支撑，在市场经济体制中无法彻底贯彻执行，在管理运行过程中常常出现建设主体的各方各自为政的局面。

就适合科技园区发展的特定体制和市场机制而言，我国在现阶段主要存在的问题包括：①政府在科技体制中行政干预过多；②计划经济体系在一段时间内对创新网络形成的影响；③产、学、研三者的关系及其在社会中的功能定位尚未形成清晰有效的制度化结构；④投融资体制改革尚待深化，支撑高科技产业发展的风险投资体系尚未成熟，制约了创新型企业的成长；⑤市场机制的不健全导致科技成果的产业化时常被抑制，不利于科研投资的回报，最终对增加科技创新成果产生负面影响；⑥在体制完善和转型期间，各种法律法规上的漏洞使得不正当的投机行为有机可乘。

三、科技水平与竞争能力的不足

现阶段，我国科技园区以及相应入驻企业还面临着科技水平不足、产业集群优势不突出的问题，最终导致科技园区以及企业同质化竞争严重，缺乏真正高技术附加值、高科技含量的园区/企业竞争力。目前我国科技园区面临"以点为据、各自为营"的发展状态，各园区产业规划特色不鲜明，园区间协调联动与利益分享机制不健全，大量科技园区将装备制造、汽车、信息技术（IT）等产业确定为园区主导产业，与城市主导产业或优势产业盲目趋同。除少数一线城市的某些园区外，大多数园区缺乏依托自身资源禀赋的特色产业设计，以及基于园区本身空间合理利用的园区产业谋划，存在较严重的同质化竞争，园区间产业、人才、资金和生态资源等难以良性联动，园区主导产业的集聚优势不突出，缺乏国内领先或具有国际影响力的优势产业集群和创新集群。同时，科技园区以及相关企业的价值链高端环节短缺，品牌效应不显著。科技园区集聚的产业多属于全球产业链和价值链的中低端环节，研发、设计、供应链管理等核心环节基础薄弱，掌握关键核心技术的科技企业偏少。

经统计，2021年我国主要城市的国家级企业技术中心数量前四名分别为北京92家、上海86家、深圳33家以及广州26家，但是其中能代表国家参与国际竞争的高科技龙头企业数量占比较低，产业集群与创新的国际影响力不强，顶级人才与技术的吸引力偏弱。此外，国内其他地域科技园区还面临规模较小、地理分散、产业规模不大、龙头企业偏少等问题，园区品牌缺乏统筹规划和推广，多数园区未形成特色鲜明的品牌形象，存在品牌多、品牌力弱等现象。目前，国内拥有北京中关村、上海张江、深圳南山、武汉光谷等全国乃至全球知名的科技园区，但是相对于我国广阔的地域来说，该数量依旧严重偏低。

四、综合服务与创新能力的欠缺

我国科技园区虽然在服务能力上不断加强，但是依旧存在综合服务功能不强、部分园区基础设施不完善、园区创新能力缺乏等问题。科技园区以凝聚新兴产业和科技人才为核心，需要配套完善的产业、创新、服务和生活等综合功能。目前，我国现有大多数科技园区综合功能仍待完善。首先，园区综合服务功能定位不清晰，产城融合程度不高，城市服务功能建设滞后于产业发展和人才集聚需求，公共服务设施、城市基础设施、人才安居工程等城市功能缺口较大。首先，大量科技园区的内外交通衔接尚未体系化，园区教育、医疗、商业、社区服务等公共配套设施跟不上企业发展需求。其次，多数科技园区缺乏对于自身角色的创新性认知和发展，其管理组织未能实现从传统招商引资和物理空间供应者角色向创新组织者和服务商角色的转变，对科技园区环境品质提升的理念认识不深。上述问题导致我国多数科技园区内部综合功能不健全，对园区周边地区辐射带动能力不足，与周边地区联合发展、链式发展模式尚未形成。比如，很多位于城市郊区的科技园区由于与主城区距离较远，与其他园区和城市服务功能区联动较难，对周边发展带动力不强，难以形成类似"三区联动"（大学校区、科技园区、公共社区联动）、"三城融合"（产城、学城、创城融合）的优质园区模式。

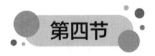

从头越，科技园区之未来趋势

一、政府主导引领新定位

在未来，科技园区将进一步深化高效的政府主导模式，并且树立更加明确的发展定位。在未来高新科技园区的发展过程中，政府要加强对高新科技园区的监督，净化高新科技园区的市场，让高新科技园区的发展可以在优越的环境中进行，为高新科学技术的研究提供优越的环境。政府还要看到世界其他国家高新科技园区发展的方向，然后对我国高新科技园区的发展给予一定的政策支持。

同时，还需要政府引领高新科技园区进行更加明确的定位，这是我国高新科技园区未来发展趋势之一。通过高新科技园区的明确定位，可以有效地利用这种定位的优势，为高新科技园区的创业发展打下良好的人才基础，为我国科学技术的发展提供强大的动力。2022年11月，《科技部 教育部关于批复未来产业科技园建设试点的函》发布，批复10家产业科技园作为未来产业科技园建设试点，1家产业科技园作为建设试点培育。作为前瞻布局未来产业的重大举措，这充分显示国家引领科技园区发展定位。

二、地方协同打造新格局

科技园区地方协同发展是指在科技园区地方生产网络系统中，各园区、企业、相关政府职能部门、中介机构、大学及科研机构等组成要素之间优势互补、协调合作，发展活力得以充分释放，发展潜力得以充分发挥，使得系统整体发展大于各要素独立发展之和，形成有序运作的协同发展状态。江苏在全国率先提出了众创社区的概念，将其定义为"相对独立于行政区划单元和产业园区，在一定范围内高效组合人才、技术、资本等创新创业资源要素，集成专业化众创空间、科技企业孵化器、科技服务机构等，实现创业功能、产业功能、文化功能和社区功能有效融合的新型'双创'空间平台"。经过5年多的发展，众创社区已经成为技术创新、产业孵化、应用示范、人才培养的科创企业集聚区，产学研用有机结合的示范社区，以及产业发展支撑的引领阵地，为区域经济高质量发展做出了突出贡献。

未来的科技园区将形成融合的地方生产网络系统，它由多个科技园区地方生产网络彼此交织而形成。在区域范围内多个科技园区之间，产业链和价值链的网络化将形成多个地方生产网络，而这些生产网络彼此交叉重叠，最终发展构成科技园区地方生产网络系统。在此系统中，不同科技园区的企业可能属于同一生产网络，同一科技园区的企业也可能属于不同生产网络。未来随着科技园区与生产网络交织在一起，生产网络由其中各个科技园区组成，科技园区也将嵌入一个个生产网络。最终，地方生产网络和科技园区重叠交织的特殊形态将为科技园区之间的协同作用提供框架与格局。

三、产业体系孕育新业态

随着信息技术和互联网应用的逐步深入，各类新兴技术与信息技术的融合应用成为未来高科技产业发展的主导趋势。以硅谷为例，其150强企业统计数据显示，以商用和消费类IT为代表的信息服务产业销售额占比达76.51%，而传统的半导体组件和半导体设备制造业销售额占比仅为18.58%，已显著落后于IT主导的新兴业态。同时，150强企业中有23家从事医疗保健、新能源和清洁技术领域的研发与制造，显示出较强劲的增长势头。

当前，科技园区研发项目与消费和文化领域的融合已日趋明显。例如：硅谷前10强企业中代表消费类信息技术的苹果公司排名已升级为第一位；更具预判意义的市值测算则表明，消费类信息技术领域的企业市值已达到6 064亿美元，超过商用信息技术和半导体研发制造领域的市值总和。信息、生物、新能源、新材料等新兴技术与现有的传统产业结合，形成新的主导产业发展空间，也已成为许多科技园区致力拓展的重要领域。

四、运营管理呈现新模式

随着科技创新体系的不断深化与丰富，科技园区在运营管理模式上也呈现出新变化。现在国外出现了不少混合高科技园区，如美国的北卡罗来纳三角研究园由政府、学校、企业等各方组成的研究基金会管理，并成功创建了开放式动态联盟，以多样、柔性的市场价值实现作为目标，形成灵活的产业梯级结构。

许多园区与世界各地区的相关园区构建区域网络，并在此基础上推动了资本、技术、人才等要素的全球流动。例如，硅谷逐渐形成了全球性的组织合作网络，在产业上与印度班加罗尔、中国台湾新竹等形成紧密合作关系，在资本流动上与中国、英国、加拿大、印度、以色列、日本等关系密切，在专利方面的全球合作也日益紧密。

随着产业集群和要素集聚能级的不断提升，许多园区已提出和实践"走出去"战略，并在对外拓展的模式上逐步呈现出空间拓展、品牌拓展和服务拓展等多种类型。如WeWork从2011年开始向纽约市的创业人士提供联合办公场所及服务，随后很快向全球扩展，2016年7月，WeWork正式进入中国市场，首站是上海，后来是北京、香港等城市，截至2022年6月底，WeWork在38个国家的777个地点，拥有约91.7万张办公桌和65.8万名实体会员。

五、园区功能实现新提升

在注重统筹协调、持续发展的当今世界，科技园区的功能已不局限于提供科技创新、企业孵化与产业化的相关基础服务，在先进的城市功能塑造上面临更高的要求。科技园区正从孵化器、产业园区向科技新城或知识新城的方向演进。如日本提出的"技术城"概念，表现为产、学、住各功能的有机结合，是丰富的地区文化传统、美丽的自然风貌与现代科技文明融合为一体的理想科技城市形态。

同时，科技园区肩负了改革创新的使命，其不仅寻求在管理体制方面的创新，也在寻求经济发展和环境保护、资源节约兼顾的新路。许多科技园区将"低碳"和"智慧"作为其重点打造的园区特色，重视园区能源结构的优化、生态环境的保护和智慧信息网络的建设。如美国硅谷正在致力于推进绿色环保，减少温室气体排放，希望能在商业快速发展的同时成为"绿色"硅谷。惠普、思科、太阳微系统等大公司都加盟了"可持续发展硅谷"（Sustainable Silicon Valley，SSV）行动组织，旨在为降低温室气体排放量做出表率。

本章主要参考资料

1. 边慧夏.科技园区地方协同发展的理论与实践［M］.北京：经济科学出版社，2016.

2. 范小红，伍彬，邓健.广州科技园区发展特点、短板及对策建议［J］.科技中国，2022（04）：91-96.

3. ［美］迈克尔·波特.国家竞争优势［M］.北京：华夏出版社，2002.

4. 任泽平.美国发展高科技的机制与启示：以硅谷和半导体为例［EB/OL］.新浪财经，2022-03-07，https：//baijiahao.baidu.com/s?id=1726598426960527860&wfr=spider&for=pc.

5. 王春娟.科技园区商业发展研究［J］.北京财贸职业学院学报，2017，33（04）：26-29.

6. 卫平，张跃东，姚潇颖.国内外科技园区发展模式异质性研究［J］.中国科技论坛，2018（07）：180-188.

7. 徐珺.国际科技园区发展历程、经验与新趋势［J］.科学发展，2014（05）：107-112.

8. 2022年中国科技工业园区市场现状及发展趋势［EB/OL］.前瞻经济学人，2022-02-09，http：//baijiahao.baidu.com/s?id=1724255822279375294&wfr=spider&for=pc.

9. 我国科技园区管理行业现状：园区数量不断增加，运营效益实现连续提升［EB/OL］.观研天下，2022-05-27，http：//baijiahao.baidu.com/s?id=1733945976985023611&wfr=spider&for=pc.

第二章 运筹帷幄，科技园区项目策划与商业模式

"夫未战而庙算胜者，得算多也；未战而庙算不胜者，得算少也。多算胜，少算不胜，而况于无算乎！"（《孙子兵法·计篇》）一场战争，必须要提前做好谋划，方能运筹帷幄之中，决胜千里之外。成功运营一个科技园区，同样须提前进行策划，做好可行性分析，规划项目定位，确立商业模式，制定运营计划。只有在科学合理、周密细致的策划方案指导下，才能有条不紊地开展好后续的一系列工作，运营好一个科技园区。

第一节 寻他千百度，怎样找到理想的载体

一、在大规划中发现机会

拓展新的科技园区是一个让运营机构既兴奋又头痛的问题。找到合适的载体是行业中每家机构面临的头等大事。一座城市就如同一幅壮丽的画卷，纵横交错的街道、高高耸立的楼宇，似乎很难找到科技园区的落点。但是，只要有心而为，很可能会发现些许蛛丝马迹，甚至还能找到一些规律。

（一）科技园区选址要求

行业内有句话叫"选址成功，项目就成功了一半"。建设一个科技园区，选址非常重要，所有运营单位都十分重视选址问题。科技园区的选址可以从以下 4 个方面着手。

1. 选区域和城市

科技园区应该建在那些具备一定科教资源、科创氛围、产业基础的区域和城市。在考量区域资源与禀赋条件上，可以采用化繁为简的方法，遵循基本经济规律判断市场机会，主要可以从四个角度考量。一是制度的竞争性，即区域规划与政策是否有竞争力，在引入和培育科技企业上，是否秉持长期可持续发展的理念。二是现有科技企业、科研院所的数量与质量，即是否已经有一定数量的科创企业特别是平台型科创企业和研发中心在此扎根，因为它们是科创产业快速发展的主力。三是先进制造业的基础。制造业是科技进步的土壤，制造业与科创产业相互赋能，制造业不断转型升级可以带给科创产业巨大的发展机会，能刺激高端装备、新能源、新材料、节能环保等产业向前发展。比如，上海张江科技园区的发展起步得益于早年吸引的一大批高端制造企业，国内半导体企业云集于此，产能一度占全国 50%。四是城市规模与人口情况。城市规模越大，所蕴含的产业机会和资源就越多，高素质的技术人才、集聚的科创企业、庞大的消费市场为智慧城市、生物医药、大数据、互联网、人工智能等产业发展提供了良好的土壤和坚实的支撑。

我国县级以上行政区有 3 200 多个，在等级、经济、产业、人口等方面存在着巨大差别。每个城市都希望有科技园区，而且越多越好。但从全国科技园区分布来看，主要还是集中在沿海发达城市。科技园区更多地选择沿海发达城市生根的原因，主要与城市生态有密切关系，关键是科技资源和科技人才集聚情况。目前几乎所有致力于发展科创产业的城市都会在引入和培育科技企业资源、科技人才资源方面投入大量努力，在财力、技术、信息、制度等方面投入大量资源，着力塑造环境优势。作为投资商和运营商，科技园区选址一定会优先考虑经济发达、资源集聚、人口众多、产业集中的城市。当然，这并不等于其他城市就没有机会，有些城市意识到自身在科创资源方面的短板，通过努力也可能在未来几年改变这种局面，如果投资商、运营商慧眼独具、提前布局，就可能抢占先机，取得优势。

2. 选规划

光选好了城市还不行，还必须研究这个城市的上位规划，因为上位规划对确定科技园区的具体位置至关重要，如果区位不能与上位规划相适应，科技园区要成功运营也很难。因此，分析上位规划，争取天时、地利、人和，是每一个科技园区需要面对的重要课题。园区规划与运营者通过研究上位规划，可以站在更高的位置去审视项目是否能与这座城市及其产业产生和谐共生的良好关系，思考和判断终端产业客户的需求能否在某个区域被满足，并且努力争取对科技园发展有利的资源和条件，让上位规划与政策成为科技园区吸引力和竞争力的重要背书。

3. 选位置

在同一个城市，科技园区对区位的要求没有商业那么高，但项目所处区域的交通条件、经济环境、政策环境、产业环境和社会环境对科技园区的发展仍有很大影响。首先，公共交通是否满足入驻企业工作人员通勤需求，道路是否满足企业物流需求；其次，当地政策对科技园区和入驻企业的支持力度是否有吸引力；再次，当地的产业链是否有利于企业的培育和发展；最后，周边的自然环境和人文环境是否方便员工办公和生活。这些条件不一定要全部满足，但在选址过程中，必须高度关注，认真分析，为决策提供依据。

4. 选配套

科技园区周边配套是否齐全对招商和运营起着至关重要的作用。比如停车位配套，如果园区停车位不足，而且周边没有足够大或足够多的停车场，公共交通也不方便，就很难吸引企业入驻，即使企业入驻了，也会面临招不到员工的窘境。餐饮配套也关系到企业是否能留住员工，如果没有员工食堂或餐饮设施，员工吃饭成问题，企业就无法正常经营。还有电力配套问题，不同园区、不同产业对电力的要求不一样，有的是商业用电，有的是工业用电，有的企业用电量高，有的企业用电量少，在选址时，要调研清楚电力配套情况，确保满足企业的用电需求。此外，配套还包括购物、物流、住房、商务等内容。总之，配套越全，对科技园区的建设和运营就越有利。

（二）科技园区拓展渠道

一是在城市规划中找载体。科技园区不应是城市中孤立的存在，而是城市发展的重要组成部分，产城融合是园区发展的主流趋势。城市的各项规划对科技园区的建立与发展具有极强的指导意义。很难想象，如果没有浦东开发开放的蓝图规划，又如何有浦东张江科技园的诞生呢？科技园区一定要遵循产城融合的理念，重视上位规划的影响。上位规划有总体规划、控制性详细规划、产业规划等。在做项目选址调查时，必然会对这些规划进行分析和研究。总体规划如"十四五"规划，包括区域的目前发展情况，以及区域未来发展的远景设想、战略思路、发展目标、重点任务等；控制性详细规划包括项目周边用地性质、使用强度、交通活动、空间环境等；产业规划包括产业发展现状与趋势、资源条件、定位与目标、产业重点、产业布局、政策保障等。通过对城市规划的了解，运营机构可以快速找到科技园区合适的落点。

二是在社会资源中找载体。科技园区选址实际上是寻找合适的载体或用于建设载体的土地，而掌握这些资源的机构主要包括政府、企业、房产开发商、写字楼或厂房产权方等。政府资源有三种：一是土地；二是闲置资产；三是拟采用公有民营模式的载体。企业资源主要是大型企业手中的闲置厂房，或是部分办公楼。房产开发商资源主要是指商业地产和产业地产开发商新建的载体，有待售和待租两种情况。还有一些是产权方拥有的已经购买但尚未投入使用的载体。这些载体通过社会关系寻找和对接，不仅针对性强，而且中间环节少，项目成功的概率更高。

三是在渠道信息中找载体。渠道信息一般都是公开的资源，比如公开招标通告、线上发布的招租信息、中介资料、户外广告等。由于渠道信息的公开性，前期筛选、分析、比较的成本较高，而且各个渠道的特点也不一样。比如，中介渠道资源多，可选择性强，是寻找载体时最常用的渠道之一，但是要支付中介费用。招标渠道受众面较窄，而且需要竞标，中标率不高，时间成本也较高，但一旦中标，项目的稳定性较强。线上广告存在较多的虚假信息，筛选也会浪费大量精力，但能提供载体空置情况、价格水平等信息，帮助分析各区域载体基本情况。不同的渠道，成本和效率都不一样，在选址过程中可以有甄别地单独使用，也可以组合使用。

（三）项目拓展流程

科技园区项目落地，需要执行严谨科学的项目拓展流程，明确项目拓展过程中的职责划分，以有效规避项目投资风险，提高项目决策的规范性和计划性。拓展工作一般由公司内执行拓展任务的部门或团队负责，其他相关部门予以配合，一起对潜在投资项目进行细致严谨的分析判断，协助决策层做出投资决策，并促进项目签约落地。

对运营商项目拓展团队来说，主要工作包括：①研究政策和市场方向，提出研究报告，制订项目储备计划并推动执行；②寻找项目资源，组织相关部门对项目进行考察和论证，编写项目可行性研究报告；③推进项目谈判和项目进展，审定项目相关方案和文件，开展项目拓展活动；④开展项目拓展公关活动，进行重要节点或危机时刻的关系维护。具体项目拓展流程如表2-1所示。

表2-1 项目拓展流程

阶段	核心内容	工作内容	阶段成果
第一阶段	项目考察	项目考察	项目资料文件
		资料整理	项目简介演示文稿（PPT）
		内部评估	会议纪要
第二阶段	方案策划	调研分析	市场调研报告
		财务分析	财务测算表
		方案编制	策划方案初稿

（续表）

阶段	核心内容	工作内容	阶段成果
第二阶段	方案策划	内部提报	内部决策层研究
		方案修订	策划方案定稿
		商务建议	合作模式与条款建议
		方案提报	会议纪要
第三阶段	商务洽谈	合作模式	备忘录、框架协议 可行性报告
		投资主体	
		商务条件	
		背景调查	
		意向达成	
		可行性报告	
第四阶段	合同签订	协议起草	合同初稿
		协议沟通	条款修订
		协议修订	合同定稿
		协议存档	合同存档
第五阶段	项目公司成立	工商核名	名称核准通知书
		工商注册	营业执照
		办理刻章	公章、法人章、财务章等
		银行开户	开户许可证、银行账户等
		税务办理	开户
第六阶段	资料交接	招商交接	前期资料
		工程交接	前期资料

（四）重点关注两种拓展对象

1. 存量工业用地转型科技园区

随着城市化进程的推进，城市中存量的工业用地因其产权清晰、容积率偏低、业主转型需求高等特点，存在较大的挖掘潜力。目前存量工业用地转型提升的方式主要有以下4种。

（1）政府回购收储后重新流入市场：业主获得一次性补偿。

（2）工业用地转为其他性质用地：如转为新型产业用地，业主补地价并提供公益性用房或用地，按新的用地条件和要求开发，指标灵活度高，部分物业也可按政策对外销售。

（3）不转变用地性质就地置换功能：在政策允许的范围内，对现存土地和房屋进行有限制的改造或新建，产业内容、配套比例有约束性指标要求。

（4）不转变用地性质进行扩容：在政策允许范围内提高容积率上限，导入先进制造业内容。

以上4种方式，各地的情况和要求有一定差别，具体可以咨询当地有关部门，了解存量工业转型政策文件。当前，各地政府对产权所有方存量工业用地转型是支持的，政策也比较透明和清晰。

2. 园中园

目前，国内科技载体主管部门和运营商都鼓励引导处于不同发展阶段的企业接入不同类型的科技载体和服务体系，如众创空间、孵化器、产业园等，这些载体分布在城市的各个角落，满足不同层次企业的需求。

硅谷实际上是一个规模巨大的科技园，具有极强的载体包容性和生态多样性，国内园区也可以进行这方面的探索。如规模较大的科技园区，可以采用园中园形式，在园区中设置不同种类的众创空间或科技企业孵化器。这样做有很多好处：一是大园区服务体系不仅可以满足成长期企业发展需求，也可以给初创型企业更好的支持；二是可以满足迅速发展的中小企业在经营场地和服务资源方面的需求，如果只有创业苗圃这样的小型载体，很可能因无法满足企业扩张需求而流失掉很多优秀的小企业；三是多元化本身会带来相互竞争、相互学习和相互合作，形成浓厚的创新氛围，激发科技人员的创新活力，小企业更容易突破大企业的创新窘境，而大企业也会受到小企业创新能力的倒逼，进而突破固有业务体系，与小企业开展协同创新；四是可以实现大中小企业融通发展，大企业需要中小企业产业链配套支撑，中小企业可以获得大企业的产品订单和技术服务，实现互利共赢；五是有助于相关科技服务机构集聚和服务质量提高。

基于以上这些益处，园中园模式似乎更适合当下国内科技园区的发展方向。也许有朝一日，科技园区可以突破土地成本的束缚，在整个城市范围内构建一个个科技自由创新区，让园区不再像商品一样侧重交易属性，而变成一种可以搭载未来无穷想象力的服务，城市的各种要素、各种资源都成为科技生态的一部分，共同为国家科技创新事业贡献力量。

二、在大市场中找准方向

没有调查就没有发言权。建设和运营科技园区的第一步就是进行市场调研，它直接为决策提供依据。市场调研需要专业的调研人员、科学的调研方法、高超的分析能力，这些都是保证调研结果真实性、科学性和准确性的前提条件，也是实施科学决策的重要基础。

（一）市场调研班子

市场调研是一项非常专业、细致且十分艰苦的工作，需要调研人员具有较强的责任心和较强的专业度。调研班子的选择有两种：一种是运营机构内部组建的专业团队；另一种是外包给第三方专业机构。内部团队开展市场调研的好处是调研人员责任心强，调研更具有针对性，数据的可靠性更高。委托专业机构开展市场调研的优势是，调研人员的专业化程度高，调研工具多，数据更全面，调研报告的专业度有保证。究竟选择内部团队还是委托专业机构开展市场调研，要视运营机构自身的实际情况而定，在经费充足的情况下，一般建议委托专业机构。

（二）市场调研范围

在科技园区行业，市场调研范围通常是指以载体为中心，在一定半径范围内的区域。半径应该在合理区间，不是半径越大越好，也不是半径越小越好。半径太大，调查的数据就没有可比性，参考意义不大，而且数据太多，反而不利于判断。半径太小，则数据太少，只能反映局部情况，也不利于整体判断。通常3～10 km是市场调查的黄金半径，数据的可参考性较强。半径3 km以内的数据最有价值，10 km以外的数据只能作为辅助参考。当然具体情况要具体分析，对于超大型城市，或者因为项目需要，调研半径可以相应调整。

（三）市场调研方法

开展市场调研的方法很多，不同的机构会有不同的调研方法，针对不同的载体，调研方法也可能不一样，但总结起来，基本方法主要有以下3种：一是资料查找，研究项目所在地的行业信息、产业规划、经济规模、人口分布、政府规划等基础性资料，需要在各类官方或权威机构网站、档案馆或书本杂志上查找，调查过程中要确保数据的连续性、真实性和权威性；二是现场考察，对项目所在地周边的类似载体和商业配套逐个进行现场考察，摸清每个载体的基本情况和运营情况，可以多拍现场照片，方便印证数据资料；三是交流访谈，与调查对象深入交流，详细了解相关情况，调查对象以权威人士、载体负责人或对载体比较了解的人为主，以确保调查内容的可靠性。当然，这3种方法一般都是综合运用，以立体全面反映调查项目的整体面貌。

（四）市场调研内容

在做市场调研之前，要先确定调研内容，调研内容直接关系到项目的可行性和后期规划的科学合理性。虽然每个项目调研的内容会有所差异，但基本上离不开以下3个方面：一是基本数据，包括项目所在地最近3～5年的经济、人口、消费、投资、交通等；二是竞品数据，包括3～10 km范围内同类产品数量，每个载体的规模、面积、出租率、主导产业、出租价格、物业管理、车位资源、公共交通、其他配套设施、运营机构等；三是行业数据，包括项目所在地政府对经济和社会发展短期规划和中长期规划、政府年度工作报告、城市建设规划、当地产业规划、科技园区发展规划等。在项目拓展阶段，市场调研时间一般控制在一个月内，调研时间太长可能发生变数，失去拓展机会。

（五）市场调研报告

市场调研报告是对市场调研结果的分析和总结。市场调研取得的所有数据都要在调研报告中体现出来，并且就是否需要取得项目运营权提出合理化建议。调研报告的撰写一般由调研班子总负责人来完成，如由其他调研人员撰写，总负责人必须进行审核。调研报告的内容由七大部分构成。

一是项目所在地总体情况，包括区位、交通、经济、人口、产业、规划、配套等。

二是竞品调研情况，包括位置、面积、价格、物业、停车、消防、空调、入驻率、主导产业、运营机构等。

三是项目自身情况，包括位置、土地性质、总面积、单层面积、主力面积、面积占比、楼高、层高、消防、停车、空调、电力、市政、物业、设备、交通、产权单位、周边配套等。

四是项目分析和定位，包括SWOT分析、业态分析、产业分析、模式分析、财务分析等。

五是决策建议，包括竞品对比、市场情况、最终结论等。

六是招商策略，包括价格策略、招商政策、招商计划、招商渠道等。

七是运营措施，包括运营模式、服务模式、盈利模式等。

市场调研报告以客观数据为依据，表现形式可以图文结合，结论要言之有据、言之成理，切忌主观臆断。

三、在大智慧中落地项目

科技园区与其他类型的产业园区一样，会面临市场的各种竞争。从科技园区诞生伊始，就有房地产开发商、园区运营商、产业资本，甚至是地方政府平台介入这个领域。由于运作主体各自的资源条件、经营能力、盈利模式不同，科技园区的生存与发展状态千差万别。科技园区的投资与运营风险较高，不能头脑发热、追逐潮流，需要审时度势、量力而行。因此，在项目拓展过程中十分强调可行性分析的重要性。

（一）载体分析

对于新拓展项目应提前对载体进行合法合规调查，清晰了解合作标的和对象的基本情况，规避潜在风险。签订协议前，应要求第三方律师事务所进行二次复核，如发现合规资料存在缺少或疑问的情况，应及时告知决策层潜在风险。载体合规主要标准包括以下5个方面。

（1）主体：工商注册信息真实有效，不存在涉及诉讼的情况，有项目合作取得董事会或股东会同意的证明文件。

（2）产权：所有权确认，了解标的物是否存在权利负担（抵押、第三方出租、第三方占有），违法建筑确认。

（3）用途：承租用途与产证用途一致或取得政府改变用途的批文。

（4）结构：了解房屋竣工和过往改造情况，对比现状与竣工改造资料，确认现状房屋符合安全使用要求，必要时需要进行房屋质量检测。

（5）配套：消防、水、电、气、电梯等附属设施设备应符合设计使用条件，有相应的合法合规手续及证明。

（二）科技资源分析

科技园区不是企业简单的物理集聚，而是实现科技资源集聚和整合的平台。从分类来说，科技资源大致可以分成两大类七小项，两大类指科技条件要素和科技保障要素，七小项包含科技人力资源、科技财力资源、科技物力资源、科技信息资源、科学技术资源、科技制度资源和科技组织资源（见表2-2）。一个区域或城市具备的上述科技要素资源越多、质量越高，科技园区的发展前景就越好。

表 2-2　科技资源的具体构成

分类	资源要素	具体要素构成
科技条件要素	科技人力资源	科技活动人员、专业技术人员、研究与开发人员、科技服务人员等
	科技物力资源	仪器设备、实验基地、研究机构、高等院校、科技服务机构、实验室、科技平台等
	科技财力资源	科技活动经费、科技研发经费、创新基金、政府专项资金、企业自筹经费、银行贷款等
	科技信息资源	资料、专利、数据库、成果转化、科技培训、国内外科技动态、科技服务指南、服务机构信息等
	科学技术资源	仪器技术、评估检测、检测技术、研发创新技术、专利发明技术、技术培训等
科技保障要素	科技组织资源	主管部门、高等院校、科研机构、协会联盟、共享平台等
	科技制度资源	各种法律法规、规章制度、专项政策、激励制度、金融制度、引进制度、科技资源管理制度、共享制度等

（三）产业分析

产业集聚一般有市场自下而上自然形成和政府自上而下推动形成两种模式。目前国内大多数新建产业园区都采用自上而下模式，即通过政府主导、招商引资，推动产业集聚。政府主要通过政策降低企业的劳动力、土地、环境等成本，帮助企业建立一定的竞争优势，以此吸引相关企业入驻园区。这种政府主导模式也带来了一些困扰行业的共性问题和争议。

比如，园区产业定位趋于同质化。目前，全国有1/2的科技园区产业定位为电子信息、新材料等，有1/3的科技园区定位为生物医药。有专家认为，现在各城市科技园区产业结构趋同，必然会导致产业资源过于分散，不仅难以发挥优势作用，还会形成过度竞争。也有专家认为问题并不大，目前中国的科技发展水平距离世界领先水平还有较大差距，适度竞争和优胜劣汰有利于行业资源整合，推动行业向高质量发展。

此外，也有专家担忧，产业集聚的必要性在下降，集聚效应对企业的吸引力降低。一方面，国内产业园区、特色楼宇大量增加，供给过剩，政策的普惠性增强，削弱了企业集聚的动力。另一方面，科学技术的进步和基础设施的完善客观上拉近了企业之间的距离，物流、交易成本快速降低，产业集聚的成本优势不再凸显。

以上问题和担忧在科技园区领域表现得更为明显，因为科技企业主要的劳动是脑力劳动，主要的成本是人力资源，主要的产品和服务是技术知识。这些问题和担忧可能会长期困扰科技园区的投资者和运营者。

那么，科技园区应该如何运营才能做好产业集聚，体现平台价值呢？大型科技园区可以参考美国硅谷、日本筑波，以及中国台湾新竹、北京中关村、上海张江等园区成功案例。但是对于中小型科技园区而言，这些案例的借鉴意义不大。其实，搞科技的人都懂得"大道至简"的道理，中小型科技园区可以把握一些关键性因素，并将其做到极致，一样可以实现产业集聚和快速发展。

一是关键性资源——生产资料驱动集聚模式。园区或所在区域是否能集中满足产业和企业落地的某些特定需求，主要在于关键性资源能否直接切中企业需求要害，体现出较强竞争力。资金、人才、政策、技术等方面有一个环节很有竞争力，就相对容易聚拢一大批企业，这就是关键性资源的有效整合和利用。

二是关键性企业——创新主体驱动集聚模式。政策和规划本身可以引导市场变革与产业创新，但实际上能够不断将资源投入到创新活动又获得正收益，形成良性循环的企业并不多。如果能服务好关键性企业，即助力创新主体的自我成长需求，那么园区主导产业更容易集中，产业资源更容易集聚，产业体系更容易形成并发展到较高水平。需要注意的是，这里指的关键性企业并不一定是传统意义上的规模企业或纳税大户，也可以是创新引领性企业。

三是关键性市场——交易撮合驱动集聚模式。园区可以寻找和瞄准特定商业模式的交易撮合机会，创造一个主题专业市场，通过定制的方式形成专有的软硬环境条件，让供需双方在特定环境下更高效地完成交易。如服务外包、柔性定制、国际贸易、跨境电商、网络直播、连锁加盟等主题都可能构成关键性市场。这个集聚模式的运作比较难，需要园区运营商对相关产业和市场具有敏锐的洞察力，同时要有较强的资源整合能力，不断为市场的壮大发展定制和更迭相关产品和服务。

以上3个关键性因素可以为园区实现产业集聚和不断成长提供一些新的思路。如果科技园区规模比较小，科技产业实力有限，市场资源相对缺乏，可以参考上述3个因素，并做好3个方面的努力。第一，没有关键性资源，就努力争取资源，形成基础资源保障能力。第二，没有关键性企业，就建立孵化体系，筛选培育有潜质的企业，扶持他们做大做强。第三，没有关键性市场，可以尝试打造示范市场，帮助园区企业完善商品与服务，优化商业模式，在本区域推广示范。

（四）SWOT 分析

对运营商来讲，前期策划与规划对运营成功至关重要，而做好策划与规划的前提就是全方位研究自身的优势和劣势，研究环境对项目的各种影响，这就需要用到 SWOT 分析。

那么，如何通过 SWOT 分析去定位和策划一个项目呢？

首先，需要选择一个合理的分析范围。除非具有特定资源禀赋和某些先天条件的项目，否则不建议把分析范围划得过大，因为科技园区的规模与其可能实现的价值具有强关联性，不应过分夸大园区的某些能力和影响力。寄期望于一个小园区对整个城市的发展起到重要作用，显然是不明智的。一般来说，一线城市 30 000 m^2 以下的科技园区，主要考虑项目周边的市场环境；30 000 m^2 以上的科技园区，应研究分析所在辖区的市场情况；100 000 m^2 以上的科技园区，还要研究所在城市的市场情况；超过 300 000 m^2，应深度调研项目所在城市的总体情况，并考量其与周边城市的关系。如果是二线城市的话，通常研究范围要提一级，不局限在周边范围进行研究。

其次，站在潜在用户真实需求的角度去分析竞争态势，而不是从打败竞争对手的角度或仅从自身条件和发展诉求去简单追求"更高、更大、更强"。比如，有的城市缺乏生物医药企业发展的行业基础，但由于生物医药是国家重点支持的产业，就果断策划和建设一个大型生物医药园区，最终不仅无法获得医药行业实际用户，而且因为建筑载体是为生物医药园区定制，还不能适用于其他行业。再比如，有些传统开发商更习惯用市场同类产品比较的方式做投资决策，认为多规划一些停车场、房子层高设计得高一点就比其他园区或楼宇更有优势，并不在意潜在用户是否看重这些，结果既浪费了空间，又给未来入驻企业增加了成本。又比如，有运营商觉得其他竞争对手园区的办公房毛坯出租收入比较低，就把载体进行装修后提高租金，殊不知有一定规模和品牌的企业通常对空间环境有自己的想法，精装修反而不如毛坯好。以上这些错误，都是忽略了潜在客户的真实需求。

最后，科技园区运营者需要明确自己的能力边界，应该从自身竞争优势与外部可切实把握的市场机遇的契合点确定项目的总体定位。简单来说，就是把能力范围内的事情做好、做极致，对自身的不足进行适当的改善，把市场的风险控制在合理范围内。

（五）盈亏平衡分析

不同运营主体对科技园区的盈亏平衡要求是不一样的，比如，政府主导的科技园区对载体直接产生利润要求不高，甚至没有要求，而民营运营主体则要求载体能直接产生利润。所以在拓展新项目时，一定要做好财务测算，找到盈亏平衡点，盈亏平衡分析是新项目决策的重要指标。所谓盈亏平衡分析，就是对投入和产出进行测算，投入包括载体建设资金、装修改造资金和日常运营管理费用，产出主要包括租金收入、物业费收入、服务收入、投资收益、政策补贴等。在测算新项目盈亏平衡的时候，只能计入租金和物业费收入，其他收益还无从谈起。据统计，科技园区的盈亏平衡点一般在3年左右，低于3年的项目算得上优秀。平衡点出现的年数越少越好，超过5年的，建议不予考虑（特殊情况除外）。

好的载体是稀缺资源，一旦遇到就不应错过。如果新载体在产业环境、政策支持、功能布局、配套设施、财务收支等指标方面符合科技园区的要求，运营机构经过研究认为自身能力能驾驭，就应该大胆出手，果断入局。

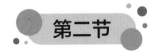

妙算多胜者，全方位策划与精准定位

成功取得一个科技园区的运营权，只是万里长征的第一步。在进入实质性运营之前，还需要在市场调研的基础上进行全方位策划，制定明确的招商、运营、服务和管理计划，为后期运营指明方向，提供指导。

一、业态定位与基本建设

获得一个新的科技园区载体后，面临的首要任务是确定业态。科技园区包括众创空间、孵化器、加速器和产业园4种业态，每种业态都有自己的鲜明特征，对载体的要求也非常清晰。了解了每种业态的特征和需求，确定新载体的业态其实并不难，主要看两方面。一是看面积。众创空间的面积一般在 $300 \sim 3\,000\ m^2$，孵化器面积一般在 $3\,000 \sim 20\,000\ m^2$，加速器面积一般在 $20\,000 \sim 50\,000\ m^2$，产业园面积一般在 $50\,000\ m^2$ 以上。二是看功能。众创空间以共享为主，要求共享空间较多；孵化器以孵化中小企业为主，主力户型为小型办公空间或厂房，再配套一些共享空间；加速器需要大面积办公空间和厂房、中试车间、公共实验室等；产业园则需要大面积厂房和满足企业产业化功能的各种设施。只要根据新载体规模和内部功能布局，与科技园区的4种业态进行比对，业态就能基本确定。当然，还有一些其他因素也要综合考虑，便于更加精准地定位。一个新载体可以只做一个业态，也可以多种业态并存，具体问题要具体分析。

业态确定后，无论是新建载体，还是原有载体改造，就都有了方向。如果是新建设的载体，在建设前便可对业态功能进行全盘考虑，做出合理布局，尽可能满足业态的全部功能，为后期运营打下良好基础。如果是改造的载体，调整布局相对难度较大，但在改造设计时，要尽量满足业态功能，降低后期运营难度。

二、产业定位与招商机制

不管是综合性科技园区还是专业性科技园区，培育产业是科技园区的核心任务，所不同的是，专业性科技园区产业聚集度高，而综合性科技园区产业分布相对宽泛。因此，新的科技园区在启动运营前，必须确定好主导产业，以明确招商方向。产业的确定可以从当地优势产业、当地经济发展规划、载体的特性、运营机构自身专业能力等方面综合考虑，要求结合当地实际，以快速形成产业集聚为目标，同时要注重创新因素和未来产业升级，突出产业亮点。科技园区不仅是产业集聚地，更是前沿产业的引导者、培育者。因此，科技园区的产业定位应重点考虑与国家战略和地方战略相适应的产业、具有国家和全球技术创新引领性的产业、与基础科学研究相关的产业以及应用升级的产业。

做好产业定位，招商就有了明确方向，招商团队就可以围绕核心产业开展招商策划。在招商策划方案中，需要明确招商团队、招商政策、价格体系、招商计划、招商策略、奖励政策、招商管理等方面的内容，让招商方案成为指导招商部门推进招商工作的指南。

三、运营体系与孵化机制

不同于普通写字楼或工业厂区，科技园区的运营涉及诸多专业服务和产业培育方面的工作内容，必须有一套成熟的运营服务体系。很多长期从事科技园区运营的机构已经成功积累了大量经验，形成了具有自身特色的运营模式和运营体系。在获得新项目时，只需要对这些模式或体系稍作修改和调整，直接导入即可。从事科技园区运营时间较短的机构，可以借鉴但不能生搬硬套别人的模式，应结合载体实际，探索建立符合自身资源特色和能力边际的运营体系。科技园区运营是一个长期、艰苦的过程，独特的运营模式和运营体系是一个运营机构的核心竞争力和品牌标识。

众创空间、孵化器和加速器是科技园区的3个重要组成部分，每个部分对入孵企业进入和退出的条件都不一样。科技部门对众创空间和孵化器在企业入驻和毕业方面都设置了相应条件，然而，科技园区在实际运营中，也可根据需要设置自己的标准和条件。建立合理的进入和退出机制是保持科技园区发展活力和实现良性循环的重要手段，也是科技园区有别于其他载体的基本特征。通过退出机制，可以促使科技园区在孵企业合理流动，提高科技园区资源使用效率。

四、财务测算与盈利模式

无论是营利性科技园区还是非营利性科技园区，在建设和运营前都需要做好财务测算。非营利性的科技园区一般由政府主导，财务测算的目的主要是申请预算和控制成本。虽然载体本身不营利，但政府靠引入优质企业，并通过帮助企业做大做强，可以解决税收、就业和科技创新等问题，政府算的是大账。营利性科技园区一般由企业运营，财务测算的目的是确定项目能否盈利，资金能否维持正常运营。

财务测算分为成本和支出两部分，测算整个合同期内的总收入和总支出。在计算收入时，主要考虑物业租赁及相关收入（租金、物业管理费、停车费、水电费、广告位租赁费、空调费、会议室租赁费等）、服务性收入（咨询费、代理费、专家费、培训费、技术服务费、政策申报服务费等）、金融投资收入（股权分红、股权溢价、股权变现等）和政策性收入

（政府对科技园载体的各类补贴、奖励资金、税收优惠等）。但是，对于刚投入运营的科技园区，一般只将物业租赁及相关收入作为财务测算的主要内容。支出主要包括载体租金、建设和装修改造成本、物业管理费、人工成本、招商费用、日常运营成本等。财务测算应根据市场变化动态进行，及时为运营策略调整提供依据。

五、运营机制与股东利益

科技园区的运营机制包括委托运营、独立运营和合作运营3种模式。运营机制的选择与载体的产权方有较大关系：如果载体产权方是政府或国家，那么更可能采用委托运营模式；如果产权方为企业，运营机构整体租赁后独立运营的可能性较大；还有一种可能就是运营方与产权方合作运营。最终采用哪一种运营机制是特定条件下各方权衡利弊得失反复沟通后的结果。虽然运营机制的选择不能由运营机构单方面来决定，但是运营机构的运营能力却直接决定了科技园区的运营质量、盈利水平以及股东回报。

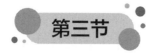

第三节

谋定而后动，竞争态势下的正确盈利模式

著名学者曼斯菲尔德在对美国3家大公司的创新进行调查分析后曾指出：60%的项目通过研究开发能够获得成功，成为技术发明；只有30%的项目获得了商业上的成功，而且最终只有12%的项目给企业带来经济效益，达到创新成功的目的。对于科技企业而言，从事科技创新的风险很高。现代科技企业要想成功创新，需要深刻理解两个非常重要的概念：一是科技研发是获取技术知识的过程；二是创新是技术知识的商业化过程。

创新成功的关键在于如何处理好科技研发成果到商业创新转化的问题，而科技园区正好可以在中间起到平台作用，通过对接双方需求，整合各类资源，促进科技成果落地转化，帮助企业尽快实现产业化。但是，时下相当一部分科技园区在促进科技成果转化、推动企业创新发展方面并没有多少作为，甚至只想扮演好"二房东"的角色，引发外界对科技园区未来的质疑和担忧。为什么会出现这种局面？最大的可能是科技园区还没有找到一种正确的盈利模式，科技园区要实现可持续发展，盈利至关重要。但是除了房租和物业费收入外，科技园区还有哪些盈利渠道？科技园区在服务企业创新发展的过程中如何实现盈利？这些都是运营主体要高度重视和认真考虑的问题。

一、"二房东"模式的利与弊

园区"二房东"模式比较容易理解，通俗地讲，就是园区运营方以一定的价格向业主将载体承包下来，然后出租给需要办公和生产用房的企业，赚取两边租金的差价。比较有意思的是，这种承包制在农村取得了广泛成功，因为它在不影响原产权人利益的情况下，实现了单位面积更多的产出和更高的边际效应。但是在住宅／办公物业租赁方面，承包制的矛盾和问题相对较多，"二房东"是对这个领域里从业机构和人员的一般称谓，后来也有房屋托管、房屋银行等说法。名称只是表象，实质才是问题的关键。在写字楼和园区层面，运营商不仅要优化房屋的商品属性，还要提升园区的服务属性，同时解决市场流通问题和终端客户服务需求。因此，运营商面临的挑战较多，并非传统意义上的"二房东"那么简单。

对于园区租赁权的转移，优点和缺点都比较明显。

从好的方面看，园区租赁权转移可以增加房源供应，活跃市场，减少业主方载体改造投入和载体运营投入，让业主更省事，让企业好找房。租赁权的转移还可以激活园区运营方的积极性和主动性，让他们有更大的动力和灵活性对接市场，满足需求。

不好的一面是，租赁权如果转移到运营能力比较弱、社会信誉比较差的运营商手中，会带来一系列问题。这些运营商往往会以追求自身利益最大化为目的，弱化企业服务，牺牲客户利益，淡化社会责任，滋生安全隐患，如随意破坏房屋结构、改变房屋用途、忽视消防安全等。因此，业主方在选择运营方时会多角度考量运营商品质、能力、形象等，并在合法合规经营方面对运营方提出具体要求。业主方有一种选择，可以很好地化解以上矛盾和问题，那就是采用委托运营模式取代租赁权转移模式。业主方只需要建立一套综合绩效考核机制，将考核结果与运营费用直接挂钩，让运营方将更多注意力放在价值服务而非租金差价上。

二、增值服务模式的加与减

相比行业龙头企业，中小科技企业在创新发展道路上遇到的问题更多。企业规模越小，创立时间越短，越需要科技园区提供各种资源服务和环境支持，帮助他们度过危险期，进入成长快车道。美国硅谷成功的要诀就是给予中小企业最大限度的技术、人才、资金等支持，陪伴企业从零到一、从小到大、从弱到强、从失败到成功。硅谷把资源、网络、机制乃至文化重心都放在高科技企业的初创期和成长期。服务体系建设对于科技园区来说不仅至关重要，而且是一个需要长期努力的任务。服务体系包括但不限于以下13个方面。

（一）产品服务

运营商要不断延伸产品链，努力打造成本适中、服务高效、体验良好的孵化载体，为不同阶段企业/团队提供不同类型的物理空间，共享各种软硬配套设施。

（二）整合服务

运营商要善于整合第三方专业服务机构资源，搭建公共服务平台，为园区企业提供各类基础服务、增值服务和专享服务。

（三）特色服务

主题特色园区需要引进各类专业服务公司，直接为企业提供对口服务，如特种物流、工业设计、软件工程、精密制造、检测认证、专利申请、市场营销、企业管理等。

（四）培训服务

初创型企业在经营管理过程中必然会遇到各种各样的问题，园区可以根据企业需要，结合企业特点开展常态化创业培训活动和不定期专业知识分享活动，帮助企业解决实际问题，提高经营管理能力。

（五）创新服务

园区可以整合高校、科研机构等资源，开展产学研合作，提供创新服务，促进企业研究新技术、开发新产品。

（六）政策服务

园区可以通过政策研究、政策解读，帮助企业了解政策措施，获得政府扶持奖励；通过整合政府、行业协会等资源，帮助企业了解行业动态，对标行业标准，快速适应市场。

（七）转化服务

在科技企业与高校院所之间，园区要发挥桥梁纽带作用，挖掘企业需求，对接科研资源，推动科技成果转化，加快科技产业化进程。

（八）营销服务

园区可以整合媒体资源，帮助企业建立多维营销体系，开展产品营销活动、品牌宣传活动、媒体攻关活动。

（九）文化服务

园区可以开展各类双创活动，营造浓厚创新创业氛围，优化产业生态环境，倡导敢于创新、宽容失败的企业文化。

（十）金融服务

通过双创比赛、项目路演、投融资对接等活动，园区为中小科技企业提供融资机会；引入专业金融机构，为企业发展提供贷款支持服务。

（十一）人才服务

园区可以为企业提供人才咨询、人才引进、人才落地、人才政策、人才保障等各项人才服务，满足企业对高素质人才的需求。

（十二）智慧服务

园区要开发智慧园区管理系统，打造线上服务平台，实现企业服务的智能化和数字化，提高企业服务效率。

（十三）定制服务

园区要为关键性企业提供专项定制服务，满足其特殊需求，增强企业对园区的黏性，实现利益深度捆绑。

除了以上提到的服务内容，科技园区运营商应该下沉基层、靠近企业，了解企业需求，聆听企业呼声，挖掘企业痛点，寻找解决方案，因地制宜，因企施策，不断开发新的服务产品，总结新的服务经验，丰富和完善园区服务体系。只要科技园区提供的服务是企业迫切需要的，而且能令企业满意，企业一般乐意为这些服务买单，并且形成长期依赖关系。目前我国科技园区的平均服务性收入只占总收入的20%左右，这个比例非常低，说明科技园区主要还是依靠租金物业收入来维持运转。如果一个科技园区的企业服务收入占比能达到50%左右，就可以减少对房租物业费的依赖，实现良性循环和可持续发展。所以，持续增强企业服务能力、提高服务收入占比是科技园区未来发展的方向。

三、股权收益模式的喜与悲

企业成长全生命周期都存在资金需求，科技园区的一项重要功能就是帮助园区企业对接资金资源，提供投融资服务。从国内外科技园区发展规律来看，园区的创新资源越集聚，相关的投资行为越活跃。一些创新创业资源丰富、双创活动规模较大的区域甚至专门打造了金融小镇或金融特色园区，为区域内的双创主体提供融资服务。国内许多地方政府包括产业园区、科技园区都在着力优化投融资环境，通过金融手段促进科技企业快速发展。

科技园区要发挥资源整合作用，通过在银企之间、投企之间牵线搭桥，帮助企业解决融资问题。也可以自己建立或联合其他机构建立一定规模的孵化种子资金、风险投资资金，对有成长潜力的优质初创企业进行股权投资，一方面提供企业发展所急需的资金，另一方面争取实现较高的投资收益，分享企业发展的红利。

相对于债券融资，股权融资对融资企业有很多好处，如可以规避还本付息、优化资本结构、降低财务风险等。由于投资企业的加盟，输入投后管理，有利于企业整合行业资源、规范运营管理、增强经营能力、提升企业信誉、扩大知名度等。但是股权融资也有明显缺陷：对于被投资企业而言容易导致控制权分散甚至旁落，信息沟通与披露成本较大；对投资方来说，未来可能出现股权变现困难或投资失败。

园区运营商进入股权投资领域，面临诸多挑战。最大的问题是专业能力不足，园区运营和投资管理是两个截然不同的领域，如果没有配备专业的投资人才，轻易涉足投资领域，未来的风险会很大。投资园区企业要重点注意 4 个问题。一是难以判断把握企业未来发展趋势。科技园区入驻企业大部分为初创型中小企业，未来发展的不确定性非常大，这也是天使投资失败概率很高的原因，赌企业的未来是一门刀尖上舔血的买卖。二是一定要进行投后管理。投资初创型企业，投后管理的重要性怎样强调都不为过，不同于对成熟企业的财务投资，由于初创企业各方面都不规范，放任不管的后果显而易见，所以要配备专职专业人员长期跟踪被投企业情况，必要时投入技术、经营、管理等各方面的资源。三是重视出资合法合规风险。比如园区采用租金/服务入股的，要注意出资合规问题。当被投企业陷入债务危机时，其他投资人或债务人有可能要求园区投资实际出资到位，从而使园区陷入被动局面。四是股权变现与退出困难。目前投资退出的途径除了上市和并购之外，选择面非常狭窄，而企业能熬到上市或被收购的概率又很小，因而投资时就要设计退出路径。

建议运营商对园区企业进行股权投资时，应考虑以下几点：企业创始人及主要管理人员能力较强，信誉较好，有相关行业背景，战略思路清晰；企业既有宏观视野、发展愿景，又能脚踏实地、有序推进；企业能把握发展节点，集中资源于关键性环节，不时取得突破性进展；企业拥有核心技术；产品和服务有市场需求，能解决客户痛点。

总体来说，科技园区股权投资的风险要大于收益，如果没有专业人才，没有经验积累，没有足够实力，不建议一开始就独自涉足投资领域。如果发现有投资价值的优质企业，可以引入专业投资机构进行风险评估和尽职调查，然后以跟投方式参与，这样，风险相对可控。当经验和能力积累到一定程度后，再考虑独自投资。科技园区拥有大量的中小型科技企业，在服务企业过程中，可以掌握这些企业发展的第一手资料，发现企业最迫切的需求，如果善加利用这一资源优势，并借力外部专业机构，科技园区投资活动就有可能取得出人意料的成果。从长远看，科技园区要想实现跨越式发展，可以走股权投资这条路，因为房租、物业、服务、政策这几块收入增长幅度都有限，只有投资收益有可能实现指数级增长。

四、政策扶持模式的得与失

当前，有一部分科技园区把政府的各种奖励扶持资金作为园区的主要收入来源，并花费大量精力申报各种资质，争取政策红利。不可否认，政策的支持对科技园区的发展起到积极的促进作用，特别是在园区发展的前期，政府对园区各种各样的补贴和奖励减轻了园区的负担，增强了园区的后劲。但是，政府的扶持只能是锦上添花，只能是一种补充，因为这种收入是阶段性、不可持续的。如果科技园区把大部分精力放在争取政策奖励方面，而不是通过提升服务能力、投资优质项目，努力拓展其他收入来源，园区发展必定会误入歧途，不能久远。当然，争取政策支持本身没有错，而且对提升园区品质有益，因为政府对科技园区发展设定了非常严密的指标体系，各项要求也非常高，要想拿到政府奖励，首先必须达到政府的考核要求。在争取达标的过程中，园区各方面的能力也得到锻炼和提升。

总之，科技园区运营商一定要高瞻远瞩、居安思危，提前谋划，扎实推进，在争取政策扶持的同时，着力打造自身的核心竞争力，构筑深广的护城河，只有这样，科技园区才能行稳致远。

本章主要参考资料

1. 成海燕，徐治立，杨洋.科技企业发展阶段的创新特征及政策需求——基于企业生命发展周期理论视角［J］.科技管理研究，2017，37（12）：117-128.

2. 侯志洪.产学研合作——中小企业技术创新的捷径［J］.经营与管理，2010（06）：76-77.

3. 王俊鸣.高技术公司商业创新的动力是什么［N］.科技日报，2005-11-08（002）.

4. 王新宇.软件企业技术创新战略研究［D］.北京：北京交通大学，2009.

第三章 赢在起点，科技园区载体建设与物业服务

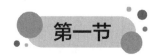

第一节 筑巢好引凤，了解企业的多层次需求

一、科技园区载体的主要属性

（一）功能性

相较于其他办公载体，科技园区更加注重功能性。楼宇功能排布要合理，内部建构设备要实用，方便未来入驻企业高效运作。科技园区建设要求充分了解相关产业特征，明确功能要求，并基于对用户需求的挖掘和了解，将是否需要特殊的功能配套空间（如食堂、实验室）以及配电、物流、排污等问题纳入考量，量身设置不同类型的科技园区。

（二）灵活性

建设园区时一般要求符合当时阶段的定位和计划，后期招商运营阶段也会存在不确定性，为了兼顾二者的平衡，打造一个兼容、可变的载体就显得非常重要。为了便于今后的更新和改造，载体建设应遵循"可分、可合、可拓展"的策略，原本大跨度的空间可分拆为适合中小企业办公、实验及研发

的场所；办公室装修不追求尽善尽美，毛坯房可能更方便不同类型企业入驻后根据需要自我发挥；展示中心、路演中心等功能配套场所的布置要灵活，能实现多种功能的转换；基础设施和内部系统也要尽可能方便升级换代。

（三）安全性

科技园区具有人流量大、科技设备多的特点，安全管理不容疏忽，防护意识要到位，预警机制要建立，处理方法要得当。不少园区为提高土地利用率，选择建造高层建筑，在遇到突发事件或危险时，疏散、救援、管理的难度就更高。因此，科技园区运营商思想上一定要高度重视，在园区建设上应具有安全性。

（四）健康舒适性

当代社会生活品质稳步提升，人们对工作环境的要求也越来越高，科技园区也要重视生态环境、健康因素和舒适程度对员工工作效率、工作质量等方面的影响。在建设运营过程中运营商应始终秉持以人为本的基本理念，通过良好的基础设计和人性化的管理服务，提升办公品质，提高工作效率，为园区和企业营造健康舒适的环境和形象。

二、企业不同发展阶段对载体的需求

从全生命周期来看，企业的发展阶段可分为创业期、成长期和成熟期，每个阶段都会面临技术、资金、市场、人才等方面的需求。科技园区应当如何把握企业各个阶段的不同需求，提供相应的资源和服务，助力企业健康发展呢？

（一）创业期

创业期指从创业者出现创业构想开始，经历机会识别等一系列动作，到企业注册成立并开始运行的阶段。这个时期创新技术刚刚萌生，有的还停留在作坊阶段或刚从实验室转化为应用产品的阶段，企业资金紧张，人才短缺，风险较大，需要多方面的支持与补给。

创业期企业一般需要园区提供面积适宜、租金低廉的孵化空间，方便齐全的基础配套设施，高效对口的资源整合服务，以及各种公共、专业的平台服务；提供尽可能完美的创业孵化条件，包括园区的生活设施、商业配套、绿化环境等。

（二）成长期

成长期分为早期成长阶段（从取得收入到公司盈利）和扩张阶段（从盈利到扩大生产、开拓市场）。这个时期的重点是：①合理配置和使用人才、技术、资本等各种要素资源，扩大规模，占领市场；②保持较强的科技创新能力，增强产品优势。成长期企业对于园区的需求主要涉及办公空间和社交空间两个方面。

（1）高效灵活的办公空间布局。在团队的发展时期，往往也是团队较多震荡与变化的时期，大部分公司会需要一个相对功能齐全的环境来满足日常办公的需求。成长期公司对办公空间的需求之一就是可以帮助团队更高效地工作与协作，如独立办公室、快速交流场所、接待来客区域、独立前台、开放工位、休闲区域、茶水间、会议室等。

（2）多元化功能型社交空间营造。成长期企业具备了一定的技术实力和产品优势，但与成熟期企业相比仍有差距，要想快速发展，必须在技术和产品上下功夫，企业内部管理也要不断创新。因此，对他们而言，吸引各方面的优秀人才加盟是关键。园区要打造多功能、阶梯化的社交空间，为不同规模的成长期企业提供招聘宣讲、融资洽谈、创新交流的舞台，同时充分利用自身的组织优势和信息优势，通过活动举办和氛围营造，帮助企业降低沟通成本，推广企业品牌，拓展产品市场。

（三）成熟期

成熟期企业的重要目标是可持续发展。对于规模较大的成熟期企业而言，人员构架相对稳定，除必要的办公功能外，还需要很多辅助功能空间来丰富和填充整个企业的办公场所，通过不同功能空间来表达公司的企业文化和人文关怀。比如，需要较多的公共空间来应对不同部门的个性化活动需求。办公室的功能不仅仅是给员工提供一个办公地点，还要提供一个交际性的办公空间和一个容纳多种工作活动（如头脑风暴、隔音洽谈等等）的社区。

需要说明的是：一方面，不同发展阶段的企业对载体有不同需求；另一方面，不同规模的科技园区需要根据产业特性和企业特点，有针对性地打造自己的产品。

规模较大的科技园区可以做完整的产业生态，打造集商务办公、技术研发和生产销售为一体的服务企业全生命周期的综合园区。园区既有龙头企业，也有中小企业，还有初创企业，形成一个完整的产业生态。

科技园区可以将众创空间、孵化器、加速器等空间形态都囊括进去，也可以考虑一定比例的高端办公用房，用于承接总部经济办公需求，但要合理控制配比。

在空间形态上，可综合考虑研发与生产需求，对中型生产、轻生产、轻加工、研发、测试、设计等全生产环节所需要的不同空间进行有机整合，满足全产业链发展需求。

对于规模较小的科技园区，则需要慎重规划自己的产品形态，力求将产品做精、做深、做出特色，不可一味贪大求全。可以承接区域内尚未被充分满足的产业空间需求，如企业总部办公需求、技术研发与测试团队需求等。

总之，科技园区必须根据自身的实际情况以及细分定位来进行产品规划和设计。

三、科技园区载体的智慧化

随着经济水平的提高，人们希望享受舒适、高效、便捷的生活方式，智慧出行、智慧办公、智能家居将成为人们新的追求。2018年起，住建部、工信部、民政部、科技部、国家发改委、国家网信办等多个部门在"大数据""智慧城市"等方面密集出台政策，要求尽快构建智能化基础设施，大力发展智能建筑。自"十四五"开局之年起，全国各地都掀起了建设智慧城市、智慧社区的热潮。基于人们的诉求和政策的指引，智慧化必将成为未来科技园区发展的主要方向之一。

智慧园区以楼宇为平台，以人工智能技术、物联网技术、大数据技术及网络设施为支撑，具有感知、传输、记忆、推理、判断、决策等综合智慧能力。随着智能载体控制管理系统技术、规范、标准不断发展和完善，新设施、新要求应运而生。目前较流行的智能载体评定标准5A，即楼宇自动化（building automation，BA）、安全防范自动化（security automation，SA）、通信自动化（communication automation，CA）、消防自动化（fire automation，FA）和办公自动化（office automation，OA），分别对应5个子系统。其中，楼宇自动化系统、通信自动化系统和办公自动化系统是智慧载体的主要功能设施。

楼宇自动化系统主要为智能化办公提供稳定运行的基础设施，包括综合管理系统、环境基础设施、空调通风设备、给排水设备、照明设施、电力设施、电梯系统、保安系统等。具体应用方面，如利用人流监测数据预估动线和行为，合理规划安防重点以及利用环境能耗监测数据调整优化配置，节约各类资源，实现可持续发展。

通信自动化系统主要负责内部之间、内部与外部之间的通信，提供安全、方便、兼容性强、稳定性好的通信服务，包括文本传输、图像传输、多媒体数据传输等。

办公自动化系统利用科学技术手段综合处理信息，大幅度提高办公效率。除了使用新智能机器设备，网络化协同办公将是该系统发展的主要方向。

智慧载体5个子系统核心设备位于系统集成中心，通过综合布线与终端设备连接，对楼宇进行动态实时监控，互相配合运作，让载体成为具有智慧并永远在线的"生命体"。

虽然智慧载体系统具有大幅提升运营效能、自主学习、逐步升级等优点，但也存在一些弊端，比如缺乏统一综合的运营平台，这需要运营商搭建自己的智慧化运营管理系统来补充完善。

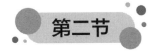

搭台好唱戏，打造载体的全要素空间

一、科技园区载体的建设

（一）新建科技园区载体主要流程

科技园区载体建设主要分为规划、设计和施工，高效能园区载体建设必须在业主、委托人、设计师、工程师等多方合作下才能完成。

规划是载体建设的龙头，决定载体规模和品位，影响载体未来的发展方向，因此载体建设要遵循"规划先行"的原则。最重要的是，要明确场地的性质，如建筑是临时的还是永久的，土地是工业、绿化还是商住用途，这些因素决定了项目的规划方向和经济技术指标。此外，要对场地内外部环境进行充分调研，这也是制定规划方案的基础。

设计由规划而来，包含景观、建筑、室内、机电、灯光、标识等众多方面，应遵循从大到小逐层设计和控制的思路，保证载体的高效能和高品质。设计的重点在于，构思时要考虑到所有相关因素，其中成本尤为重要，设计阶段的成本优化不但影响施工阶段的建设投入，更与载体运营期间的长效成本息息相关。所以，设计时应时刻关注高性价比和高建设效率这两个重要因素。

业主和委托方的重视和支持是施工阶段顺利进行的重要保障。管控施工质量和督促推进整改都是园区建设的重点，好的施工质量对园区运营有重要意义。

此外，科技园区载体建设过程中，工程报规报建工作贯穿始终。报规报建流程繁杂，涉及的政府部门众多，非常考验工作的条理性和协调性，为缩短载体落地周期，一定要提前统筹、充分准备。报规报建大致可分为4个阶段，即土地权证阶段、工程规划报批阶段、工程许可报批阶段和竣工验收备案阶段。

土地权证阶段，需要向国土局提交项目选址系列文件、企业营业执照及资质、项目备案文件等，取得建设用地规划许可证及国有土地使用证。

工程规划报批阶段，需要审查建设项目规划方案，以获得规划局出具的规划建筑方案批准意见书，杜绝可能出现的违规现象。编制项目可行性研究报告，准备设计方案、公用设施建设情况、污染防治措施、项目进度计划等文件，提交环保局获取环评报告，向国家发改委提交立项申请。立项通过后，经一系列专项工程审查，获得相应意见书，一并送规划局审批，取得建筑工程规划许可证。

工程许可报批阶段，以取得建设工程施工许可证为目的，应完成监理施工招标、开发系列规费缴纳、质监备案、安检备案等程序，重点在于项目施工图设计审查。

竣工验收阶段，包含工程主体验收、环保验收、绿化验收、规划验收、消防验收，最终获取建设工程规划验收合格证。

为保障项目落地一路通畅，报规报建应注意：①由于各地报建要求存在差异，且可能有所调整，须较早地了解当地政策；②园区项目牵涉方多，规划、设计、工程、拓展等部门必须多线紧密合作；③招商时如遇客户对载体建设提出变更要求，要考虑是否影响最终验收。

（二）新建科技园区载体的注意事项

1. 区域文化植入

新建载体要优先考虑与区域的相互融合，做到既能自成一体，又能融入区域整体生态。在区域科创资源集聚、创新氛围营造等方面起到示范带动作用。

区域的人文历史、风景地貌对载体的调性有着潜移默化的影响，载体规划一定要结合这些地域特色和环境因素，达到水乳交融、浑然一体，甚至"青出于蓝而胜于蓝"的效果。位于上海市嘉定区江桥镇的绿地北虹桥科技园就将文脉基因作为核心来构思，结合载体内外部环境条件去解题，成就了载体与城市共生共荣的和谐生态。江桥河流港汊众多，桥梁的地位非常重要，从北宋开始，这里就是上海陆上交通的咽喉要道。从一开始，项目就提出"傍水而生，依水而兴"的规划理念，巧妙运用水系、院落、廊桥等元素，并根据由自然水系交织分割而成的地块，规划出三大功能体系，即办公水院、城市花院和商业庭院，以呼应江桥古镇街巷的意向（见图3-1、图3-2）。

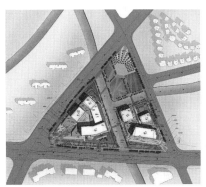

图 3-1　绿地北虹桥科技园平面图

图 3-2　绿地北虹桥科技园鸟瞰图

2. 布局合理

园区布局需要综合考虑城市与建筑、建筑与场地、单体朝向、采光通风及建筑功能等要素，秉持"中性"准则，运用模块化组团建筑和独栋建筑，融合景观，营造向心集聚的空间语言。"中性"布局下，园区的通道自然成形，易于组织交通流线，通过区别化的道路铺装和景观配置，营造不同的组团特色，形成载体内部节奏。"中性"布局还能够保证楼宇整体的均好性，每栋单体的立面或沿道路或向绿化景观，在取得良好通风和采光的同时，私密性与开放性得以平衡。

3. 流线通畅

交通流线的组织应以安全、高效、便利、灵活、立体为原则，明晰车道与人行道界线，保证通行安全与效率。应通过场地研究，利用城市道路流线，园区合理规划主入口、次入口、礼仪入口等的设置，并与规划部门进行沟通，确认出入口的定位。主入口的设计应赋予视觉上的通达性，以营造强烈的场所感。然后，对机动车流线和人员流线进行梳理。解决车辆进入场地内部后如何到达各个建筑的出入口、如何进入地下停车库、进入车库后的流线如何组织、地面停车及地下车库停车如何做到合理布置等问题，其中，通道也需要根据产业和企业的具体需求保障到位。人员流线方面，出入人员是否通过公共交通来往场地、从哪个出入口进出、人流在场地上如何活动等均需要仔细研究。整个步行过程最好是无车环境，而且与园内绿化空间和公共功能场所产生关联，引导人员之间的交流互动。部分园区还存在礼仪参观流线的规划需求，如会议和活动的领导、嘉宾、记者等特殊流线，均要做定制化考量。

4. 分隔合理

科技园区楼宇更加重视实用性和功能性，合理的分隔应避免不规则的布局而尽量采取四方形形态。各楼层的布局可采用基本相同的形式，即与标准层看齐。标准层主要包括办公区域、电梯井、楼梯、公共通道、卫生间、开水间及设备用房等。通常标准层的办公面积约占70%，其余30%被电梯井、楼梯、卫生间和设备用房组成的核心筒占据。基于面积利用、采光、体验性等因素，以核心筒为中心在四周设置办公区域是办公楼宇的常见形式。办公区域的产品区间不能局限于某一特定面积，应通过空间分割，提供50～500 m^2 的多规格产品，提高载体对市场的适应程度。低区产品通常为小面积办公室，符合初创企业、小型企业的需求，中高区产品面积逐渐扩大，面向中型、大型企业招租。具体布置上，应当以激发员工潜在灵感、提高生产效率为出发点，通过对空间尺度的协调及声、光、热、温、湿等方面的控制，竭力营造一个舒适健康、人性化的办公场所。

二、科技园区载体的改造

载体改造是指通过对老旧建筑进行设计更新、布局调整、功能提升等手段实现载体面貌彻底更新。改造要以尊重历史文脉为前提，尽量保留原有空间特色，叠加文化科创元素，挖掘场地最大价值。

上海复客科技集团（复客中国）昆山移动物联网创新园成立于2016年6月，位于昆山市昆太路756号，可用建筑面积达16 000 m^2，是昆山市首个老旧厂房改造成科技园区的示范案例。该项目原来为节能模具厂，改造前厂房已长期处于弃置状态，在周边成熟的城市氛围衬托下更显另类。为盘活闲置资产、提升科创能级，当地政府联手复客中国，对老厂房进行整体改造以实现转型升级。前期，复客团队经过多番勘察，对现状建筑体量是否可以整改、是否需要拆除、有无历史保护建筑，以及建筑结构、抗震程度、外立面质量、电梯养护状况、道路破损情况、历史价值保留等方面进行了充分了解，并在此基础上确定了设计方案，保证项目在整体风格、人车动线、材料选择等方面做到了和谐、合理、经济、实用。

如图3-3所示，在外观改造上，建筑立面延续了原有的工业风格，仍以质朴简约的砖红色为主色调，重新进行铺装和粉刷。主入口门头形象一改以往的无色差搭配，重新设计标志墙，通过材质、高差对比，结合景观绿植，营造不同的视觉层次感，突出简约大气的风格。远处伫立的高大烟囱作为文化传承得以保留，仿佛一位历史的见证者，诉说着这里发生的往事。改造时，团队综合了烟囱的形态，创造性地将其设计为城市温度计。耸立的烟囱在阳光下熠熠生辉，凸显了历史的张力。

图 3-3　昆山移动物联网创新园改造前后对比

如图 3-4 所示，室内风格以简洁工业风为主，通过灯光、导视、配饰等烘托科技园区活跃明快的氛围。功能上，分隔出若干 150～1 000 m² 的办公空间，增设了展厅、餐饮、咖啡吧等配套设施。楼宇内部原本的一处大尺度结构空间被保留下来，改造成一个多功能路演大厅，可承接创新创业比赛、企业沙龙、年会等大型活动。

图 3-4 昆山移动物联网创新园室内环境

昆山移动物联网创新园改造项目完美体现了历史保护与现代传承之间的平衡。在这块古老而崭新的园地里，培育了较多的创新创业企业。2021年，创新园被评为国家级科技企业孵化器。

三、科技园区载体的造型风格

载体的造型风格就像一个人的外表，既有美丑之分，也有高下之别，能让人一眼留下深刻印象的载体一定是别具匠心、富有特色的。

（一）标识性

载体的造型风格关乎人们对于园区的第一观感，也是关乎园区是否能成为城市地标的要素之一。优秀的楼宇造型应当在契合园区周边地貌环境、建筑风格的同时，充分展示自身的特色，具备一定的标识性（见图 3-5）。

图 3-5　复客北翼翼当年项目造型风格

事实上，对于大多数科技园区来说，载体造型不太可能过分追求艺术感，简约大气、经济实用的设计才是王道。载体内的景观、建筑、柱廊、空间等使用统一和谐的设计元素，更容易达到标识性目标。通过模块化元素拼接，不仅能让园区呈现规整大气的形象，还能有效节省设计施工的时间及材料成本（见图 3-6）。

图 3-6　绿地复客智慧产业社区造型风格

（二）趣味性

载体造型的趣味性是指随着来访者在园区内位置和视角的不同，看到的立面样式或组合形态也发生变化，呈现出不同的意趣和风格。这种变化可以通过采用同一元素的不同组合或不同建筑材料形成的质感对比来实现（见图 3-7）。

图 3-7　建筑立面类型（图片源自上海自贸壹号生命科技产业园·一期）

以上海自贸壹号生命科技产业园·一期为例。园区由 10 栋多层办公建筑组成，建筑密度较高，在这种情况下，要想打造丰富的空间形态，非常具有挑战性。在立面设计上，项目团队不追求整体的一致性，而是结合不同楼宇的空间个性特点，尽可能多地赋予建筑变化的立面。办公楼临街立面采用大面积玻璃幕墙，给人以优雅、明亮和友好的印象；立面线条简洁流畅，显示科技研发工作严谨细致的风格；庭院周围的立面则采用玻璃、铝板和金属百叶材料搭配，以增加私密性。用户在任何一处都能体验到一种独特的视觉感受，在这样的环境里办公、生活，一定不会感觉枯燥乏味（见图 3-8）。

图 3-8 载体造型概览（图片源自上海自贸壹号生命科技产业园·一期）

四、科技园区载体的公区建设与文化设置

人本质上是社群动物，一个单位内员工的社交需求如果得不到满足，容易产生对工作的不满及低落情绪。园区在设计和营造环境时，同样要考虑人际交流的需要。搭建一个人性化的公共交流空间，不仅有利于人员交流，而且容易形成高效、创新、合作的机制和氛围，推动园区企业科技创新和成果转化。

（一）融合自然景观，升级公区体验

这方面的经典案例是上海湾谷科技园。基于对公共文化场所的高度重视，项目团队希望园区变得"透气"而非"封闭"，使建筑物与外部生态环境密切关联，因而提出建设一条从北至南贯穿整个园区的中央绿道，以曲线形式形成视觉通廊，将园区塑造成一座开放亲和的生态景观花园。围绕绿轴铺设纵横交错的人行步道，为园区内外人群提供漫步式游园体验（见图 3-9）。

图 3-9　湾谷科技园景观鸟瞰图

流动的景观和步道将周边的功能楼宇串联起来，达到珠联璧合、相映成趣的效果。景观轴线中央地带设置了商务休闲服务区，集合了文化、艺术、休闲、教育、会议等服务功能；邻近的大草坪是一个天然氧吧，并可举办大型室外活动。轴线延展的不同节点上散布着各种功能性配套服务设施，成为中央休闲区的有益补充（见图 3-10）。

图 3-10　湾谷科技园景观

除了营造大型室外景观以外，楼宇组团也体现了花园式办公的理念。绿植在建筑内外延展，让企业员工随时随地享受大自然的清新惬意。满眼的绿色和充盈的负离子赋予了载体生命的活力，用户徜徉在这充满绿色和生机的办公园地，享受着大自然的优雅和人工雕琢的精致，园区成为他们生命中最重要的第二空间。

（二）丰富社交空间，激发创新活力

高档园区除了具备办公、研发、生产等功能外，还应该拥有社区属性，为员工提供丰富多彩的社交生活。众所周知，年轻化、收入高、工时长是科技行业从业人员的典型特征，年轻员工的大部分时间都贡献给了园区，如果园区只有办公配套而没有生活娱乐休闲设施，不仅失去对员工的吸引力，更会给招商工作带来巨大难度。所以，科技园区配套要比一般的产业园区更高、更全。特别是在社交娱乐空间规划和布置方面，科技园区要加大投入，精心营造。

1. 公共空间打造

引入居住、餐饮、零售、娱乐、健身等生活配套，让园区接地气、有生气、有人气；引入多元化、创意性、复合化、人性化休闲配套，如生活美学馆、种植平台、体验馆、社区中心等，在这些场景中，员工自由自在、才思泉涌，创造力得以充分激发，生命力得以尽情绽放。

功能配套建设要求结合园区动线，梳理实际需求，规划大致面积，落实具体部位（见表3-1）。

表3-1 类型功能配套表

类型	功能配套
居住	公寓、酒店
餐饮	食堂、饭店、茶饮店
零售	超市、水果店
休闲娱乐	健身房、瑜伽室、共享书吧

（续表）

类型	功能配套
商务便利	银行、图文印刷
生活便利	药店、美容美发店、花店
教育医疗	兴趣辅导、托育中心、社区医院
其他	……

2. 微社交场所设立

"微社交"是指少数人在特定场所进行的社交活动，包括"参与人""场所""主题"等因素，场所不一定很正式，体现了一种弹性化设计思维和多层空间的渗透性。在这些场所，参与人既可以特意安排，也可以偶然遇见，营造出一种有心无心、随时随地交流的环境和氛围。场所设计时可以考虑楼宇间的相互连通，也可以专门开辟某个楼宇空间，形成多层次、多场景、多用途的共享社交空间，形式包括但不限于设置连廊、底层局部架空连通等，以更高密度的交流空间和创新场景，促进多元化科技人群聚集和交流。

五、科技园区载体的基础配套设施

（一）市政管网

园区市政管网包含供电管道、雨水管道、污水管道、给水管道、消防管道、燃气管道、通信管道、智能化管道等工程，是所有园区公共配套设施的基础。市政管网在建设初期就应规划好，否则建成后再调整将费时费力。

（二）配电系统

园区配电系统对园区企业的入驻使用较为重要，电力充足是研发企业的关键条件，因而园区配电系统的建设和完善十分重要。

配电系统用于变换供电电压并向终端分配电能。一般由配电室和强电井、弱电井组成。配电室一般置于地下一层或室外,通过楼宇内垂直贯通的强弱电井向各层送电。

强电井安装交流电线,用于照明、动力等能源电力供应。若要在强电井内设置配电箱,应提前预留孔洞,末期孔洞的封堵也必须重视,以免发生火灾时引起烟囱效应。弱电井安装信号线,主要负责信息的传送和控制,如通信、监控、远程控制等。由于科技园区智能化程度较高,弱电供应的标准也相应提高,应预留充足的弱电井空间,便于后期的检修维护。强弱电井要严格分置,以防电流与信号相互干扰,影响载体正常使用。

（三）给排水系统

给水系统包括生活给水、生产给水和绿化给水。生活给水可依据面积及人数估算水量和最大时速,保障正常用水。生产给水中,对水质要求较高的客户可安装净水设施,但要考虑净水处理所需的供水压力,并设置倒流防止器避免回流污染。绿化给水应错峰运行,避免影响其他给水及载体的使用体验。

排水系统包括生活排水、生产排水、雨水系统等,承担污水、废水、雨水的收集、输送和处理。生活用水产生的污水经化粪池处理后接入室外废水系统;厨房含油废水经隔油处理后排入室外废水系统,废水在接入市政污水管网前设置水质监测井。生产废水要妥善收集于废水回收间,再由专业公司外运处理。雨水多采用重力排水,通过种植槽、透水铺装流向土壤蓄留,溢流后排至雨水管道。

（四）停车

车位配建数量需要根据园区规模决定,通常集中在每 $100\ m^2$ 建筑面积设置 $0.8\sim1.5$ 个车位,若周边具备停车时空共享条件,可适当进行缩减。

停车方式中，地面停车是最普遍且最经济便利的一种。当容积率在 1.5 时，地面停车可满足 0.3 辆 /100 m^2 的需求，容积率越高，车位数越少。多数园区需要结合其他停车方式才能解决车位供需不平衡的难题，常见的有地下车库、立体停车楼、屋面停车、机械停车位等。地下车库适用范围最广，优势明显：可集中停放大量车辆，取用方便；释放地面空间用于景观、建筑功能；车库内设置设备用房可使地上有效面积最大化。然而，地下车库也具有施工工期长且工艺复杂、成本高、限制地上使用荷载等问题，需要提前纳入考量。

（五）电梯

电梯是楼宇的主要交通工具，可细分为客梯、货梯、消防梯、无障碍电梯、餐梯等。电梯的载重通常依据规范和功能确定，具体要对人流和物流的垂直活动进行预判以进行电梯设置，电梯的有效、快捷是园区的必备条件。

（六）消防系统

消防安全是科技园区的重中之重，消防设计需要对楼宇平面进行科学合理的布置，完整地涵盖预防工作、消防报警工作与疏散救援工作，总体要把握好以下 5 点：①简单明了，让人员能够在紧急情况下快速识别；②科学地设置走廊，可以设计环形或者双向走廊，让楼梯、电梯、走廊互连，办公研发空间围绕，形成紧凑的平面格局；③疏散楼梯要在楼层的核心部位，尽量靠近电梯井，同时安置良好的送风设施，其依据是人在紧急状态下的行为偏好，安全距离应根据《建筑防火通用规范》的相关要求来设计；④规划两种及以上疏散路线，防止人流全部涌向同一个方向，导致其他危险发生；⑤完善和配置消防器材。

另外，科技园区使用过程中可能涉及具有危害性的实验，安全防护装置要准备妥当，时刻保障人员和物料的安全，如为一些含汞的实验室设计相应的排风柜，为存在强酸或者强碱的化学物质的实验室设计应急的喷淋器，为有精密电子仪器的实验室设计相应的电磁屏蔽系统等。

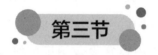

平凡化神奇，提升物业的人性化服务

一、物业是管理还是服务

物业管理最早起源于英国，我国是在1980年前后逐步引入物业管理的概念。如今，物业行业已遍布各个领域，然而关于究竟是物业管理还是物业服务一直存在争论。最早的争辩始自首部《物业管理条例》。2003年版《物业管理条例》是物业发展史上一部划时代的法规，在其颁布实施前，曾向社会各界公开广泛征求立法意见。许多行业专家和有识之士强烈建议命名为《物业服务条例》或《物业管理服务条例》。在他们看来，首部物业行政法规的命名事关行业的准确定性，在引导规范发展方面具有重要意义。由此，"管理"还是"服务"，引发一片热议。

直到2007年《中华人民共和国物权法》颁布，为使内容保持一致，《物业管理条例》进行了首次修订，将"物业管理企业"修改为"物业服务企业"。自此，"管理"还是"服务"的争辩至少在法律层面上得到了答案：物业是服务性行业，物业公司向业主提供质价相符的服务，业主依约支付物业服务费用。

物业服务的核心理念是以人为本，好的物业服务能做到"润物细无声"，通过全方位、全过程、全覆盖式的服务，不断提升用户的获得感。

对科技园区的物业服务来说，创新服务是基础，有效沟通是手段，高效流程是保障。高品质的物业服务不仅是园区核心竞争力的一种表现，而且是园区品牌和形象的重要支撑。在园企业如果对园区物业服务感到满意，它们就会义务替园区宣传，从而吸引更多的企业落户园区。

二、物业服务的主要内容

（一）客户服务

科技园区的物业客户服务工作主要包括以下 5 个方面。

一是客户接待。科技园区通常会在客户动线的交汇点设置一站式服务前台，为企业提供入驻装修、费用收缴、车位租赁等基础业务的便捷办理，也提供工商代办、政策咨询、员工招聘等个性化业务的办理。

二是会务服务。科技园区通常会设置公共会议室等共享空间，为企业提供会场布置、会议司仪、设备租赁等服务。

三是投诉处理。客户投诉分为关于人员服务质量的投诉和关于设施设备的投诉，由客户服务人员联系直接责任人，响应投诉并解决问题。

四是配套服务。科技园区通常会自主经营满足园区企业基本生活需求的商业类型，如食堂、公寓、运动场馆等，这类商业的运营质量直接关系到园区整体形象，需要客户服务人员介入服务。

五是活动支持。科技园区经常举办各类与企业相关的活动，包括项目路演、培训讲座、企业联谊、产品推介、节日庆典、商务招待等，客户服务人员在此类活动中承担后勤保障的责任。

（二）秩序维护服务

秩序维护服务相较于过去的安保服务更加强调服务意识。秩序维护服务主要包含公共环境安全管理、作业现场安全管理、消防安全管理和突发事件应急处置。

（1）公共环境安全管理。一是出入口的人员车辆管理，应当进行人员及大件物品的登记，提供访客指引服务，规范各类车辆的通行路线及停放地点；二是安防系统的管理，应掌握监控、门禁、周界报警等各类安防设备的操作方法，有针对性地进行安防点位的设置；三是企业利益的维护，应当关注企业的商业利益，保护企业的商业机密，如商务动态、技术资料、领导行程、会议议程等。

（2）作业现场安全管理。一是作业区域的警示，应当对作业区域进行划分，设置相关警示标识和隔离防护措施；二是作业现场的合规检查，包括检查作业人员是否持证上岗、作业流程是否符合安全规范、作业范围是否侵犯公共利益、作业项目是否按要求报备等。

（3）消防安全管理。一是建立消防设施设备的管理制度，定期检查各类消防设施设备的运行状况；二是检查企业二次装修的消防设计是否合规，配置的各类消防器材是否满足要求；三是定期排查消防隐患，加强重点防火部位的巡查，确保消防疏散通道的畅通。

（4）突发事件应急处置。突发事件分为自然灾害、重大设备故障、意外伤害事故、卫生防疫等，突发事件的应急处置主要包括以下两个方面：一是判断突发事件的发展阶段，突发事件的处理分为事前、事中、事后三个阶段，事前阶段关注预警信息的传递，事中阶段重点关注事件影响的控制，事后阶段关注处理经验的总结；二是应急物资的配备，关注应急物资的种类和数量是否满足要求、应急物资的取用地点是否便捷、应急物资的使用步骤是否进行演练培训等。

（三）设施设备管理

设施设备管理是物业工作的基础，包括设施设备的技术操作、安全管理、节能管理、运行维护等方面。如果园区规模较大，那么设施设备的类别较多，包括但不限于配电间、水泵房、消防控制室、电梯、空调机组、智能化系统等。

（1）设施设备的技术操作。第一，明确设施设备的操作流程，根据设施设备的具体特性制定有针对性的操作规程；第二，培训设施设备的操作人员，培训内容包括理论和实践两部分，对于一些专用设施设备的操作，操作人员应取得相关的资格证书；第三，记录设施设备的技术参数，设施设备在不同环境下的工作状态存在差异，应当定期排查，记录技术参数，监测运行状况，预防故障发生。

（2）设施设备的安全管理。第一，针对设施设备的特性，提前分析可能出现的故障，制定对应的应急处置方案；第二，设施设备的安全管理人员应当监测设施设备的运行状况，具备排查安全隐患的基本能力；第三，设施设备的操作人员应当掌握设施设备的安全控制点，定期测试设施设备的安全装置，熟悉各类安全状况的处理要点。

（3）设施设备的节能管理。第一，掌握各类设施设备的能源消耗量，分析能源消耗的可控环节，制定能源消耗预算，掌握能源消耗的周期，动态调整能源消耗；第二，宣传节能理念，培养节能习惯，减少人为浪费能源；第三，采用先进的节能技术，如使用清洁能源、设置能源回收装置、安装感应触发装置等，提高能源利用效率；第四，用能设备与配置区域合理匹配，避免用能设备的过度设置，保持设备的高效运行，减少因设备低效运行造成的能源浪费。

（4）设施设备的运行维护。第一，检查设施设备的外观、负荷、工作环境等基本情况，确保设备的正常运转；第二，更换设施设备的易损部件，清洁设施设备的传动装置，根据实际情况适时停用设施设备，延长设备的使用期限；第三，结合设施设备的薄弱环节，制定有预见性的维修方案，对于设施设备的停机检修时，应充分考虑设施设备的临时替代方案。

（四）环境维护服务

环境维护服务包括物业服务区域内的清洁卫生管理及园林绿化管理。

（1）清洁卫生管理。一是公共区域的地面、墙面、电梯、卫生间等区域的清洁；二是垃圾的分类回收处理；三是雨水管、污水管、化粪池、隔油池等管井的疏通清理；四是初次使用区域的拓荒清洁；五是外立面、广告位的清理；六是垃圾场、卫生间、电梯厅的卫生消杀。

（2）园林绿化管理。一是绿化的日常养护，包括补充水分、清理枯枝、清除杂草、肥料灌溉、整形修剪、虫害防治、草坪养护等；二是绿化的翻新改造，包括苗木补种、盆栽布置、草坪配色等；三是灾害防治，包括台风、严寒、干旱、洪涝等自然灾害期间对绿化的保护措施。

三、物业人员的岗位配置

根据科技园区产业种类、总体面积、容纳人数等实际情况，通过"一个中心、四个部门"的物业人员配置，落实载体物业管理执行和服务品质提升任务（见图3-11）。一个中心为服务中心，四个部门为秩序维护部、环境管理部、工程管理部和客户服务部，各部门与中心紧密结合、相互制约、相互监督、相互配合。

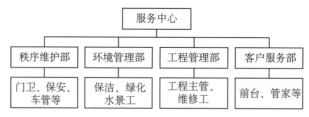

图3-11 "一个中心、四个部门"的物业人员配置

服务中心发挥统领作用，通常设经理1名，协调安排下属4个部门的工作，通过一个连续封闭的回路，包括指挥团队、执行任务、监督情况与反馈效果，形成有效的物业运作流程。

秩序维护部除了维护人流秩序和车辆管理等常规性的工作外，还承担安全防范、防火防盗、突发事件处理等工作内容。秩序维护部应采用轮班制，确保24小时都有人员在岗，及时发现并处理情况。

环境管理部的职责是保障载体环境的整洁度和美观度。载体环境是评价一个物业项目好坏的主要依据，因而环境管理部的工作虽然基础但十分重要，服务中心负责人要尽到监管职责。除基础工作以外，环境管理团队还要加强环境理念宣传，引导所有人员共同维护载体环境。

工程管理部的职责是快速、稳妥地落实各项设施设备和建筑本体的维修和养护，包括屋面墙面情况、道路路面设施、电梯、门禁、消防、公共配电设施、监控弱电设施、上下水管道等的工程管理保障。出色的工程管理服务是物业增值保值的有效途径。

客户服务部的职责是通过整合企业、客户、政府、社会等各类资源，为在园企业和人员提供优质服务，包括商务接待、投诉管理、关系维护、业主满意度调查、社区功能服务等。客户服务部要树立"以人为本"理念。

四、物业服务对载体品质的作用

对外来说，载体是折射园区文化、展现园区实力和风采的名片；对内来说，载体承载了科创服务、商务洽谈、休闲娱乐、共享交流等众多功能，是企业正常经营的先决条件。如果把载体当作"面子"，那物业服务就是"里子"，两者关系密切，相辅相成。

我国物业行业仍处于初期发展阶段，但自20世纪80年代引入以来，物业服务的重要性越来越凸显，其价值也越来越被社会认同。健全的物业服务能有效承担起载体环境建设和保护的各项责任，保障公共设施和企业设施设备的安全正常运作，维护良好的办公生产秩序，让企业人员全身心投入工作，保证企业长久稳定发展，进而提升载体影响力和市场竞争力。优质的物业能为在园企业创造更多附加价值，凸显载体的品质和形象。我们常说基础决定高度，没有坚实过硬的物业服务这个基础，园区再漂亮、产业概念再丰满，也是无本之木、无源之水，注定难以长久。在追求品质服务的今天，企业对物业服务的认知与期望也在提升，很多企业都把物业服务水平作为挑选园区重要的考量因素之一，宁可多花一些钱，也要选择物业服务更好的园区。

从更大的层面讲，园区物业担负着优化投资环境、推动产业发展、服务园区经济的独特使命，物业这块"里子"必须和载体这块"面子"融为一体，相得益彰，各自发挥最大功效。做好园区物业这篇大文章，可从提高物业团队的专业性和个人素质入手，尝试拥抱新技术、新理念、新趋势。

（一）提升职业素质，应对物业服务挑战

科技园区内系统设备繁多，功能结构复杂，现代化程度高，虽然有相应的专业维保单位负责，但对物业团队的专业要求也不低，至少能判断问题所在，并进行简单操作。针对这些特点，提升工作人员的专业素质就成为首要任务。物业服务中心应鼓励全员参加专业技术培训与职业资格考试，保证胜任各项工作，完成各项任务。

物业工作人员的思想道德素质也不能忽视。随着物业服务整体水平的提升，用户对服务的期待和要求更高，特别是个性化需求不断增多，对园区物业服务提出了更多挑战。物业服务部门首先要在思想上提高认识，牢固树立服务第一、结果导向的工作理念，在做好常态化工作的同时，更应加强学习、提升技能，积极应对各种新情况、新要求。俗话说观念决定一切，只有团队的思想道德素质提高了，才能真正转变观念，主动诚心地为企业服务，做到让客户满意、让领导放心。

（二）借力数字技术，推进智慧物业变革

借助互联网和物联网的发展，物业需要思考如何依靠数字化应用推进服务转型，实现效率和品质的提升。数字化应用主要体现以下两个方面。

一是内部管理。物业的数字化应用不仅仅是引进一套数字化管理系统、采用几个数字化终端这么简单，核心是要认识到数字化管理模式在提升组织效能和管理效率方面的巨大作用。传统物业服务模式中，现场管理是关键，但是由于科技园区管理范围大、企业数量多、设备布局分散，现场管理不仅效率低，而且信息易失真，管理层不能获取一手准确资料，导致决策延迟和执行偏差。数字技术应用解决了上述弊端，实现了各类信息的数字化，管理层通过实时全面的数据信息，能准确及时做出决策，并做到快速执行、快速反馈，管理效率和服务质量都得到极大提升。

二是技术服务。依托"数字智脑"，促进用户与载体、用户与服务之间的智能交流，实现设备、科技、服务、运营全面融合。智能设备的好处是可以全天在线，一旦发现异常，能够第一时间发出警报，提示物业人员解决问题。但是数字技术应用过程中也会产生一些负面影响，如部分设备会涉及肖像、车牌等隐私，如果外泄可能会对用户造成一定伤害，物业方一定要提前与用户沟通，并做好安全防范。将琐碎、重复性的工作交给智能设备，保障更多的人力去从事高端定制客户服务，不断提高服务的附加值和含金量，这是未来的发展方向。

有一点要明确，再先进的技术都只是一种手段，任何技术都无法代替面对面的沟通和服务，因为这是物业的本质。

本章主要参考资料

1. 成海燕，徐治立，杨洋.科技企业发展阶段的创新特征及政策需求——基于企业生命发展周期理论视角［J］.科技管理研究，2017，37（12）：117-128.

2. 葛子勤.产业园区的空调系统方案［J］.安徽建筑，2020，27（03）：184-185.

3. 刘然.综合办公楼设计的优化应对方案［J］.工程建设与设计，2018（04）：17-18.

4. 尚婷婷.某研发类产业园给排水及消防系统实例探讨［J］.城市建筑，2019，16（35）：55-57.

5. 宋春峥.高品质产业园区停车位需求解决方案研究［J］.价值工程，2022，41（19）：38-40.
6. 宋美祺，李楠楠.绿色建筑设计应用在高层民用建筑设计中的探讨——以某科研办公楼项目为例［J］.建材与装饰，2018（12）：90-91.

第四章 筑巢引凤,科技园区产业生态与招商体系建设

科技创新是社会经济发展的重要引擎。科技园区发展的首要任务就是通过招商活动选择优质的企业和项目落地园区,并形成产业集聚和产业生态圈。

招商策略在园区发展的初期、中期、后期会根据既定的产业生态不断进行调整和完善。同时,当国家发展战略和外部宏观环境发生改变时,科技园区也要主动适应形势,实施结构转型升级,招商策略也要随之转变。

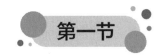

第一节 科技园区产业生态

产业生态是由能够对某一产业的发展产生重要影响的各种要素组成的集合及其相互作用关系,是由产业发展支撑因素与外部环境等构成的产业赖以生存和发展的有机系统,包括与产品研发、生产和应用相关的高校、科研机构、产业链生产企业、中介机构、消费者等各类参与者。良好的产业生态是一个产业健康发展的基础,也是科技园区发展的高级境界。

一、不同产业对科技园区的要求

不同产业门类的企业对空间的需求"有个性,也有共性",一般来说,大部分新兴产业的科技企业在办公空间上的要求基本相同,这也是办公楼宇为主的科技园区能实现"产业杂居"的原因所在。但是,涉及研发及小试、中试等环节的企业,对建筑空间的需求差异会体现在层高、承重、柱距、电梯等方面。此外,部分产业因特殊的管理需要,在生产性配套空间上表现出的差异会较大。以尖端科技型生物医药科技产业园为例,生物医药产业研发和生产需要大量高标准的物理空间和机械配置,平面设计应符合药品生产要求,楼梯层数一般控制在10层以内,5层及以上的标准层层高宜为5～6 m,以满足生物医药企业对生产工艺、洁净空间、实验设备及管线安装的普适性要求。研发及生产空间应当能够最大限度地避免交叉污染、混淆差错,并且便于清洁、操作和维护,楼宇各层应分别设置人员和物料进出生产区域的出入口,分别设置人员和物料进入医药洁净室前的净化空间和设施,医药洁净室设置应按照现行国家标准进行。

科技园区在选择合适的产业类型之前,首先要考虑载体的特点,以及不同产业对载体的不同要求。

二、科技园区如何选择合适的产业

纵观国内一些知名的科技园区,我们不难发现科技园区的主导产业大都是战略性新兴产业,其中以互联网、信息技术、电子通信等产业最为常见,新材料、新能源、生物医药等产业也占有一定的比例。除此之外,文化创意等新兴产业以及金融、商贸会展等高端现代服务业也在其中。

那么,科技园区如何选择合适的产业?

首先,我们要理解产业生存和发展最重要的两个因素,即成本和效率,只有在低成本的同时高效率,才能赢得市场。所有的成本与效率又依赖两个因素，一是分工，二是技术。在同等技术条件下，专业化分工则是降低成本和提高效率的实质。

一个园区在做产业选择或产业定位的时候，首要考虑的是入驻企业在其产业分工中的节点，需要哪些其他产业和社会分工的支撑，还要考虑这些企业之间的专业化分工有没有相互促进的作用。园区在做产业选择的时候有两个参考象限，一是园区基础，二是企业协同（见图4-1）。园区基础指的是园区本身和社会基础设施服务的总和，如园区的物理空间形态、水电气等能源、交通及交通工具、距离原材料和市场的距离、产业政策等构建园区基本功能的相关因素。企业协同指的是某类产业上下游企业之间的协同效应。

图 4-1 产业选择的参考象限

比如平台型电子商务产业，其需要其他外部企业协同的程度非常高，从设计、生产到销售物流和售后，可以说平台型电子商务其实是在整合其他若干企业以达成自身的核心竞争力，所以平台型电子商务产业的企业协同运营能力要求很高，但电子商务本身对园区基础的要求则不高，只需要办公场地、网络带宽及相应的交通便利即可，在能源、原材料供应及物流方面，不需要园区本身特别提供。

值得提醒的是，类似的平台型电子商务产业往往有除互联网技术之外的其他产业核心竞争力，如更低成本的供货渠道、更便捷的物流，或者以共享经济为名的分发租售渠道。总之，企业协同性较高的产业，其影响力也较大，园区可以通过引进此类产业带动其他产业的发展，但此类产业对园区基础的要求不高，吸附力不够，所以很容易转移到更低成本的其他园区。

再如中小型制造业，其对园区基础的要求就比较高，除了需要低成本的物理空间，对厂房的载荷、运输能力、能源及废物处理等都有一定的要求。这类企业对园区有很强的吸附性，可以说是园区租赁的可靠现金流产业，但这类产业的企业协同性则不高，只和很少的几家外部企业合作，不需要大范围地整合外部企业。

通过以上分析，科技园区在选择产业时就可以更加有的放矢，结合需要与可能，理解产业与园区之间的关系，以及产业内各供应链节点企业之间的关系。

三、科技园区产业资源配置趋势

如今的科技园区已经摆脱传统单一的发展模式，开始向复合化功能转移。在功能配置上，科技园区应围绕核心产业，秉承人性化和高效化的理念，合理导入产业资源，打造集居住、办公、商业、商务、休闲等于一体的多功能生态社区。在体量配比上，科技园区可根据园区特点和区域发展方向，借鉴类似园区的成功经验，结合园区建设运营资金安排，合理布置物业体量和开发顺序。

随着科技园区主导产业不断转型升级，科技园区的产业资源配置也在不断进化和演变。

（一）从注重优惠政策向发展产业集群转变

世界高新技术产业发展趋势基本经历了"单个企业—同类企业集群—产业链—产业集群"的发展路径演变，我国科技园区正经历着由企业集聚向产业集群方向的转变。科技园区的产业资源将不再过度依赖优惠政策，产业资源配置将遵循市场规律，自发地从低生产率企业流向高生产率企业，从低技术企业流向高技术企业。在集群化发展的环境下，资源配置效率进一步得到提升。

（二）由加工型产业资源向研发型产业资源转型

科技园区功能的特殊性决定了科技园区不可能像过去的产业园区那样注重加工型产业资源分配。早期的科技园区在低成本的导向下，主要承担产品的单一加工制造功能，属于高技术产品生产基地。面对区域经济转型发展的要求，越来越多的科技园区开始由单一生产向研发、设计等创新功能转变，探索形成主要以创新为驱动的发展模式。在产业资源配置方面，重点向技术创新能力培育和成果转化效率方面倾斜，支持研发中心、研发性产业和科技服务业快速发展。

（三）由功能单一的产业园区向现代化综合型园区转型

科技园区从单一的生产制造功能向创新功能提升。科技园区聚集大量创新要素，通过发展紧密关联的产业集群、创新集群，促进产业价值形态向高端转移，推动"园区制造"向"园区创造"转变，从单一的第二产业主导向第二、第三产业融合转变。围绕制造业高端转型升级的需要，研发设计、科技服务、金融保险、中介咨询等现代服务业以及总部经济成为科技园区未来产业发展的重点，从单一的产业功能向城市服务功能拓展。科技园区更加注重内部商业、教育、居住等城市服务功能建设，并与周边区域服务功能相结合，形成一种产业融合、服务多样、配套完善、交通便捷、职住平衡的空间格局，最终实现"产城融合"。

四、让产业生态成为科技园区的核心竞争力

学者对什么是科技园区核心竞争力往往持有不同观点。有的说是区位，有的说是服务，也有的说是产业集聚度。其实，科技园区真正核心的竞争力就是形成产业生态，这个生态既包括产业集聚度，也包括产业服务，还包括各种软硬件配套。

（一）产业有集聚

科技园区招商工作的重点应该放在龙头企业身上，因为龙头企业带动性强，集聚效应明显。一个产业链能不能做成、能不能做大，关键看有没有龙头企业。龙头企业在上游有长期合作的原材料和核心零部件供应企业，在下游有业务高度依赖于龙头企业的配套服务商和耗材生产商，可以说自带产业链。通过龙头企业的辐射、示范、信息扩散和销售网络的产业龙头作用，也能引导资金、技术、人才等各类资源向园区集聚，扩大产业集聚规模，增强产业竞争优势。企业聚集对于园区产业生态发展至关重要，科技园区通过集聚各类资源、做好产业服务，营造有利于企业聚集的良好环境，比如建立开放的网络体系，让大中小企业在激烈竞争中寻求合作，通过彼此业务联系和交流，开展联合创新或承接创新成果外溢，形成良好的创新氛围，进一步推动科技企业向园区集聚发展。

（二）服务成体系

科技园区服务内容很多，从最基础的物业服务到高端的科技创新服务，有一整套体系。基础服务是目前所有园区的标配，高端服务才是护城河，具备这种能力的园区不多，应该成为未来努力的目标。世界一流科技园区一般都具有科研、科创、科技、科教、科贸多方面的服务能力，这也是科技园区创新生态建设的重要抓手。

除了围绕产业需求吸引高端科研主体集聚外，科技园区层面还需要搭建科研合作平台来实现高端科研主体与本地企业的高效对接，打造科技研发基地。科技园区通过"建载体＋搭平台＋用资本＋搞活动"的方式，搭建完整的科创生态体系，推动科研成果产品化、产业化。以创新为特色的科技园区离不开与大学等机构创新合作。大学、研究机构不仅为企业提供高科技人才、技术成果、技术设计、指导和咨询，而且帮助其培训人才，以应对快速变化的技术环境。科技成果转化是园区服务的重点内容，科技园区要搭建成果转化平台，为供应端科研机构和需求端的实体企业提供成果展示以及技术咨询、金融服务、技术评估、专利认证等服务，促进供需双方开展技术贸易和产品贸易，加速科技成果落地转化。

（三）孵化全链条

科技园区涵盖了众创空间、孵化器、加速器、产业园等多项功能，为企业全生命周期提供孵化培育服务。科技园区围绕不同对象建立起包括制度、标准、流程、架构、人员在内的一切人、财、物、信息、文件等软硬件一整套服务系统。众创空间主要服务初创型项目和团队，通过项目评估、专业辅导、创业培训和服务保障提高创业项目的成活率。对进入孵化器的初创企业，重点做好资金、研发、人才、技术等资源的服务，在加速创新要素集聚的同时，推动区内企业的交流与合作。企业快速成长后，空间需求进一步拓展，加速器基础设施建设一定要完善，厂房、交通、通信、能源供应等硬件设施要满足企业扩展需求，同时在融资服务方面要重点跟进，保障企业发展资金需求。在多个企业不断壮大乃至成为行业头部企业后，科技园区可以充分利用企业集群和产业链集聚优势，专门开辟特色产业园区。说到底，科技园区的本质和使命是发展产业。

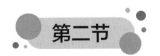

科技园区招商体系

招商工作做得好，能够在较短时间内形成一定的产业集聚，对增强科技园区竞争力、提升科技园区整体形象具有十分重要的意义。通常来看，入园企业会对园区企业的整体发展水平、园区服务以及园区形象等进行综合考虑，如果前期招商比较成功，会吸引更多的优质企业入驻园区，进一步提升园区的综合实力。

科技园区招商是系统性的工作，招商调研、产业定位、产业规划、项目选择、营销推广、渠道整合、招商策略这几个主要环节环环相扣，只有构建合理的招商体系，才能从根本上解决招商难题。

一、市场调研

科技园区招商是否顺利，往往在调研阶段便已经决定。如果没有前期的调研，招商工作就没有方向，不仅耗费人力、物力、财力，而且效果不会理想。

市场调研主要围绕环境、产业、企业、竞品等方面进行，通过实地走访、问卷调查、座谈交流、资料查询等手段，掌握市场资源、核心客户、企业痛点、同行指标、市场价格等项目一手资料，为可行性报告提供客观、翔实的依据。

二、产业定位

产业是园区发展的根本，产业集聚是市场选择和主动规划共同作用的结果。产业定位是招商的前置工作，通过科学的分析研判，确定产业/招商方向，提高招商成功率。

科技园区在选择主导产业的时候应当依据所在区域的发展情况，对产业发展趋势进行综合判断。在产业定位过程中，园区必须突出自身资源和能力优势，围绕特定产业领域做精做深并形成特色。此外，园区还应当明确产业链延伸方向，围绕产业链进行上下游拓展，做好拓展方向的细分，保证产业内部企业之间有更为紧密的联系，推动配套企业的不断健全与完善。

三、产业规划

科技园区是实现产业集聚和产业培育的重要载体，而实现产业集聚是一项复杂的系统过程，涉及产业定位、路径选择、产业培育以及产业升级等多个方面。一个园区的产业承载空间有限，大部分时候要对某个产业甚至细分产业进行筛选，选择一个更适合发挥自身资源和能力优势的发展方向。无论选择哪个细分产业方向，产业集聚无外乎三条路径：一是承接外部产业转移；二是推动本地产业升级；三是孵化高效益未来型产业。科技园区一般都采取一种路径为主、其余为辅的发展路径。科技园区产业规划要围绕链条式、模块化和融合性，发挥要素共享、规模效益、产业配套等优势，提高产业整体竞争力。产业规划还要秉持生态化理念，实现链条式发展，重视产业服务、产业结构和产业环境的完整性。

四、项目选择

科技园区项目招商主要围绕园区的产业定位与产业链条展开。根据科技园区产业发展规划、产业定位、资源特点、比较优势等情况选定招商项目，对不合适的项目坚决抵制，宁缺毋滥。同时也要考虑到产业链条的上下游支撑问题，在同等的情况下，应该选择和产业链条相关的企业。在空间资源有限的情况下，招商人员要把好项目引进关，适当提高准入门槛，重点引进科技型企业、研发类企业，注重产业协同性。

五、营销推广

科技园区招商是一种特殊的市场营销，从战略层面来看，就是把园区视为"企业"和"产品"，分析营商环境、产业环境等内外部环境，研判综合竞争力的强弱以及面临的机遇和挑战，并确定未来发展目标和方向，针对目标进行策划和推广的过程。科技园区必须对区域内的投资环境、政策法规、配套条件、专业服务等要素进行统筹与策划，并实施科学合理的营销战略，满足潜在的投资群体需求，从而实现引进高价值项目。

科技园区需要对于项目的定位、形象进行专业设计，制定科学协同的营销推广方案，把产品要素视为品牌定位点的主要来源，精准识别目标企业的利益偏好，通过线上和线下的广告宣传以及活动策划找到目标客户，并把信息传递给他们，让他们知道、认可并记住园区，在产生需求的时候能够想到园区。

六、招商渠道

业界有人总结出几十条产业园区招商渠道，主要包括政府渠道、招商服务机构、线上平台、行业协会等。这些渠道对科技园区招商来说都可以借鉴和运用。但科技园区与一般的产业园区还有区别。在项目的选择上，科技招商不只看投资规模与强度，更重要的是企业的科技含量、创新能力、成长性等指标。项目所处的产业领域、产品的技术水平和市场规模等，都是需求综合评估的因素。

在利用好传统招商渠道的基础上，还要创新招商方式和渠道，比如：根据"众创空间—孵化器—加速器—产业园区"企业孵化成长链条绘制科创热力图，吸引科技企业的关注；举办创新创业大赛、科技创新训练营、细分领域产业论坛等活动，让更多科创企业认识科技园区；定期举办科技招商大会，推出系列品牌活动，设立创新科技中心，全面聚焦科创企业。人才的渠道也非常重要，"引进一位人才，落地一个项目，带动一个产业"在科技园区招商过程中也屡见不鲜。

第三节

科技园区招商策略

关于科技园区招商策略的说法因为角度不同而差异很大，很多招商策略与招商模式、招商方法意思相近、界限模糊。一般来说，招商策略包含招商目标、定位、价格、合作、宣传、服务、渠道等方面的内容。市场并没有形成关于招商策略的统一表述，但有一点可以肯定，科技园区招商策略与普通产业园区既有相同的地方，也有不同特点。鉴于科技园区主要面向科技型企业进行招商，主导产业已经明确，发展层次相对较高，招商策略应侧重产业链招商、以商引商、活动招商、人才招商和服务招商这五个方面。

一、招商策略之产业链招商

产业链是围绕园区功能定位和核心企业，通过对信息流、物流、资金流的控制，从原材料开始，到中间产品以及成熟产品，再到最后的销售系统，将供应商、制造商、分销商、零售商直到最终用户连成一个整体的功能网链的结构模式。

产业链的形成体现了产业各环节合理、有序的分工与协作，表现为产业系统内各产业部门之间基于技术关联而形成的一种逻辑关系和时空布局。

所谓产业链招商，就是围绕一个产业的主导产品及与之配套的原材料、辅料、零部件和包装件等产品和相关服务配套来吸引企业投资，谋求协同发展，形成倍增效应，以增强产品、企业、产业乃至整个区域综合竞争力的一种招商方式。

产业链招商好比黏合剂，将上下游企业黏合在一起，通过产业的高度集聚，极大提高社会化生产的组织化程度，通过就近配套、就近采购甚至一站式采购，极大地降低生产成本，增强竞争力。同时，产业链招商可以产生技术示范上的横向溢出效应和纵向溢出效应。横向上，同类企业的竞争有助于技术的快速进步。纵向上，上下游企业在相互配套适应过程中会不断向先进技术企业靠拢。特别是高端研发环节的引入能促进整个产业的技术提升，还可能成为相关产业的研发中心、销售中心，甚至价格形成中心。

宁波北仑区的注塑机产业链招商即鲜明的典型。根据中国塑料机械工业协会的统计，宁波是全国最大的注塑机生产基地，占内地注塑机年产量的60%以上，而宁波的注塑机产业又主要集中在北仑区。此外，北仑区周边集聚了数百家注塑机零部件生产企业，整机生产所需的90%以上的零部件都可以在半径50 km的范围内采购。与此同时，中国最大的塑料原材料生产交易市场中国塑料城确保了上游塑料原料市场的供应优势，下游以家电为代表的强大的消费品产业提供了塑料机械的最大消费市场。这些产业配套优势使得北仑区对世界知名注塑机企业的转移形成了巨大的"磁力"。中国香港地区的震雄、力劲，中国台湾地区的南嵘、富强鑫、今机、铝台，德国的德马格，日本的住友重机，韩国的宇进、东信等一批整机企业纷纷入驻，使北仑的注塑机产业整体迈上了新层次。

产业链招商有利于科技园区品牌塑造。科技园区的地位与园区内产业品牌打造休戚相关，科技园区以完善的基础设施、完备的服务功能和良好的服务品质吸引了相关产业企业向园区集聚，并不断促进园区企业技术进步和经营创新，保证了园区企业和产品在市场竞争中的优势地位，提升了科技园区品牌形象。

产业链招商要秉持"着力引大，以大引小，成龙配套，梯次推进"的策略，从现有企业出发，顺藤摸瓜引进相关企业。

龙头、核心企业是产业招商的关键。核心企业对于一个产业的作用，正如恒星对于围绕它的行星一样是不可取代的，引来一家核心企业，往往能引来一连串配套企业，甚至能凭空打造出一条新的产业链。

产业链招商重点包括以下6个方面：

（1）制定好产业规划，培育和发展优势产业；

（2）完善产业配套体系，提高各种生产要素的流动速度，大幅度降低企业生产研发的综合成本；

（3）策划招商方案，实施定向招商，重点招引龙头企业和关键性企业；

（4）实施科技型中小企业倾斜政策，吸引其向龙头企业靠拢，通过互利合作，形成大中小融合发展态势；

（5）健全基础设施配套，提高综合服务能力，以良好的产业生态和服务生态环境吸引和留住高科技企业和高端人才；

（6）打造专业化招商团队，产业链招商对招商人员专业素养要求非常高，应通过培训、学习、沟通、激励等手段，提高招商人员的专业能力，实现快速招商效果。

二、招商策略之以商引商

目前我国产业园区招商策略同质化现象非常严重，招商方式大同小异，不仅企业普遍感到审园疲劳、选择困难，园区的招商效率也严重下降。在此背景下，"以商引商"等创新招商理念在一些地方流行，并且取得了不错的效果。自己说一万句，抵不上别人说一句，这个道理并不难懂。科技园区因为其产业功能和服务功能定位较高，发展环境较为优越，更适合采取以商引商的招商策略。

以商引商的核心原理是口碑效应，借助园区内部和外部的企业、人脉资源实现招商的目的。"春江水暖鸭先知"，招商单位将园区描绘得再美再好，外界不可能感同身受，只有园区内企业对园区的服务环境、发展环境、营商环境最有发言权。企业对于园区的良好口碑往往具有更强的说服力和影响力，通过企业家之间的口口相传，其宣传效果远胜于招商人员的讲解。以商引商的招商策略需要充分调动园内企业的积极性，借助企业的信息渠道、商务渠道、人脉资源吸引外部企业入驻；这些企业还可以利用地区商会、行业协会、同乡联谊会等媒介机构放大示范效应和口碑效应，进而实现以最小的成本获取最佳的招商效果。

在以商引商过程中，"以商"是基础，"引商"是目的。"以商"的前提是园区具有政策、产业、技术、人才、资本、配套、载体、服务等方面综合优势，具有各项管理和服务的长效机制，营造亲商稳商的发展环境。企业在园区这个大的生态环境中如鱼得水，如虎添翼，健康成长，企业家自然会对园区大加青睐和赞赏。他们出于自身利益考虑，首先会将同一产业链配套协同企业拉进园区，以减少企业商务成本，提高生产和研发效率，达到"引商"的目的。他们也会通过各种途径表达对园区环境和服务的肯定，提高园区的美誉度，从而吸引更多优质企业入驻园区。

营造良好的产业环境是必要前提，以商引商还需要充分调动园区内企业的招商积极性。除了上面提到的企业家因产业集聚可以降本增效而自发替园区做宣传外，各地政府对帮助引进符合当地产业发展需求的重大项目的企业可以给予一定比例的资金奖励，对入驻园区的项目也给予一定比例的固定资产投资奖励、人才补贴、租金减免等激励措施，园区也可以对以商引商成效明显的企业给予多种形式的优惠和奖励。

中国是一个人情社会，人们因熟悉而信任，因信任而认可，园区可以充分利用这一特点，在招商过程中巧打感情牌，以同学会、老乡会、校友会、战友会等为媒介，联络感情，推广项目，以情招商，以诚感商。武汉一直是中国科教资源的高地。从 2017 年武汉提出"百万校友资智回汉工程"以来，校友经济逐渐成为武汉招商引资的重要方式之一。统计信息显示，2017—2022 年，校友经济为武汉带来的签约项目超过 350 个，总投资突破 1.5 万亿元。

以商引商与产业链招商如影随形，相得益彰。特别是园区龙头企业，如果其在园区助力下发展速度较快，对园区评价较高，通常会自发带动其上下游及配套企业来园区发展，以扩大自身企业优势和生产规模，间接地达到延展园区产业链布局和聚集产业效能的效果，有助于园区实现产业链精准招商。这方面的例子比比皆是，无须赘述。

三、招商策略之活动招商

传统的招商策略不一定能引进符合科技园区产业定位和发展规划的企业，科技园区在招商过程中应两条腿走路，一方面重视大型龙头企业的招商，另一方面安排专门人员负责搭建平台进行活动招商。

科技招商团队如何搭建创新平台，吸引更多科技项目的关注呢？可以举办各类双创活动，发现优质科技项目，引入园区进行孵化培育。如江苏太仓

T-MAX"科创太仓"国际创新创业大赛（见图4-2）就取得了非常好的效果。通过项目征集、辅导优化、路演竞赛、创投对接、宣传推介等一体化服务，可以吸引更多的创新创业项目和高层次人才汇聚。

图4-2 T-MAX"科创太仓"国际创新创业大赛现场
（图片源自"太仓沙溪"公众号，https://mp.weixin.qq.com/s/q5qBwjnRQiDBfzbx5F9LJw）

江苏张家港2021年在北京举办了苏州·张家港全国创新创业大赛北京分赛暨张家港市半导体产业招才引智推介会（见图4-3），让更多的创客朋友了解张家港，更多的优质项目落户张家港。

图4-3 张家港市半导体产业招才引智推介会
（图片源自"大庆北航星空众创"公众号，https://mp.weixin.qq.com/s/LKP8VdPjbyVJFtw4gFWOBg）

江苏南通星中国际青创园连续两届承办了南通市海外高层次人才创新创业大赛和海外高层次人才领军峰会活动，通过大赛活动发掘了多家科技企业落户园区。

每个园区获取项目信息、打造科技招商高地的"触角"伸出的姿势与方向都不同，但都是为了有效聚焦科创企业。

四、招商策略之人才招商

科技招商需要格外注重人才的作用。

我们经常看到科技园区"引进一位人才，落地一个项目，带动一个产业"的现象。国内很多产业园区在引进海外人才方面不遗余力，颇有建树：2012年，佛山引入陶海博士带领的集成电路研发团队，佛山十年如一日地提供"政策+资金+服务"，如今该公司已经成为市级创新人才团队首家上市企业；2008年，苏州工业园区顶着巨大压力，引进海归博士徐霆的康宁杰瑞项目，如今，该公司不仅成功上市，还建立了药物研发与产业化基地，自主创新实力强劲。2013年前，招商团队招引人才，关注点可能更多是在海外人才上，然而，随着中国科研水平的快速提升，国内高校同样拥有雄厚的科技实力和资源，成为科技创新的策源地和主力军。科技园区怎样挖掘这些掌握创新钥匙的高校人才，让他们从科研人变成创业人，是检验招商团队科技招商能力的一块试金石。

深圳高新区早在1999年就与清华大学、北京大学等国内外知名院校合作，合建研究生院、研究院等。一方面，强化科技成果转化；另一方面，通过科技成果转化衍生出一批高技术领域创新型中小企业。如今，深圳高新区累计培育科技企业3 000多家，上市公司39家。

2022年11月"百名海外博士江苏行"张家港对接洽谈会上，来自美国斯坦福大学、英国剑桥大学等世界知名高校的30多名海外博士走进张家港，深入了解张家港经济发展、创新创业环境等情况，埋下了未来港城创业的种子（见图4-4）。

图 4-4 "百名海外博士江苏行"张家港对接洽谈会
(图片源自"人才张家港"公众号,https://mp.xeixin.qq.com/s/P-GrZLyQldJKPobM-8Gaqw)

由此可见,人才在科技招商中起到了领导者的角色。

五、招商策略之服务招商

目前国内大部分产业园区运营商提供的企业服务局限于基础性的物业服务、租赁服务、咨询服务等,只有少数提供金融、科技、市场、法律、人才、申报等帮助企业成长、助力产业发展的综合服务。在综合企业服务方面,科技园区理应比一般的产业园区做得更好、更专业,而高品质的综合服务一定能带来招商的品牌效应、虹吸效应,吸引大批科技企业、创新企业、创业企业来园区发展,推动园区高质量发展。科技园区在企业服务、产业培育方面要不断创新服务模式,提升服务品质,创造服务价值。

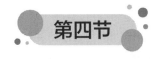

科技园区招商渠道

本章第三节提到,招商策略和招商渠道、招商方法有很多交叉或融合的地方,所以在总结产业园区招商渠道的时候,可以用五花八门、包罗万象来形容。这里我们简要介绍一下部分招商渠道。

一、招商渠道概述

科技园区可以在众多不同类别的招商渠道中得到所需要的资源,根据招商渠道所属范畴来分类,目前主要的招商渠道包括机构类渠道、服务与平台类渠道、组织与活动类渠道、专业领域类渠道等。

(一)机构类渠道

机构类渠道一般指由政府/非政府所成立的专门为招商引资工作提供咨询、资源、政策等方面服务的机构。其中,政府类机构包括贸促会、招商局、商务局、管委会等,这些机构和部门基本分布在各个地方政府管辖范围内,它们在提供招商资源的同时,往往也要完成地方政府所下达的相应招商引资考核指标与任务。科技园区可以借产业项目与这些政府机构开展合作,实现与招商资源的对接,并借助政府渠道进行招商引资工作。

除政府机构以外,市场上也存在诸多提供招商渠道相关资源的机构,包括招商服务机构、企业咨询机构、企业服务机构等。其中,招商服务机构具备强大的资源整合能力和专业化服务能力,科技园区可采用整体委托招商或代理招商的模式,委托这些专业的招商服务机构进行招商引资。企业咨询机构与企业服务机构掌握了许多企业资源,同时对于各产业的企业也有较为充分的了解,从而掌握了大量有效的客源,因而也都能够为科技园区的招商引资提供线索。

(二)服务与平台类渠道

服务与平台类渠道一般指由市场发展形成的、专门提供某方面专业化服务的相关平台与企业等,虽然这些渠道往往并不单纯服务于科技园区的招商引资,但是却可以凭借在特定领域的专业化服务为招商引资工作提供有效渠道。例如，在互联网与信息技术蓬勃发展的今天，各类在线招商平台、传媒工具与招商数据库都成了有效的招商渠道。特别是随着广大科技园区纷纷建立自己的招商数据库，招商数据库逐渐普遍化、精准化与共享化，可以为需要招商渠道与相关资源的科技园区提供高效服务。

除了新兴线上服务与平台以外，传统行业的相关服务与平台也在继续为科技园区提供有效的招商渠道资源，如专业房产中介、风投公司、基金公司等。房产中介与专业的招商服务机构类似，掌握了大量客源，能够为科技园区提供一定的招商资源。同时，潜在的优质初创或科创企业往往会得到风投公司或基金公司的关注与支持，因此，科技园区也能够通过与风投公司、基金公司的合作获得大量高质量的企业资源。

（三）组织与活动类渠道

组织与活动类渠道一般指在社会发展与交流中形成的，具备自发组织性，往往不带有直接营利性的招商引资渠道，比如相关行业协会、校友会以及由它们组织的各种活动。其中，行业协会不仅是工商界精英荟萃的群团组织，也是企业家汇集的地方，拥有许多与科技园区直接相关的资源，对于科技园区的招商引资能起到很大的促进作用。校友会则几乎存在于每一所高校，它可以有效地聚集大量校友，从而将各行业的精英聚集起来。如果科技园区与校友会实现合作，便可以发动校友的力量进行招商。

由上述组织发起的各类活动也可以成为科技园区有效的招商渠道。比如由行业协会定期举办的行业会议、论坛、展会等专业活动，可以为科技园区提供接触企业负责人的机会，从而进一步拓展园区的招商引资。立足于创新创业发展的各类创新/创业大赛或者推介活动，则可以为科技园区创造一个展示自身形象和环境的直观平台，从而吸引优质项目、高端人才落地园区。

（四）专业领域类渠道

专业领域类渠道是指在创新/创业领域本来就具有专业化水准的各类个体或单位，比如各类专业化科研院所以及相应的行业专家个人等。科研院所具有研发科技成果以及将其产业化的能力，其自身具有的高精尖科研团队以及与产业上下游企业的密切关联都无疑可以为科技园区的招商引资提供强大援助。产业中的专家们则在人脉、资源、影响力等方面具有显著优势，科技园区通过与他们合作，比如请他们担任招商顾问，便能够获得专家的指导甚至第一手的资源与项目，这对于科技园区的招商引资大有裨益。

除了研究院所和行业专家，目前广泛存在的众创空间与相关入驻企业本身也可以被看作现成的、专业化的招商引资渠道。每一个众创空间都是培育创新创业之地，科技园区如果能够与众创空间合作，空间企业就能优先把一些优秀的团队或项目推荐给园区，所以众创空间应该成为园区招商渠道的一个独门秘诀。同时，相关的入驻企业本身对科技园区的看法最具代表性和公信力，其正面评价和褒奖往往会在业界形成口口相传的推广效果，因而往往能够成为园区招商引资的潜在资源。

（五）其他渠道

除了上述介绍的4类招商引资渠道以外，在我国的科技园区发展中还存在一些其他类别的招商渠道与资源。比如，许多地方政府都在国内经济发达的大城市建立了离岸飞地、人才工作站等站点，不仅对当地更了解，还拥有一大批优质的企业资源，能够为科技园区提供有效帮助。为了推进重点区域的招商引资工作，科技园区经常会在重点招商目的地设立办事处并成立工作团队，以此长期在当地进行招商，这种驻派人员在目标区域搜集招商投资信息的方式也成为一种行之有效的招商引资渠道。

二、招商渠道运用

对于科技园区来说，很多传统招商渠道可能作用不大，如果不分轻重主次，全面铺开，必然劳民伤财，收获甚微。建议科技园区要切合自身特点，运用招商渠道，围绕科技型中小企业发挥自身资源集聚的特点，重点在校友会、行业展会、科研院所、行业专家、众创空间、风投机构、离岸飞地这几个渠道进行布局。这些渠道本身对科技型企业嗅觉比较灵敏，而且长期与科技创新主体打交道，这方面的资源会相对集中。科技园区招商部门要与这些渠道建立紧密联系，并形成长期合作关系。当然，招商渠道建设也在不断进化和演变中，今后一定会有新的渠道和模式涌现，科技园区招商工作也要与时俱进，不断创新。

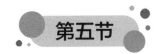

第五节

科技园区招商方法论

当前，由于世界格局变化等因素的影响，经济面临压力。反映在产业园区层面，不仅普遍存在招商难问题（这里面有同质化原因），而且也面临在园企业退租困境。所以，科技园区一方面要做好在园企业服务，稳住基本盘，另一方面要更加重视招商工作，通过不断引进新项目，调整园区产业结构，提升园区企业质量。

一、招商三段论

一般来说，科技园区招商工作可以分为三个部分，即前端、中端和后端，每个端口都有自己的重点和抓手。

前端主要抓产业研究和主体研究。招商人员一定要懂产业，对目标产业的脉络、结构、变迁等有深入的行业洞察，能画产业招商地图和产业链"招商树"；招商人员同时也应该懂企业，了解企业生命周期以及在各个阶段的痛点和需求。招商人员通过研究产业发展趋势、区域资源优势和企业发展特点，将区域发展战略与企业发展战略融合，找到"共同兴奋点"和"利益交集区"。

中端主要抓信息收集和信息研判。全方位多渠道捕捉项目信息、技术信息、团队信息,尤其要重视以商引商、中介招商;加大对招商信息的专业判断,去芜存菁,抓牢有效线索,对认准的项目要全力跟进、及时反馈,形成回路闭环。

后端抓商务谈判和落地服务。围绕专业技术能力和专业科学精神,建立产业研究、产业招商专业团队,并在实战中磨砺成长;学会算长远账、整体账;招商要大气,合同要精细;重视落地服务,打通项目落地"最后一公里",这里特别要强调"守约定",承诺的东西一定要兑现。

二、招商方法之产业研究

产业研究的目的是为招商工作提供业务指导,保证产业聚焦度,做到精准发力、定向招引,提高招商转化率。

一方面,从面入手,即从重点关注产业的产业链入手。充分利用产业链全景图、产业招商地图等招商工具,了解产业链的上中下游企业布局,呈现产业发展前沿趋势、"链主"企业战略布局、技术路线选择等关键信息,做到从面入手,面面俱到,掌握整个行业发展格局。

另一方面,以点画圈,即明确各产业链需要重点发展的环节,梳理潜力投资项目。通过前期对整个行业的研究了解,强链补链固链,找出产业链上关键产业环节,再对关键环节进行拆解分析,从而挖掘引进产业能级高、发展潜力大、成长性好的项目,形成招商工作的"指南针"。

关于产业研究问题,我们更多地强调其重要性而不是具体方法。没有产业研究,园区发展就没有方向,园区未来也没有希望。科技园区要想取得比一般产业园区更大、更快、更优的发展,产业研究这门课一定要补上。

三、招商方法之企业研究

对企业需求的研究同样是招商的一门必修课。招商人员只有了解了企业的需求，做到有的放矢、对症下药、满足需求，才能把企业吸引到园区来。那么，企业的需求有哪些？网上有人用马斯洛需要层次论解释企业的需求，这非常有意思。我们都知道企业是法人，法人与自然人一样具有民事权利能力，享有权利、承担义务，所以企业同样有生存需要、安全需要、归属需要、尊重需要和自我实现需要。

企业的生存需要主要包括满足基本生产所需的各种要素，如水、电、气、人、网络、通信、技术、资金等，如果某一方面有欠缺，企业生存就成问题，这个容易理解。

企业的安全需要包括政策环境、执法环境、市场环境、产业规划、产业配套能力、物流能力等。如果一个地区的政策环境、执法环境不稳定，没有可预期的产业发展规划、商业环境规划、科技支撑规划、高端人才政策等，企业特别是科技型企业就会缺少安全感。

企业的归属需要包括融入本地经济、产业发展环境，加入本地产业联盟、创新联盟和各种协会，参加园区举办的各种沙龙、论坛等活动，让企业感受到自己是园区的重要一员，增强企业的归属感和主人翁意识。

企业对尊重的需要主要表现在企业、企业家得到社会的尊重，企业的发展环境得到满足，企业的高端人才得到政府的扶持和奖励，企业取得成绩时得到方方面面的认可和荣誉。科技园区以企业为本，以人才为本，并与企业结成共生共赢关系。

企业自我实现需要主要是企业家自我实现的需求。成就一番伟大的事业是无数企业家倾其一生追求的目标。企业成功上市，在行业拥有话语权，业务拓展到全球各地，企业家成为行业领袖，成为政府的座上宾，成为其他企业家学习的楷模，这些都是企业家实现自我的需求和表现。

针对上面的需要，科技园区都应该有相应的对策和服务，只有满足了企业和企业家的需求，企业才能在园区扎根，并发挥示范和引领作用，带动园区产业集聚和能量升级。

四、招商方法之流程把控

在园区产业定位、产业规划、招商渠道都明确后,就进入了招商执行阶段。

(一)客户描摹阶段

在产业定位明确的情况下,要弄清楚产业园区客户是什么样的,这就需要进行客户描摹。

大多数科技园区在产业定位时,并没有对自己的客户进行认真精准的客户描摹,让招商人员在实际操作中没有概念和方向。客户描摹是通过行业分析,把概念化的东西形象化、具体化。怎样进行客户描摹呢?方法有很多,比如:通过与政府相关部门沟通,了解产业的布局、发展现状,梳理产业链环节;通过走访企业,了解企业厂房使用情况、经营管理情况、生产产品类型等,以及对园区服务的需求。

客户描摹要尽量细致,内容越全面越好,包括注册资金、年营业额、研发团队构成、研发投入占比、产品样式、市场规模、厂房和办公面积分配比例、承重及层高要求、设备的尺寸、建筑结构、运输方式、电梯使用、食堂、公寓、物业服务、商业配套等等。描摹得越细、越准,招商就越有底气。

(二)客户开发阶段

招商是一项以人为本的工作,任何招商模式都需要人来实现。除了组建一支综合素质优良、战斗力强悍的招商团队之外,在客户开发过程中,需要尽可能把握客户心理,采用商务交流模式,注意在客户心目中的形象。

据统计,招商人员联系的每100家企业中,有一半以上会直接表态拒绝,30%以上的企业勉强听完后会委婉地表示谢绝,只有不到20%的企业愿意接受邀约面谈,最后真正有意向的不足10家。

招商人员可以通过减轻客户压力来提高开发成功率。在招商洽谈时,利用情景虚构、征询意见、直接利益减压等方法,让客户觉得招商人员在关键性利益问题上能够站在自己的角度去考虑，从而更容易沟通和交流。

招商人员要善于编织客户网络，将客户组织化，与客户成为朋友，经常组织活动，加深了解，增进感情。

（三）客户邀约阶段

邀约客户到园区现场交流的全过程都应该成为展示园区形象、实力、产品、资源和服务的好机会，包括招商人员良好的商务形象和说辞谈吐，都应该给客户留下最好的印象。

所以，邀约前要做好充分准备，比如：招商人员事先全面了解企业情况，在洽谈时适时交流，会让企业感到受重视；针对不同企业准备好个性化推介PPT，让企业感到园区的产业发展规划与自己的项目非常匹配。然而，最为关键的还是招商人员对企业所投项目的产业背景、市场容量、成长性等方面的专业分析，以及对园区物业、配套、资源、服务等情况的了如指掌，让企业充分感受到招商人员的专业化、职业化水平，并产生较强的信任感。

（四）项目洽谈阶段

企业家选择入驻园区的决定表面上看很理性，实际上大部分也是感性的。科技园区是一个非标准化的产品，可以从各个层面去影响客户决策，包括灌输创业思想、强化关系纽带、展现配套服务、强化政策卖点、感受人文气息、营造交流环境等。

招商项目洽谈还需要考虑一些策略因素。

（1）选择洽谈时间。由企业决定洽谈时间，尽量满足企业要求。

（2）选择洽谈人员。洽谈人员分工要明确，人员安排上一般以比对方多一人为宜。太多，会让对方产生压迫感；太少，又让对方感到自己不受重视。

（3）提供优惠政策。在与对方洽谈过程中适时提出优惠政策，要在轻松的谈话氛围中解决双方分歧问题，力争双赢。

（4）做好打"持久战"的心理准备。洽谈是一个艰苦的过程，企业一定会做市场调研，会"货比三家"，招商人员不能急于求成，要做长期准备。

五、招商方法之后期服务

科技园区重招商、轻服务的问题带有一定的普遍性，招商人员很容易认为企业已经签约了，下面就是其他部门的事，跟自己没有多大关系。行百里者半九十，其实这"最后一公里"最为重要，如果做不好，前期所有的努力不说付诸东流，也是要大打折扣的。

招商签约之后的后端服务是项目落地的重心，如项目评审、合同签订、公司注册、政策申报等等，部门众多，流程烦琐。虽然招商人员不需要全部参与，但一定要保持关注。企业在入驻过程中碰到问题，还是习惯于与招商人员沟通，此时招商人员一定要本着一管到底的态度，做好全程跟踪服务，保障企业完美落地、生根发展。

科技园区招商团队

园区招商是一个系统、复杂的工程，无论决策还是执行都需要高素质专业招商团队，以保证招商工作顺利进行。

一、招商团队组成核心

一般来说，在招商组织体系中有两个核心岗位。

一是招商总监。其职责是统揽全局，协调公司上下，把握大的发展方向，并在谈判的关键节点出面，推动企业投资落地。对这个岗位而言，单兵作战能力只是基础，团队管理能力或者说人格魅力才是其核心竞争力——行业知识可以快速学习，管理能力却要经过不断的磨炼。

二是基层的招商人员。产业链招商对一线人员有3个要求。一是要懂产业。只有先拥有产业思维，理解产业（链），才能将产业链招商落实。二是要有百折不挠的精神。毕竟招商是个苦差事，碰壁是大概率，关键是碰壁之后的自我调节。三是要服从指挥。一般来说，从事招商工作的大都是学历很高、能力很强的"秀才"，如何把这些"秀才"改造成能征善战的"士兵"？第一步就是从纪律抓起，建立流程化组织，设置业务规则，建立明确的奖惩机制。

在条件允许的情况下，园区招商队伍优先招募几个有经验、有资源的"老兵"，通过以老带新的方式，可以搭建起一支能征善战的团队。

二、加强招商培训

招商团队虽然可以在实践中不断磨炼、不断成长，但是这有一个过程，而且知识能力结构也不全面，而通过培训可以在短时间内充实招商人员的知识储备，通过团队交流快速掌握大量别人沉淀下来的间接经验，不断提高招商人员的业务能力。

在这里，我们提炼了招商人员必备的7种核心能力和培育方法。

（一）卓越的分析能力

能力描述：

（1）持续保持对招商引资市场的高度关注；

（2）以客户需求、技术发展、未来预期等市场因素作为方向标，对影响市场的各潜在因素进行深刻的了解与把握；

（3）持续思考应对策略。

培育方法：

（1）向新进人员介绍目前的招商引资市场发展动态；

（2）观看招商引资项目的视频；

（3）参加一些招商引资项目促进会。

（二）清晰的投入－产出意识

能力描述：

（1）不仅考虑到招商引资的短期利益，也要兼顾中期和长期利益，引入有效资本；

（2）能够感知招商引资风险，尽可能减小风险。

培养方法：

（1）向新进人员介绍投入－产出意识的重要性；

（2）介绍在招商引资工作中会遇到哪些风险，以及如何规避。

（三）信息的收集与分析能力

能力描述：

（1）主动搜集信息，并建立起有效的信息搜集渠道；

（2）对获得的信息进行有效的分析，捕捉市场中存在的机会。

培育方法：

（1）介绍常用信息来源渠道，如各种行业协会、商会、中介机构、咨询公司、推介会等；

（2）安排一些项目和课题，让新进人员搜集相关信息，并对信息进行汇总、整理和筛选。

（四）组织和沟通能力

能力描述：

（1）妥善处理与相关关系人之间的关系，促成相互理解，获得支持与配合的能力；

（2）招商引资工作需要与投资商、当地政府、中介机构等进行沟通协调，需要了解这些角色的价值取向，要学会站在他们的角度思考。

培育方法：

（1）向他们介绍以往在招商引资工作中出现过的问题，并向他们讲解在遇到类似问题时该如何解决；

（2）进行案例分析，发现案例中存在的常见组织与沟通问题，然后提出自己的解决方法。

（五）卓越的谈判技巧

能力描述：

（1）具有卓越的谈判技巧，在充分尊重双方利益的基础上，争取达到双赢效果；

（2）对谈判中可能遇到的困难、风险具有很强的预判能力，并能提出应对该方案的有效措施。

培育方法：

（1）进行商务谈判技巧培训；

（2）角色扮演，如一些人扮演投资商，一些人扮演中介机构，另一些人扮演招商引资人员等，通过角色扮演，进行招商引资谈判情景模拟。

（六）全方位的服务意识

能力描述：

（1）构建广泛的人脉网络；

（2）全面深入地了解招商引资动态，为投资商提供全方位服务，提高当地招商引资美誉度。

培育方法：

（1）向新进人员讲解招商引资服务的主要内容及其重要性；

（2）带新进人员拜访一些投资商以及政府的相关部门，了解相关的利益诉求。

（七）严明的法治观念

能力描述：

熟悉招商引资工作的具体操作流程、风险规避方式方法、权益保障、财务分析、国家政策、法律法规等内容。

培育方法：

（1）相关知识讲座学习；

（2）案例介绍与分析。

除了这 7 个能力之外，还要培养招商人员的敬业精神、协作精神和拼搏精神，培养他们的人格魅力和专业态度。

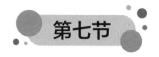

第七节 科技园区招商常见误区

当下，科技园区招商之艰难、竞争之惨烈、内卷之严重，行业中人有目共睹、感同身受。由于区位、层次、能力、条件等因素的不同，科技园区在招商过程中屡屡踩坑，失误连连。以下我们归纳梳理了几条科技园区常见的招商误区。

一、错把营销当推销

产业招商工作是一系列营销组合拳，营销战略、营销定位、营销渠道、客户调研、招商策略都需要周密思考和谋划，但是不少园区并不具备营销意识和能力，只是简单地做推销，给客户留下不专业、很低级的印象，招商效果之惨淡可想而知。

二、重招商轻服务

服务是最大的招商。不少园区可能对这句话并不理解,以为把企业吸引来了,租金收到手了,就万事大吉、高枕无忧。看一看那些做得好的园区,哪个不是精心打造、生态完善、服务一流?把功夫只用在招商上,就是本末倒置,还需要着力提升服务。

三、重外表轻内容

有的园区在建设上投入巨大,建筑很漂亮,环境也不错,但是给人感觉是空有躯壳没有内容。园区运营最终会落在产业服务上,配套设施、生产要素、服务平台、技术支撑、氛围营造等一样都不能少。金玉其外,败絮其中,到头来还是要投资商和运营商来买单。

四、捡到篮里都是菜

一些园区出于盈利考虑,不管三七二十一,先把园区填满,把企业招进来再说,至于最初的产业定位、产业规划等均抛之脑后。这样做看起来很热闹,开始日子还好过,但是乱七八糟的企业进来以后,不仅把园区的品位拉低了,而且管理起来难度很大,更要命的是,把园区可持续发展的路给堵死了。有的园区意识到这个问题,花了大量时间和精力腾笼换鸟、产业升级,结果事倍功半,步履维艰。

本章主要参考资料

1. 曹玉廷,冯定忠. 从 Porter 模型看近年宁波注塑机产业集群竞争力优势[J]. 经济论坛,2010(11):117-120.

2. 邓宇鹏，李银满，邱宜干.蓬勃的生机：东莞传统产业发展轨迹［M］.广州：广东高等教育出版社，2008.

3. 冯春鸣.产业链招商："店多拢市"［N］.宁波日报，2006-03-27（A09）.

4. 罗熙昶，戴剑.现代招商引资操作实务［M］.上海：上海财经大学出版社，2014.

5. 汤飞帆：不务虚功，真抓实干，全力以赴扩大招商引资成果［EB/OL］.衢州市人民政府，2010-10-16，http：//qz.gov.cn/art/2020/10/16/art_1525214_58998540.html.

6. 吴炜峰，杨蕙馨.新产业生态系统竞争——兼对智能手机和智能汽车新产业生态系统图的绘制［J］.经济社会体制比较，2015（06）：157-166.

7. 五度易链.产业园区实现产业集聚的三大举措［EB/OL］.商业新知，2022-08-05，http：//shangyexinzhi.com/article/5071888.html.

8. 杨帆.试论基于产业链视角下的园区招商引资工作［J］.现代经济信息，2019（13）：70.

9. 张超.高技术产业功能区形成及其与城市功能融合发展演变规律［J］.科技创新与生产力，2013（07）：31-34.

10. 产业园区招商策略之以商招商［EB/OL］.前瞻经济学人，2021-11-09，http：//baijiahao.baidu.com/s?id=1715920102496956707&wfr=spider&for=pc.

11. 上海东滩投资管理顾问有限公司.中国产业园区：使命与实务［M］.北京：中国经济出版社，2014.

12. 招商引资必知的两大战略，三个聚焦，五种方式［EB/OL］.澎湃新闻，2022-04-18，http：//thepaper.cn/newsDetail_forward_17683936.

13. 住房和城乡建设部，国家市场监督管理总局.医药工业洁净厂房设计标准：GB 50457—2019［S］.北京：中国计划出版社，2019.

第五章 化茧成蝶,科技园区服务生态与企业孵化

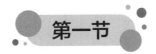

科技园区服务平台建设与服务资源集聚

科技园区的服务平台建设旨在通过广泛和完整的服务体系建设将科技创业过程系统化,通过服务资源的集聚效应为创业者提供专业化服务。科技园区需要构建并不断提升自身的服务能力,同时还需要广泛联合外部的服务资源提供方,为创业者提供全方位的服务支持。

一、服务资源类型

一般意义上的科技园区服务资源可以分为广义服务体系资源和狭义服务体系资源。广义的服务体系及其服务资源是指包括政策、法律和行政职能在内的,促进科技园区整体发展的全部活动;狭义的服务资源则只包括为科技园区及其产业提供有形或无形服务的部分。本书所涉及内容属于狭义的科技园区服务体系及其对应的服务资源,主要可以划分为技术创新服务、投资融资服务、企业孵化服务、科技中介服务、政府政务服务等组成部分。

技术创新服务是指整合人才、资金、科研院所、高校等技术创新资源，以促进高新技术研发、加快高新技术成果转化为目标的服务体系。

投资融资服务包括：通过制定、完善相关政策，鼓励和扶持各类创业投资机构和社会投资者通过股权方式投资企业；整合现有担保机构，建立和完善企业信用担保体系；建立风险补偿机制，促进银行增加有效信贷投入，解决初创企业融资问题。

企业孵化服务是为创业者提供创办企业所需的基础服务和企业发展所需的增值服务。通过企业孵化服务，提高初创企业的成活率，促进企业快速成长，并以此带动区域产业结构调整和经济高质量发展。企业孵化服务主要包括基础物业服务、创业咨询辅导、技术开发服务、投资融资服务、政策支持服务、营销策划活动等。

科技中介服务是指整合科技中介机构资源，为园区企业提供科学技术研究开发、科技成果转移转化、科学技术普及、科技资源配置、科技政策咨询等服务，以提高中小企业科技创新能力和竞争能力。

政府政务服务是科技园区发展的重要支撑，包括与科技园区相关的政策法规和手续办理等促进科技园区发展的相关要素。

二、服务体系建设

在科技园区的运营管理中，除了进一步完善常规的服务内容与平台外，还要不断挖掘企业服务需求，拓展服务资源，加强服务体系建设，深化服务内容，提高服务体验，追求精益求精。

例如，上海漕河泾新兴技术开发区在科技服务、人才服务、政务服务、综合服务等服务体系的做法与成果非常值得科技园区运营管理者借鉴，本书根据该园区情况适当归纳，以供参考。

一是在科技服务体系建设方面。漕河泾开发区围绕技术转移、项目培育、企业孵化、企业加速、产业推进、产业转移这6个发展阶段，建设和拓展了包括项目选择、开业指导、空间环境、企业辅导、技术转移在内的

16个专业服务模块,构建了服务中小型创新企业的科技服务资源体系。开发区根据自身发展需求,建成了充分体现实用性、系统性服务功能和人性化、集聚化服务理念的"创新创业服务超市",服务内容涵盖了全部16个服务模块,并拓展出了43项服务大类、123项服务小类、565项服务项目,跨越了企业发展的各个阶段,为企业提供了"接力式"创新创业服务体系保障。

二是在人才服务体系建设方面。漕河泾开发区根据地跨徐汇、闵行两区的特点,充分依靠地方政府,建立了"市区联动、区区合作"的人才高地建设机制。开发区与区政府共同成立"海外高层次人才创新创业基地"创建工作小组,建立了开发区公共人才(人事)服务平台与双创人才培训体系,设立了"海外高层次人才专窗",并开通了"漕河泾开发区人才网",访问量超过200万人次。开发区总公司还全资设立了开发区人力资源服务公司,推动开发区企业协会成立人力资源专业委员会,与开发区科技创业中心一起,构建了"三位一体"的内部人才服务工作机制。开发区还推出了人才公寓、学校、医院等配套设施,为区内人才居住、子女教育及医疗服务提供保障。

三是在政务服务体系建设方面。漕河泾开发区通过"市区联手、区区合作"机制,引进了海关、商检、工商、税务等市、区政府管理机构。同时,与所在行政区建立区区合作战略联盟,成立区区合作综合协调办公室,在招商引资、财税落地、市政建设、环境保护、区域管理等方面开展协作,推动政府各部门的管理服务延伸至开发区,为开发区提供良好的政务服务环境。

四是在综合服务体系建设方面。漕河泾开发区始终坚持"成就企业就是成就开发区""帮客户渡难关就是帮开发区渡难关"的理念,努力做到"基础服务精益求精、延伸服务开拓创新","零距离"做好区内企业服务。开发区开通了客户服务热线,为企业在物业服务、咨询服务和商务服务等方面提供便利,兑现24小时内答复客户投诉处理承诺。同时,开发区顺应区内企业日益多样化的需求,引进一批金融机构、便利商店、中西快餐、健康饮品、咖啡馆和健身房等设施，完善商务服务布局；进一步提升了科技绿洲商务会所、园艺生态休闲中心、开发区公园等多处商业配套设施的功能；对区内餐饮和商业服务企业进行整合，实施"一卡通"工程，为企业员工提供生活便利。通过以上措施，开发区综合配套服务水平有了质的飞跃。

以上4个方面是服务体系的重要内容和支撑，是科技园区的核心竞争力。

三、服务平台建设

科技园区服务平台主要指资金、人才、技术、信息等资源服务平台。资金服务平台建设包括引入各类科技金融服务机构，构建科技金融服务体系，深化科技金融服务内涵。人才服务平台建设重点构建以人才服务一站办理、信息数据终端管理、部门数据链接共享为核心的服务体系，助力企业精准引才，保障人才服务落地。科技成果转移平台建设重点是引入优质的技术转移转化服务机构资源，探索并建立起一套具备科技园区特色的技术服务模式，构建技术转移业务体系。信息服务平台建设以打造智慧园区为目标，以计算存储环境、网络环境和物联感知设备等基础设施为基础，在数据资源库的支撑下，面向园区企业、服务者和管理部门，提供综合管理、智能运营和智慧服务。

总之，公共服务平台建设致力于从横向层面扩大服务范围，从纵向层面拓展服务深度，形成"体系化＋全程化＋深度化"服务模式。

科技园区还需要突破物理空间限制，围绕专业化研发服务平台，从高校、企业与科研机构三大创新主体出发，建立多元协同、互利共享的产学研协同平台。科技园区产学研合作方式有以下4种。

（1）企业、大学、科研机构共同成立技术研究中心，打造成果工程化、产业化平台。技术研究中心的宗旨主要是促进科技成果转化，缩短科技成果向现实生产力转化的周期；根据产业发展的实际需要，开展有针对性的技术研究，提高科研成果的成熟性、配套化、工程化水平。

（2）企业与大学或科研机构开展项目合作研究。一般由企业提出研究目标，研究成果直接应用于企业。

（3）企业与企业之间的合作。这种合作建立在双方有共同的研发需求或产业链互补基础之上，达到强强联合、提高研发效率的目的。

（4）园区开展国际科技合作与交流。吸引国外学术研究机构在园区创办分支机构，组织园区企业与国外机构进行技术交流，引进、吸收、消化国外先进技术，促进国内科研水平发展。

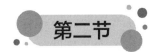

与企业为伴，全周期陪伴企业成长

业内一般将企业的生命阶段划分为种子期、成长期、扩张期和成熟期。针对处于不同生命阶段的企业，科技园区提供创业苗圃（众创空间）、孵化器、加速器和产业园区4种类型的服务载体，为其提供相应的孵化培育服务。这4种类型的载体有时是独立的，但大多数时候是组合在一起的。有的科技园区同时包括从众创空间到产业园所有类型，运营过程中可能会有所侧重。众创空间、孵化器、加速器、产业园构成了科技园区企业孵化完整链条，覆盖企业全生命成长周期。

不同成长阶段的企业有不同的服务需求，众创空间、孵化器、加速器、产业园所提供的服务应有所不同、有所侧重，并且具有很强的针对性。科技园区只有满足企业不同成长阶段的服务需求，才能真正赋能企业成长，帮助企业化茧成蝶。这也是科技园区的核心价值所在，是构成科技园区核心竞争力的重要内容。

《国家科技企业孵化器"十三五"发展规划》对企业种子期、成长期、扩张期和成熟期的内涵有明确阐述。所谓种子期，就是初创期，这个时期往往还没有成立公司，只有项目或少数几个人的团队，或者公司成立不足6个月，企业还没有收入，或者收入很少且不稳定。度过种子期以后，企业便进入了成长期，也就是所谓的孵化期。此时企业尚处于技术或产品研发期，还没有形成足够稳定的产品和客户，年营业收入一般不超过500万元。公司成立时间一般不超过3年，部分行业如生物医药、集成电路，企业成立时间不超过5年。企业顺利度过成长期以后，便进入了扩张期，也叫作加速期。这个阶段的企业已经形成相对稳定的产品，拥有一定的客户群和市场份额，申报了自有知识产权，被认定为高新技术企业，产品升级迭代，市场不断扩张，融资超过2轮，处于准备上市或并购谈判阶段。如果一切进展顺利，公司便进入成熟期，也就是我们说的成熟企业或行业头部企业。企业有稳定的市场和客户，在行业内具备一定的话语权，营收达到或超过上市要求，完全具备上市条件或已经上市。

一个成功的企业一般都会经过这4个发展阶段，每一个阶段都有各种不同的需求，科技园区认真挖掘企业不同阶段的不同需求，并努力提供适销对路的各项服务，就可以取得双赢的结果，即在企业健康快速成长的同时，科技园区也得到长足发展。那么，科技园区应该如何建立并完善企业服务体系呢？接下来，我们将结合企业成长阶段和科技园区主要功能，介绍相应的服务。

一、园区基础服务

科技园区的基础服务包括空间服务（含商业配套）、物业服务、商务服务等，主要为企业提供具有商务品质的载体，满足企业发展的基本需求。基础服务是科技园区金字塔服务体系的"基石"，起到重要的支撑作用。基础服务同时又是园区的脸面，是园区与客户打交道最多、最频繁的部分。科技园区如果连最基础的服务都做不好，客户又怎会相信后面的专业服务能力呢？

（一）空间服务（含商业配套）

科技园区的首要任务就是为科创企业提供合适的空间载体，以满足他们的研发办公需求。空间服务是基础和前提，空间条件不好，企业不会来，即使来了也会走。空间服务不仅是指提供办公研发用房，还应该包括各类商业配套，如餐厅、酒店、便利店、咖啡店、快餐店、银行网点、图文公司、会议中心、健身中心等，这些配套主要满足企业员工生活、休闲、娱乐需求，可以提高员工满意度。

园区打造配套商业服务，首先要根据园区定位要求，制定配套商业的招商计划、空间布局、业态选择、招商政策，并按时序推进招商。一般来说，园区前期可以通过租金优惠、合作经营等方式适当让利，以快速吸引商家入驻，后期再根据发展情况适当补空、调整和优化，通过完善商业服务体系，让入园企业享有高品质的工作生活配套设施，实现生活与工作的有机融合。

（二）物业服务

物业管理是园区运营中最基础、最烦琐，也最艰巨的工作。科技园区物业服务品质的好坏，直接关系到企业员工的幸福感和满意度，因为这是一种最直观、最切身的体验。现实中，科技园区的物业大部分由业主指定第三方物业公司承包，少部分由运营商自己承担。不管哪种情况，运营商都要对最终的结果负责。因此，建议重点从以下4个方面把控。

第一，在经济条件允许的情况下，运营商尽量选择品牌物业服务机构。因为这些机构的专业能力和服务品质被市场广为接受，品牌含金量高。虽然价格更高，但是服务专业，品质有保障。

第二，采用"酬金制"管理模式，运营商对物业公司进行考核，物业管理费与考核结果挂钩。

第三，运营商指派专人与物业公司对接，加强监督和检查。

第四，运营商尽可能自建物业团队，以保证服务品质，节约服务成本。

（三）商务服务

对中小企业来说，商务成本是一个难以绕开的话题，不仅消耗大量的时间，而且因为业务不熟，会走很多冤枉路，严重分散了企业的精力。几乎所有的科技园区在服务企业的商务需求方面都做得比较好，有专门的部门和人员对接企业的需求，而且服务效率非常高，大大降低了企业的人力成本，解决了企业的现实问题。这方面的服务内容非常宽泛，从各种简单的咨询类服务，到具体的工商注册、财税处理、人事代理、创业培训、宣传策划等。中小企业对这类商务服务的需求非常大，科技园区需要投入一定的人力、物力予以满足。

二、园区增值服务

科技园区增值服务一般指需要具备一定专业知识和技能的服务，某些情况下还需要相应的牌照或资质，科技园区本身可以在能力范围内提供一部分增值服务，还有相当一部分需要市场化服务来满足。企业增值服务不仅仅是科技园区的一项服务内容，更是园区核心能力所在。它是一项需要园区和外部专业资源服务商共同完成的系统性工作。增值服务主要包括创业导师服务、人才服务、科技服务、金融服务、信息服务、政策服务等。

科技园区主要发挥服务平台资源整合的优势，在园区企业和服务商之间搭建桥梁，通过集聚大量优质的专业服务提供商，结合园区企业服务专业团队，为企业提供一站式创新创业服务，确保企业可以获得可持续发展的各类要素资源，让科技园区成为适宜企业创新、人才创业的理想园地。

（一）创业导师服务

创业导师服务是孵化器行业的标配，而对于科技园区运营者来说，无论是否以孵化器为主要发展方向，都建议配置自己的创业导师团队，为科技型中小企业提供创业咨询与专业辅导服务。除了聘请天使投资人、成功创业者、企业家、技术专家、行业专家等担任创业导师外，还可以在园区产业服务部门选拔、培养优秀员工作为专职创业指导师，充实创业导师队伍。科技园区要鼓励创业导师与被辅导企业形成投资与被投资关系，形成创业导师与创业者合作共赢机制。

（二）人才专项服务

人才在企业发展中的重要性越来越明显。针对中小科技企业普遍面临的招人难、留人难问题，如何更好地识别人才、挖掘人才、引进人才、留住人才，已经成为科技园区和企业要解决的头等问题。

科技园区人才服务不仅包括人才招聘、人事代理、档案服务、人才落户、人才补贴、人才申报等人才相关基础服务，还包括科技型人才与产业无缝对接服务，帮助园区企业与高校、科研院所合作进行人才培养的服务，组织园区企业专家、科技人才为产业链上下游企业提供技术咨询的服务，举办产业资源对接、创业大赛等活动，提供各类人才和产业发展链接的服务。此外，还有人才生活、娱乐、社交等软服务。

（三）科技资源服务

科技服务是园区增值服务价值链的高端环节，包括自建或引进第三方机构提供科研服务、技术服务、技术推广、技术交流、科技培训、技术咨询、技术孵化、技术交易、知识产权服务、科技评估和科技鉴证等。具体措施有引导企业加大研发投入，支持企业建立研发机构，促进企业与高校双向交流，构建企业为主体、市场为导向的产学研相结合的技术创新体系。自建或联建专业技术服务平台，为园区企业提供技术研发、试验、检测等服务，降低企业研发成本。建立园区企业科研设施设备共享机制，实现大中小企业融通发展。引入知识产权服务机构，建立技术交易平台，促进科技成果产业化。扶持中小微企业实现自主创新，建立中小微企业科技创新体系，助力企业快速成长。重视科技创新宣传，加强与科技部门联系，提高科技服务水平，激发企业创新活力。

（四）融资渠道服务

融资难、融资贵是长期制约中小型科技企业发展的难点问题。对科技园区来说，做好金融服务，可以从债权融资和股权投资两个方面入手。

1. 债权融资方面

首先，要对企业的经营情况、资信情况、融资需求等分类建档，并根据企业的需求，寻找银行合作，为企业提供融资授信与针对性信贷产品，帮助企业解决短期融资问题；其次，以联合授信、内部担保、与其他机构联合担保等方式，协助担保公司、小额贷款公司、商业银行等金融机构为园区企业提供融资服务；再次，探索与互联网金融服务机构的合作，协助园区企业利用股权众筹方式融资；最后，与各类金融服务机构开展长期战略合作，探索融资租赁、知识产权质押、应收账款抵押、打包贷款、小微贷、优先股、可转换债券等针对创业企业的融资服务。

2. 股权投资方面

首先，可以邀请行业专家、成功创业者、企业高管等为园区企业提供创业投资服务，帮助企业设计优化投融资方案，并通过金融信息宣传、金融峰会、项目路演等活动，搭建投融资平台，推动资本与项目主动对接；其次，有条件的园区也可自建或联合其他机构建立种子资金、风险投资基金，帮助初创型科技企业解决资金问题；再次，利用政府产业投资基金、创业投资基金、科技成果转化基金等各类母基金，联合专业投资机构、金融机构等外部社会资本合作设立各类子基金，通过基金的引导作用、杠杆作用，采取自投、领投、跟投等方式，对园区内优质企业进行股权投资，与企业利益捆绑，共同发展。

（五）信息技术服务

随着5G、物联网、大数据、云计算、人工智能等新技术的迅速发展与应用，绿色低碳园区、智慧园区建设成为一股潮流。所谓智慧园区，就是利用新一代信息通信技术来感知、监测、分析、控制、整合园区各个关键环节的资源，在此基础上实现人、物、园区功能系统间无缝连接与协同联动的智能化运营管理综合系统。对科技园区来说，智慧技术一方面可以帮助运营商简化管理流程、提高管理效率，另一方面可以通过采集园区企业各种需求，及时匹配相关资源和服务，提高企业满意度。智慧系统还可以搭建不同园区之间的平台级共享服务系统，促进不同园区之间、园区与企业之间实现更广泛的互动，构建网络化的产业生态圈。智慧园区建设也为园区企业办公管理、科技研发、数字化改造提供了良好的硬件环境。智慧园区建设主要围绕以下5点展开。

第一，智慧园区建设理念。坚持以人为本，全面感知，内生发展，智能协同，实现高效互联互通及多方高效协作。

第二，智慧园区建设内容。基本服务（智慧医疗，教育，一卡通，一站式生活服务热线）；环境运维（智能管理，智能楼宇，智慧照明）；资源链接（园区范围内基础信息资源，园区各部门内的业务数据）；运行监管（智慧安防，交通，环保，应急指挥，政务，安监）；终极目标（智慧招商引资，产业基地，产学研对接，智慧量两化融合）。

第三，智慧园区建设要有前瞻性、系统性。注意顶层设计，强调可扩展性和平滑迭代演进，避免重复投资、浪费资源。

第四，中小型科技园区可以购买成熟的智慧园区解决方案，有实力的大型园区也可自主开发智慧园区管理系统。

第五，智慧园区建设过程中，高规格智慧展厅尤为重要，集中展示园区智慧化管理和服务的功能及效果。

智慧园区建设一定要结合实际，讲求实效，以全面实现园区运营和服务的智能化和数字化为目标。如果只是单纯把线下数据搬到电脑里，增加了很多屏幕和监控设备，看起来好看，但并不实用，反而增加了很多人力成本，那就与建设智慧园区的初衷南辕北辙了。

（六）政策申报服务

科技园区是政府和企业之间的纽带，一方面要对接政府的政策宣贯和落地要求，另一方面要解决企业的政策服务需求。

科技园区既要做好政府政策的收集、整理、研究、解读、推送等工作，同时也要面向企业做好政策宣讲、辅导、申报、协调、落地等服务工作。部分大型科技园区还会参与政府某些科技政策的调查、研究和制定工作。

目前，科技园区政策服务呈两极化趋势。大型企业一般对政策的敏感度较高，领导时刻关注政策动向，政策专员专业从事各类政策研究和申报工作，因而对园区政策服务的依赖度不高。众多的中小企业虽然对政策的依赖度较高，对政策的扶持需求也十分迫切，但是由于信息不对称、精力不够、业务不熟悉等原因，主动申报的情况并不多，总体申报率也不高。

科技园区政策服务主要集中在政策申报方面。企业政策项目申报具有时效性、精准性、规范性的特点，对企业而言，政府补助资金可以缓解企业资金压力，帮助企业提高技术创新能力，增强企业发展后劲。企业政策申报服务一般可以由科技园区企业服务部门来承担，在服务企业的过程中，企服部门的员工对政府各项政策有专门研究，平时他们也会向企业进行解读和宣传，顺带提供申报服务是应尽的职责。当然，如果政策申报任务比较密集，科技园区企业服务部门人手较少，也可以考虑引入第三方专业服务机构，将申报服务进行外包。

政策申报服务对任何园区来说都是一项最基本的企业增值服务，科技园区更不例外，园区应配置相应的人力和资源，搭建自己的专业服务团队。这项服务做得好，不仅能让企业充分享受政府的政策红利，而且可以大幅提升园区服务品牌形象。

三、创业辅导服务

绝大多数处于初创阶段的项目面临的首要问题便是"如何活下去"，即需要形成可以持续产生收益的服务或产品。除了那些仅仅为了"找钱"和"拿补贴"而设立的项目，真正想要创业的人必须在项目启动前就确定好将要生产或提供哪些产品或服务，估算短期内可以产生的收益，最好能覆盖3个月到半年的运营成本，当然，这是最理想的。然而创业者往往会忽视"生存"这一根本问题，或者想当然地认为自己的产品或服务能够得到市场的青睐，认为"生存"不是问题。

科技园区在给初创项目或企业提供服务时，需要先对创业者有较为深入的了解，包括他们的创业初衷、过往经验、技术能力、团队构成等，还需要对项目有一个初步的判断，包括市场需求、竞争态势、技术优劣、成本结构、资金需求等。通过了解，可以初步分析项目的市场可行性，同时给创业者提供相关指导和建议。

必须承认，为种子期初创项目提供创业辅导是一件非常复杂和困难的业务，因为初创项目的情况千差万别，初创团队的水平参差不齐，大多数属于小白层次，对创业的理解非常肤浅，知识、能力、资金非常缺乏。很多时候，服务者要根据自己的经验，针对不同初创项目可能存在的问题和难点，提供一对一、手把手的辅导和支持，而且这种辅导和支持必须建立在对项目和团队深入了解的基础上。光靠见两次面、谈几次话，根本不可能提出有建设性的意见，也谈不上提供其他更有价值的服务。科技园区运营商给初创项目提供服务，主要围绕以下3个方面进行：深入了解，筛选出有潜力的企业；市场拓展，帮助企业实现营收；价值兑现，通过股权投资或服务收费，实现预期收入。

创业辅导服务虽然是科技园区服务体系中最困难的部分，但科技园区运营商出于自身生存压力和商业模式考量，创业辅导服务不仅是绕不开的内容，而且必须投入相当的资源。科技园区运营商要重点吸纳那些具有创业经历、拥有丰富项目管理经验和资源的人进入服务团队，并且在日常辅导实践中不断总结经验、积淀知识，形成独到的服务能力。

四、企业孵化服务

经过种子期，企业就进入成长的第二阶段孵化期，孵化期的企业在科创体系中最为庞大，但是此时的企业并没有完全度过生存危险期。具体表现在企业尚处于技术或产品研发期，未形成足够稳定的产品和客户，在市场中只能做个跟随者，经营依然步履维艰，需要小心翼翼、战战兢兢走好每一步。我国目前小微企业的平均生存周期一般不超过2.9年，说明这个阶段的企业如果没有核心竞争力，不能快速做大，失败也是大概率事件。我们身边不乏这样的朋友，创业初期意气风发，形势大好，但因为突发意外事件、行业政策变化、供应链出了问题、资金难以为继等方方面面问题，形势急转直下，乃至破产倒闭。

如果条件允许，处于孵化期的企业一定要抓住机遇，快速突破，建立优势。但是条件不理想、不成熟的企业，一定要先求个稳字，一味求快很可能掉入增长陷阱。大部分企业在这个时期仍然面临团队错配、人手不足、资金不足、经验缺乏、产品粗糙、客户有限等问题，而科技园区孵化服务体系正是针对这些共性问题量身打造，通过专业服务和资源保障，帮助企业成长和发展。

针对企业团队配置方面的缺陷，科技园区可以通过人才咨询、人才招引、人才培养、人才服务等手段，为企业提供人力资源保障；针对企业人手不足的问题，科技园区可以在政策咨询、工商注册、人事代理、财税安排等方面提供配套服务；针对企业资金不足的问题，科技园区可以通过组织项目路演、引进投融资机构、开展银企对接等手段，帮助企业解决融资问题；针对企业经营管理经验缺乏的问题，科技园区可以通过开展专题培训、引进创业导师、打造交流平台，提供专业咨询等服务，提高企业管理水平；针对企业技术和产品开发方面的需求，科技园区可以通过提供专业技术服务平台、推进产学研合作、建设知识产权保护体系、促进大中小企业联合发展等方式，帮助企业科技创新，提高产品质量；针对企业客户资源有限的问题，科技园区可以通过引进专业机构、对接相关资源、开展营销策划、借助媒体宣传等手段，帮助企业开拓市场、增加客源。总之，以企业为根本，以需求为导向，以结果为诉求，开展精细化、专业化、特色化服务，是科技园区企业孵化服务体系建设的指导原则。

五、企业加速服务

企业从孵化器顺利毕业，意味着进入了成长快车道，也就是通常所说的进入扩张期。企业的重心已经从如何生存转变为如何快速扩张，如果之前强调稳，现在必须快，只有快才能抢占市场，赢得先机，巩固先发优势。要实现"快"的目标，资金、人才和市场缺一不可，所以在企业扩张期，科技园区服务体系建设重点围绕这3个要素展开。

企业快速发展主要表现为技术和产品迭代速度加快，研发投入持续加大，市场规模急剧扩张，销售渠道遍地开花，人员数量同比增长，而所有这些都离不开资金的支持。单纯依靠企业产品的销售收入已经远远不够，必须要从外部为企业快速发展提供充足的资金来源，否则容易错过快速发展的先机。所以，科技园区一定要帮助企业解决融资问题。在股权融资方面，科技园区要帮助企业在资本市场上融通创业投资、私募股权投资、产业资本等多种资本类型的资金；在债权融资方面，科技园区可以对接专业银行资源，创新知识产权质押贷款、应收账款抵押贷款等多种金融创新工具，降低企业融资成本。扩张期的科创企业一般都有上市计划或者并购需求，科技园区一定要关注资本市场信息，组织相关机构对企业进行考察，推进企业与机构的合作。总之，科技园区对扩张期（加速期）企业的融资需求要高度重视、周全谋划。

处于扩张期的科创企业，研发团队会急剧扩张，人员规模会持续放大，这就给企业管理团队带来较大冲击和压力，原来的管理模式也会面临挑战，企业人才尤其是高层次管理人才紧缺，出现"小马拉大车"的现象。企业由于身在庐山中，不识真面目，意识不到人才问题已经成为影响企业发展的瓶颈，而作为陪跑者的科技园区"旁观者清"，应主动与创始团队沟通，指出存在的问题，帮助企业寻找高层次复合型人才，并提供相应服务。

企业要快速占领市场、扩大市场份额，除了从技术、产品、渠道、营销等方面着手外,并购合作包括跨界融合也是需要重点考虑的方向。科技园区在这方面有天然优势,应该在企业并购、企业合作、跨界融合方面有所建树。科技园区本身就是一个各类资源整合服务平台,企业有需求,园区来服务。由于这类高端服务发生的频率相对较低,大部分科创园区企业服务的重点更多地放在中小企业孵化方面,科技园区还不够重视对高速成长企业需求的研究以及对产业发展的洞察,专业服务人才也比较稀缺,未来,科技园区要补上这块短板。能否为企业提供高附加值的专业服务,是衡量科技园区是否具有核心竞争力和能否实现高质量发展的关键因素。

处于扩张期的企业是各个园区和政府重点关注的对象,现有园区要想方设法安商稳商,兄弟园区也会挖空心思招商引商。所以除了在以上3个方面做好服务外,科技园区还要在政策服务、项目申报等方面为高成长型企业着想,为他们争取到最大的政策红利。

六、龙头企业服务

企业过五关斩六将后,终于进入成熟期并成功上市,有了稳定的市场份额和客户资源,在行业内具备了一定的话语权,成为独角兽或准独角兽。这样的企业既是科技园区的荣耀,也是科技园区成功运营的代言人。

进入成熟期的企业各方面都已经很成功,企业在政府和行业中举足轻重,这个时候园区对它来说似乎可有可无,科技园区的地位和处境多少有些尴尬,既为有这样的企业而骄傲,又担心服务不好得罪企业。如何处理好与这些行业龙头企业的关系,还能为它们提供哪些专业服务,成了科技园区运营商最头疼的问题。

这个阶段的园区运营服务重点是做好3个方面的工作。首先,服务重心要从关注企业发展转到关注企业"人"的发展,针对高端人才提供专享服务,帮助企业留住核心人才,并关注员工成长需求,做好各类配套服务,提高员工满意度。其次,要发挥政府和企业之间的桥梁纽带作用,政策及时传达,异动提前预警,问题早做预案,成果广为传播,让企业感受到来自方方面面的重视和呵护。最后，要营造最佳园区生态，擦亮高端园区品牌，让企业与园区深度捆绑，互为依存，难舍难分，荣辱与共，互相成就。

七、特色产业服务

如今科技园区竞争日趋白热化，园区需要通过一系列的特色服务打造核心竞争力，通过前面的阐述可以看出，园区服务体系在基础服务、增值服务方面很难做到差异化，只能在特色化和专业化方面入手，才能在激烈的竞争中脱颖而出，并形成长期发展优势。但是，特色服务不是什么园区都能提供的，它首先要求建立在特定产业基础上，也就是围绕特定产业领域做精做深并形成特色，其显著特点就是特定产业资源的高密集度，有上下游的交易便利、集成的供应链需求、流动的人才资源、接力的技术研发等等，形成了企业经营和产业经营的规模效应。

从园区发展来看，特色产业园更容易打响园区品牌，增强对市场的影响力和吸引力，有利于园区向上获取各类政策支持。对科技园区来说，实现主导产业的聚焦，更有利于形成产业政策、招商、服务等资源合力，有利于建设根植性的产业链条，培育出一批专精特新企业，在区域产业竞争中更有竞争力。科技园区要有对特定产业链进行详细解构分析的能力，精准选择可作为产业切入点的产业链环节的能力，对带动性较强的环节可依托市场的力量吸引相关企业集聚，对依赖性较强的环节应主动出击，招引相关的企业入驻。

特定产业集聚造就了企业需求的规模效应。同类产业的企业需求表现较为一致，园区能够整合企业的这些共性需求，培育和发展针对性企业服务，如人才培训、集合采购、集合营销等，抓住企业的规模化需求，不仅可以助力企业降低负担、集中优势资源、提升经营效益，还可以拓宽园区的经营范围，提升园区的运营效益。

因为同一产业的集聚，园区更容易在公共实验室、技术交易、人力资源、知识产权、产业基础设施等建设上实现公共资源共享。在公共服务平台建设上，因为集合的共性需求足够多，园区自营或引进第三方机构运营公共服务平台，都更具有经济性和可行性。园区可以在共享政务平台（特殊政策服务、一站式行政服务）、共享专业基础设施（数据中心服务、污废处理服务）、产业技术服务平台（科技检测服务、中试生产服务）和企业服务平台（技术交易中心、知识产权服务）建设方面实现集约化运营。

例如，上海东方美谷是一个以奉贤区全域为载体，以"美丽健康"概念相关的产品轴、服务轴、产业轴三大坐标系构成的三维立体产业体系。

在产品轴坐标上，由研发、生产、包装、销售等环节构成；在服务轴坐标上，由原料采购、原始设计制造商（original design manufacturer，ODM）设计、原始设备制造商（original equipment manufacturer，OEM）生产、检验检测、营销策划、品牌推广等配套功能构成；在产业轴坐标上，通过产品展示、用户体验、美容护理、医药保健、贸易流通、互动咨询等"产品＋服务"业态，实现应用拓展和价值链延伸，构成一个多层次立体系统。

为了抓住企业的共性需求，东方美谷设置了研究中心、监测中心、展示中心、设计中心、营销中心、体验中心、行业服务中心、专家指导中心等八大中心。

又如，上海碳谷绿湾为上海特色产业园之一，95%以上的产品跟"碳"都有密切关联，包括碳纤维复合材料、功能性膜材料、电子化学品、高分子增材制造材料等新材料。园区是上海石化、上海化工区配套园区，跨区域实现要素资源共享。

实现"基础设施共有、功能平台共享"的有公共实验室、专业仓储设施、化工公共管廊、碳纤维技术研究院、污废处理设施、化学品检验检测中心等。园区企业所需氢气、氮气等工业气体均由上海石化通过管道系统提供，内部企业也可便捷地获得价格更便宜的原料。

特色产业集聚可以促进各类创新要素在园区内部形成集聚和流动，这种内部流动大大提升了园区的创新效率，使园区有效整合产业创新资源，形成创新内驱力。园区可以围绕特色产业链建设人才库，与高校、科研院所、培训机构等建立广泛链接，促进人才资源的吸纳和培养。可以构建开放的技术交易机制，围绕特色产业链搭建技术交易平台、产权交易平台，结合技术交易需要设立天使投资、创业投资、风险投资、产业并购等股权投资基金，形成活跃的技术接力棒机制，让创新和成果有机融入产业链发展。

特色服务体系一旦建立起来，就具有不可模仿、不可复制的优势，为园区运营构筑起一条护城河。

八、独特资源服务

独特资源服务能力是园区实力的一种标志。

所有园区都强调资源整合能力，但是有一些资源却不是所有园区都具备的、能整合的。有些特定行业对独特资源的需求非常强烈，如果园区能提供对口资源服务，就能占得先机、确立优势。

比如，在医药行业，新药申请（new drug application，NDA）申报一直是个痛点，由于大部分新药申请材料多且有许多不规范之处，申请周期经常被拉长，正常流程下，新药要一年到一年半的时间才能完成申报，而有药物申报平台（绿色通道）的园区则可以将这个周期大幅缩短，这就突显了园区服务价值，如泰州医药高新技术产业园区。与之相似的还有物流行业，由于企业端（B端）物流互联网化的滞后，一些中小企业需要依附园区的支付系统才能完成线上交易。一些园区在引进高层次人才方面有独特的资源和渠道，也会吸引对高端人才需求强烈的企业入驻园区；还有的园区在企业产品研发外包、特殊原材料采购、仓储、企业产品的委托加工等方面具有独到的资源整合能力，对相关企业的吸引力就特别明显。所以，园区不需要全能（事实上也不可能），但一定要有自己的独门秘籍，要有别人学不会也学不像的看家本领。

打造这种独特能力要求具备深刻了解产业特点和企业发展痛点的能力。上面讲到的特色产业服务就是很好的例子。最能体现产业服务精髓的，一定是那些真正为产业发展赋能、为企业经营生产过程降本增效的服务。

所以一定要回到产业定位这个原点上来。不同产业的经营痛点注定是不一样的。比如，对于医疗器械的双证（《医疗器械企业经营许可证》《医疗器械产品注册证》），企业最关注怎么加快办理速度。又如，半导体企业产品设计已完成，却没办法即时进行晶圆厂投产，或者客户要的没有货，没人要的一堆库存，园区有没有办法帮助企业解决这些问题？医药企业最看重的就是实验条件，能否为它们搭建平台解决实验难问题？园区一定要针对企业所欠缺的点匹配相关资源，或者针对企业发展的痛点搭建相应的产业服务平台。

以中关村协同创新智汇园为例。该园区围绕产业链组织系列活动，为企业及生态链伙伴搭建平台，探讨产业发展方向，探索业务合作边界，推动智能网联汽车产业快速发展。2022年上半年，该园区共主办或承办相关产业活动5场，为政府与企业搭建沟通桥梁，切实解决企业诉求，增进政企交流；主办产业政策专项宣讲会暨最美中关村人颁奖典礼，增进园区企业交流，打造产业社区，并邀请政府部门、资本机构现场进行政策宣贯及指引，助力企业成长；承办合肥市新能源汽车和智能网联汽车产业链协同发展专题调研和座谈会，从产业链联动、供应链嫁接、合作共建等多个维度促进产需对接，推动合肥市新能源汽车和智能网联汽车产业聚链协同。

九、科技金融服务

科技园区除了一般的企业债权融资和股权投资服务外，更要注重科技与金融的结合，关注园区企业的科技属性，在优化科技企业金融服务环境方面加大投入，努力提供更符合科技企业发展需要的金融创新服务。

一是引进与上海浦发硅谷银行类似的科技金融机构，为科技企业提供量身定制的金融服务方案。国内很多中小城市银行都在做这方面的尝试和转型。

二是建立科技园区信用评价体系，为科技企业融资提供增信功能。

尝试在联合担保、联合授信、再贷款担保、科技保险、中小企业区域绩优债、股权投资等方面开展创新应用与服务。上海鸿迪信息技术有限公司总经理何志峰先生于2017年发表了《基于产业园区的信用评级管理体系构建研究——以张江高科技园区"信用张江模式"为例》一文，对此有较好建议。

三是上市辅导服务。结合当地上市扶持政策，园区联合证券公司、律师事务所、审计师事务所、会计师事务所、资产评估机构、投资银行机构等专业机构，开展上市辅导和咨询服务，推动优质企业在各类证券交易市场挂牌。

四是成立创业金融服务联盟。园区与商业银行、证券公司等专业投融资服务机构，以及信用评价、资产评估、会计、审计、法律、知识产权保护等相关中介服务机构联合，成立创业金融服务联盟，为创业企业提供全方位投融资服务。

从长远发展考虑，科技园区应与创新型科技金融服务机构建立深度合作关系，为园区企业提供相关金融服务。科技金融服务机构除了给企业解决资金问题外，还能够以丰富的管理经验和深厚的资源背景为科技企业成长赋能。

十、产业培育服务

科技园区如果没有产业就等于没有灵魂，没有产业作为依托的园区服务就是空中楼阁，毫无生命力可言。科技园区本身就是一个行业产业链的缩影，产业培育应该是刻在科技园区骨子里的基因。

开展产业培育服务，首先需要研究产业，找准目标行业的关键性产业和企业。例如，集成电路行业的中芯国际作为集成电路代工企业，对整个集成电路行业尤其是集成电路设计企业，有着很好的支持和引领作用，因此，中芯国际落户张江，成为张江高科技园区作为"中国硅谷"的最有力的支撑。又如，生物医药和医疗器械行业的合同研发生产组织（contract development manufacture organization，CDMO）行业，本身既是生物医药产业链的一环，同时为生物医药和医疗器械企业提供服务支持，能够大大加快相应中小企业的研发生产速度，助力整个行业的发展，因此，其本身就可以成为一个科技园区，或带动一个科技园区的产业发展，位于上海外高桥保税区的自贸壹号生命科技产业园就是一个很好的例子。

园区还需要研究行业共性问题，针对行业共性问题与相关政府主管部门一起设计合理的解决方案，推动问题的完美解决，这就是很好的产业培育服务。比如位于上海张江的生物制药生产商勃林格殷格翰，其和张江高科技园区共同推动的生物制药合同制造（contract manufacture oraganization，CMO）模式，就在推动上海建设世界级生物医药产业集群的过程中发挥了重要作用。2013年，勃林格殷格翰在上海张江设立生物制药生产基地，这也是跨国公司在中国设立的第一个世界级生物制药生产基地。2014年，中国开始启动药品上市许可持有人制度改革。2019年年底，由勃林格殷格翰生物药业（中国）有限公司通过CMO模式生产制造的一款创新肿瘤抗体药物成功获批上市，成为国内首个上市许可持有人采用合同生产模式获得上市批准的创新生物药。此举对促进上海乃至中国的生物医药产业化具有重要意义。

行业共性问题的另一个案例是2015年在中关村生命科学园成立的全国首家一站式生物医药特殊物品和动植物源性生物材料进出口公共服务平台（简称"绿通北平台"），该平台属于生物医药试剂集采及保税通关平台，还有2019年在上海自贸区张江高科技片区设立的张江跨境科创监管服务中心"关检一体化"平台。这两个平台都为当地的生物医药研发企业研发试剂材料快速通关提供了绿色通道，有力地促进了当地产业的发展。

产业培育需要基于对企业发展的了解和对产业上下游的了解，帮助企业匹配合适的人才、合适的技术合作、合适的市场和合适的收并购对象，做到聚合发展。科技园区产业培育需要基于园区自身产业优势和行业特点，着重建设行业应用示范项目，引领相关产业发展，如上海张江人工智能岛的全国首个"5G＋AI"全场景应用示范项目建设和嘉定汽车城智能网联汽车示范应用创新试点项目的建设等。

科技园区为新兴产业提供培育服务的同时，还要着眼未来产业重点方向，依托高校、科研院所学科资源优势，以完善体制机制为重点，培育引进高层次科技领军人才和创新团队，探索"学科+产业"的创新模式，提升科技成果转化和孵化专业化能力，构建未来产业应用场景，加快集聚人才、技术、资金、数据等创新要素，完善创新创业生态，打造未来产业创新和孵化高地，抢占未来发展制高点，为后续复制推广积累经验。2022年11月，科技部和教育部批复未来产业科技园建设试点意见，并公布了首批11个未来产业科技园试点及培育名单。虽然主要以国家大学科技园为主体，但其他科技园区也应该提前谋划、及早布局，抢占未来产业发展先机。

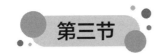

第三节

服务生态圈建设与运用

科技园区通过完善、细致的服务体系建设，整合面向不同企业的服务资源，打造差异化、针对性的企业服务，构建科技园区服务生态圈。在服务生态圈建设过程中，一定要关注企业的实际需求，选择合适的服务方式，斟酌具体的服务方法，评价最终的服务效果。

一、关注企业的实际需求

结合我国创新创业领域发展情况，科技园区服务为了满足企业的实际需求，应该遵循把握共性需求、创新服务手段、整合中介资源、服务中小企业的总体思路，通过开展一系列企业需要、行之有效的服务，提升园区的公信力，赢得企业、政府和社会的认可。

企业有"伪研发"，园区也有"伪服务"。服务已经成为企业选择园区最重要的考量因素，几乎所有园区都会说自己有服务、有平台，但实际情况是，绝大多数园区对服务的理解还停留在初始阶段，整合了工商、财税、法务、人力资源等中介机构，企业有需求自己去对接，这样的服务不能给企业带来任何帮助。

科技园区对企业的服务一定要做到体系化、精准化。园区自身要有资源整合能力，这些资源必须是有效的，随时可以满足企业需要；还要了解企业的共性需求，匹配相关资源，做到对症下药；如果本身资源不够，可以协调第三方机构，最终目的就是把企业服务好。科技园区可以按照基础、增值、创新这3个定位，围绕减少企业经营成本、提升企业发展内涵和加快企业成长步伐3个方面，开展体系化服务。在提升企业内涵方面，重点做好企业经营服务、技术服务、人才服务、金融服务、市场服务、研发服务、信息服务等。在加快企业成长方面，重点做好行业资源整合、产业链协调、技术成果转化等服务。

准确把握企业的共性需求是构建企业服务体系的前提。科技园区企业服务人员要坚持深入企业，开展常态化调研，了解企业特别是中小企业各项共性需求。在此基础上，建立和完善企业需求信息资料库，邀请相关导师、专家和企业代表，共同研究开发企业服务新产品，在提供服务的同时，还要做好跟踪了解，不断提升服务质量，提高服务效果。

二、选择合适的服务方式

在服务方式选择上，各个园区应根据自身实际和企业特点，不拘形式，注重实效，通常有个性化服务、细微化服务和超值化服务3种方式。

（一）个性化服务

个性化服务强调针对性，就是根据不同企业的需求和特点提供有针对性的服务。科技园区个性化服务强调灵活性，要求在服务过程中能够随机应变，满足不同企业、不同创业者随时间、环境变化而不断衍生的需求。

个性化服务的要点是动态跟踪、科学分析，精准把握企业需求，调研监测企业对服务的满意度，并把企业满意度与园区考核挂钩，确保个性化服务落到实处、取得实效。科技园区可以根据多年服务企业的经验，制定个性化服务清单，并对服务进行流程化改造，以提高服务效率。

（二）细微化服务

在服务业有一句话：服务无止境，细节定成败。科技园区企业服务同样要注重细节，通过细致周到的服务，为企业解决麻烦和问题，为园区赢得口碑和效益。细微化服务是科技园区在竞争中的制胜砝码，特别是在园区服务同质化的背景下，谁能把服务做得更细、更贴心，谁就能赢得企业的青睐，加强客户的黏性。细微化服务很多时候其实不需要什么高深的技术，而需要以人为本、客户至上的服务理念。技术都差不多，而且也比较容易掌握，但一颗全心全意为企业服务的心却不是任何人都具有的。我们常说的优质服务，一方面取决于服务的质量，另一方面取决于服务的温度。有时候企业就因为服务有温度而包容服务过程中存在的瑕疵。所以，细微化服务就像一面镜子，映照出园区从业者职业素养的高低，也映照出园区运营者精神底蕴的深浅。

（三）超值化服务

科技园区的超值化服务是指为企业客户提供的超出其预期的服务。对企业来说，园区服务一般分为3种境界。第一种是基础服务，即企业客户认为理所当然应该提供的服务，如果服务不到位，客户会不满意，如园区基础的物业服务。第二种是进阶服务，也就是通常所说的增值服务，比如各种各样的资源服务平台，企业对这类服务是非常渴望的。进阶服务越多，企业会越满意；如果得不到满足，客户会很失望。第三种就是超值服务，也就是企业没有想到或者想到了但没有办法解决的，园区服务是雪中送炭、意外之喜。这类服务包括上面讲到的个性化服务、细微化服务，也包括很多高端定制服务。超值服务是一个园区是否具备超常竞争力的标志，这类服务越多，企业的满意度就越高，跟园区的关系就更紧。超值服务需要园区服务人员对企业需求有敏锐的洞察，必须具备足够的知识储备和能力储备，更重要的是树立"共生、共享、共赢"的生态运营理念，真正把企业作为园区合伙人。

三、园区服务的主要措施

科技园区汇聚了大量的科技型中小企业和商业配套服务企业，混合了研发、生产、服务等业态，集聚了企业员工、外来客户、来访参观者等人群。要保证科技园区各项功能和服务的正常运转，实现完美的生态服务效果。一般来说，园区常态化服务主要措施有以下 6 个方面。

（一）塑造优美的生态环境

把环境卫生、绿化保养作为一项门面性的工作，聘请专家进行环境设计营造，委托专业绿化队伍进行日常养护；购置可移动式垃圾桶和多功能垃圾车，倡导垃圾袋装分类、收集转运的环保理念，对有毒、有害垃圾专区存放、严格管理；采取节能减排降耗措施，如更换安装节能灯泡、控制中央空调温度、购买水池吸尘器、购买抽水泵用水池水景的换水浇灌园林绿化等。

（二）维持良好的公共秩序

在企业数量多、人车流量大、保密要求高、治安情况复杂的科技园区，公共秩序维护是头等大事。所有门岗有专人 24 小时值守，门岗人员对企业员工要勤看勤问、尽量熟悉，防止闲杂人等随意进出；园区内发生纠纷，秩序维护人员应及时赶到现场协调处理，防止出现意外；定时巡查园区，检查各类公共设施与公共区域，观察园区情况，应对突发事件。

（三）维护设施的正常运行

科技园区要保证园区所有企业单位运营不出现任何问题，设施设备的维护一定要落到实处。物业工程部要对园区所有设备设施进行常态化巡查，并与相关维保单位保持密切沟通，提前发现问题，及时排除隐患，做好日常保养，确保楼宇正常供水、供电、供暖，保证电梯的正常、安全运行。

园区设施设备维护保养一方面要依靠严密的制度和严格的落实，另一方面要充分发挥智慧园区管理系统的作用，利用摄像头、传感器、灯控等各类设备采集的数据，实现园区设备设施的统一管理。但是，人工检查与维护仍然不能放松，要将技术与人工完美结合起来，确保万无一失。

（四）周到细致的服务接待

科技园区是一个城市对外展示的窗口，各种接待服务是园区管理的重要内容之一。物业服务部门是园区的脸面，客户一般通过美观度、整洁度来判断一个园区物业水平的好坏。物业服务部门应该严格落实各项服务要求，规范各种操作流程，增强服务意识，注意外部形象，为园区增光添彩。各种接待过程中，要做到热情礼貌、服务周到，熟悉接待流程，提前做好准备，职责分工明确，现场有条不紊。

（五）突发事件的应急处理

科技园区具有人流量大、企业种类众多、设施设备复杂、与外界接触频繁等特点，加上有的科技园区没有实行封闭式管理，各种突发事件或灾难事故在所难免。建立集中领导、统一指挥、组织完整、功能全面、反应灵敏、运转高效的突发事件应急管理体系不仅非常必要，而且要落到实处。园区常见突发事件包括但不限于水灾、触电、火灾、盗窃、中毒、污染、电梯故障、人身伤害等，管理部门要分别制定突发事件应急处置方案，并经常开展相应演练，提高全员防范意识和应急处置能力。科技园区一般都建有智慧管理系统，在突发公共事件应急管理中，应充分发挥其在应急预警、防护救援、重建复产等方面的技术优势，实现重大应急事件管理的高效率、科学化。

（六）形式多样的培训教育

科技园区的各项服务都是由人来完成的，人的素养和能力如何直接决定了园区的服务质量和企业对园区的评价。所以，员工培训成为科技园区的一项常态化工作，不仅要对新员工进行系统入职培训，也要对老员工定期开展内训。在培训内容设计上，既要考虑员工专业知识、服务技能的学习，也要注意员工职业素养、道德品质的提高；既要有常规业务内容培训，也要有行业视野拓展训练。在培训形式上，总体原则是要将课堂理论知识学习和现场模拟实操训练结合起来，创新培训方式，侧重场景教学、案例教学、参观教学、游戏教学，让员工在做的过程中学习，在学的过程中运用，真正做到即学即用，学以致用。在效果评估方面，强调每次培训都要有测评、有检查、有跟踪，提高员工对培训的重视程度，增强每次培训的效果。

四、园区服务体系建设的发展趋势

随着互联网、人工智能等科学技术的快速发展，入园企业对服务的需求也在从传统的、单一化的基础性服务逐渐向围绕创新链、产业链不同环节的专业化、系统化服务体系转变。面对这种需求的快速变化，越来越多的科技园区正着手大幅度改进园区服务体系，通过进一步整合创新资源，提高服务效率，增加服务覆盖范围，促进园区企业产业链上下游各类资源有效整合，打造新时代的园区创新生态系统，大幅度增强园区服务体系的核心竞争力。

科技园区的服务体系创新是园区永续发展的不竭动力。在创新的时代，伴随中国消费需求的升级，社会经济环境也发生了改变，目前中国社会已经进入共享经济、体验经济的时代，不断催生新的科技园区服务模式。园区服务体系创新将更多倡导以人为本的服务理念，根据入园企业的数量、行业、类型等特点，不断迭代、更新服务内容和价值，对园区服务需求进行整合，并通过自营服务以及整合服务的方式，实现服务需求与服务供给的高效匹配，建立服务内容丰富、服务能力强大、服务提供高效的园区服务体系。

一是社群化服务将成为科技园区服务发展新方向。中国的创新服务已经进入新时代，科技园区将迎来新一轮的服务变革。在创业资源高度集中的时代，对于创新平台的主体即科技园区和各类孵化器而言，社群的力量将变得越来越重要，未来科技园区要做的就是为入园企业打造以社群为核心的新型服务平台，整合政府、企业、机构和媒体等各方资源，深挖园区区域价值。同时，搭建产业生态圈，打造专业的企业社群、企业家社群、员工社群以及园区品牌社群，并对园区品牌社群进行体系化运营。

二是智慧化服务是科技园区信息化发展的必然趋势。智慧园区是在园区全面数字化基础之上建立的智能化园区管理和运营，标志着园区整体信息化由中级阶段向高级阶段迈进，利用新一代信息技术改变各方之间的交互方式，提高交互效率和响应速度。智慧化服务将借助新一代的云计算、物联网、大数据、决策分析优化等信息技术，运用感知化、互联化、智能化的手段，对构成园区空间和园区功能载体的各类资源和信息进行集聚、重组和营运，促进园区资源配置的容量和效益的最大化和最优化，提高园区运行效率，降低运营成本，实现园区服务功能的整体提升以及园区高质量可持续发展。

本章主要参考资料

1. 丁曦林.知则纵横，行则高远"东方美谷"诞生记［J］.新民周刊，2016（33）：6–11.
2. 丁孝智.高新区产业发展服务体系的构建——基于肇庆高新区的探索与实践［M］.北京：中国经济出版社，2010.
3. 何志峰.基于产业园区的信用评级管理体系构建研究——以张江高科技园区"信用张江模式"为例［J］.上海经济，2017（04）：32–38.

4. 刘飞.中国高新技术产业园区产业服务体系发展研究［D］.武汉：武汉大学，2012.

5. 罗敏，杨伟超.探索智库型的产业园区智慧"大脑"运作模式［J］.信息化建设，2020（10）：63-64.

6. 马凤岭，夏卫东，张峰海.科技企业孵化器理论与实务［M］.北京：科学技术文献出版社，2008.

7. 仇士勇.如何做好科技工业园区物业管理服务［J］.中国物业管理，2007（07）：46-47.

8. 王煜.碳纤维：引领制造业的未来［J］.新民周刊，2020（40）：63-65.

9. 徐顽强，刘毅.中国高科技园区创新平台建设［M］.北京：人民出版社，2007.

10. 张诗雨.中国经济技术开发区产业创新研究［M］.北京：中国发展出版社，2015.

11. 张臻，郭霞.区域发展的"灵魂"——漕河泾开发区创业中心的品牌建设路径［J］.华东科技，2013（06）：60-62.

12. 勃林格殷格翰：以"数字化"助力中国创新"扬帆出海"［N］.浦东时报，2022-07-22（03）.

13. 国家科技企业孵化器规划推动九大重点任务［EB/OL］.创新创业中关村，2017，https://mp.weixin.qq.com/s/LyEFqhJGsT5FgD2rqdjTrw.

14. 科技园区服务体系的现状和发展趋势［EB/OL］.中国技术创新协会孵化联盟，2019，https://mp.weixin.qq.com/s/p4Ef-Lj8igovgda99g3xg.

15. 园区在线：八个园区运营共性问题［EB/OL］.金融小镇网，2020-11-25，financetown.com.cn/14-872.html.

16. 《中国创业孵化30年》编委会.中国创业孵化30年（1987—2017）［M］.北京：科学技术文献出版社，2017.

第六章 提质增效，科技园区政策支持与绩效评价

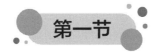

第一节 锦上添花，科技园区项目申报的意义

所谓科技园区项目申报，是指以科技园区为主体，根据不同部门和政策的要求，按照指定的格式、提纲和内容要求填报材料并提交至有关部门，以争取国家或地方各类荣誉、政策、资金的行为。

一般来说，科技园区项目申报是园区运营中优先级最高的工作，尤其是申报国家级、省级的重要称号，全年工作都要围绕申报开展。

一、赢取政策扶持与资金奖励

（一）政策扶持

获得某种资质认定的科技园区及入驻企业有机会享受一系列特殊的优惠政策。例如，国家财税〔2018〕120号政策规定：对国家级、省级科技企业孵化器、大学科技园和国家备案众创空间自用以及无偿或通过出租等方式提供给在孵对象使用的房产、土地，免征房产税和城镇土地使用税；对其向在孵对象提供孵化服务取得的收入，免征增值税。

（二）资金奖励

对园区运营商来说，园区项目申报的最大吸引力在于获得政府资金奖励。通常获得认证的资质越高，奖励越丰厚，奖励金额在几十万到数千万不等，具体金额各省区市之间存在差异。例如，2020年度国家级科技企业孵化器，深圳奖励100万元，而在山东聊城最高奖励200万元。

二、助力产业招商和企业服务

（一）促进产业招商

作为一个小众行业，科技园区在社会上一般不为人熟知，企业对科技园区的认知也大多停留在名头和荣誉上。倘若科技园区获得了国家级资质认证，它的品牌效应就凸显出来，在同行中的地位也显著提升。由于有了"官方背书"，企业对科技园区的信任度会大幅提升，在选择园区时一定会优先考虑园区的资质和地位，这给科技园区招商工作带来较大的助力。

（二）提高服务能力

科技园区项目申报过程也是园区自身运营能力不断提高和完善的过程。申报省级乃至国家级资质认证，对科技园区来说是一个非常困难的过程，不经过长达几年的艰苦努力，不可能达到省级、国家级标准。这些标准大部分都是量化的，不但要达到规定要求，并且还要有材料佐证，比如能够为入驻企业提供孵化、研发、技术支持、信息、金融、法律、知识产权、成果转化、展示推广、中介交易、市场开拓、业务培训、事务代理等相关配套的公共服务和创新创业服务。又比如，科技园区需要拥有一定数量的自主知识产权，而且原创产品须占有一定的市场份额。如果科技园区不按照这些标准踏踏实实地开展工作，并取得实实在在的成果，光靠写写材料、画画图表是不可能完成申报任务的。在争取达标的过程中，科技园区的服务体系得以建立，服务工作得以开展，服务能力得以提高，服务成果得以显现。所以，科技园区如果能成功申报国家级资质，证明园区的服务是良好的，生态是完善的。

例如，江苏南通复客科技园建成两年后晋升为省级科技企业孵化器，又历经两年跃升为国家级科技企业孵化器。园区在一次次的项目申报中不断提高自身的产业服务水平，各种运营管理机制也得到完善，最终建立了强大的品牌影响力，园区产值及效益均得到了显著提升。

三、建立高效智能的管理体系

项目申报不单纯是为了获得某项资质，争取眼前利益，也是为园区的长久发展考虑，建立健全高效智能的运营管理体系，赢得永续发展的光明未来。随着互联网的快速发展，多个省区市的项目申报条件中都要求园区建立数字化运营管理平台，嵌入"互联网＋"模式，有效开展各项产业服务。

以宁波研发园为例，该科技园区位于宁波国家高新区核心区域，占地面积 300 000 m^2，总建筑面积 600 000 m^2，基建总投资 30 亿元人民币，是宁波创新型城市建设的重要组成部分，也是宁波实施"中提升"战略的十大功能区块之一。园区运营人员承担着客户租后服务和运营的主要责任，同时，还需要维系财务、物业、租客各方面的关系。传统的运营管理工作故步自封，一直是影响研发园进一步发展的桎梏。比如日常的合同、收费、盘房等工作，园区运营人员都还停留在手工阶段，不仅效率极为低下，还容易出现工作上的失误。

为提高运营部门的工作效率，宁波研发园选择采用"匠人CREAMS"智慧园区系统展开数字化辅助工作，解决传统运营方式带来的低效难题。"匠人CREAMS"系统的主要功能有以下 5 个方面：①合同到期预警，将客户服务前置；②房源可视化盘点，项目租控更智能；③关注客户动态，风险提前预警；④水电远程抄表，在线生成账单；⑤数据舱代替手工账，多维度分析资产数据。

在数字化运营管理体系的有力支撑下，宁波研发园逐渐成为长三角南翼的技术创新基地。

四、提升园区品牌力与信誉度

通过项目申报获得的各项资质荣誉是科技园区综合实力的有效见证，相较于媒体报道等宣传，政府官方认定的头衔是货真价实的，是园区最具影响力的"金字招牌"，能综合反映园区的专业服务能力、产业孵化能力和经营管理水平，提高园区的信赖度和美誉度。强大的品牌影响力和良好的社会信誉度又为园区带来更多的优质企业和资源，进一步加快企业集聚和发展，提高园区的产业能级，并最终实现良性循环和更高水平的经济增长。

例如，浙江大学国家大学科技园被科技部、教育部联合认定为国家级大学科技园，建有国家级科技企业孵化器、国家级高校学生科技创业实习基地、国家级备案专业化众创空间。此外，园区还获得了众多荣誉称号，其中包括团中央授予的首批"全国青年创业示范园区"称号，科技部授予的"十一五"国家科技计划执行优秀团队奖；浙江大学 e-WORKS 创业实验室被科技部认定为全国第一批国家级备案众创空间，纳入国家级科技企业孵化器管理体系。在众多头衔的加持下，园区获得了快速发展，品牌影响力和信誉度不断增强，如今已成为浙江区域创新与辐射的重要源头、区域创新体系的重要组成部分，以及浙江大学为社会服务的重要平台。

园区和企业同呼吸、共命运，是共生、共享、共赢关系的典范。园区荣誉的取得离不开在园企业的努力和支持；而企业入驻高品质园区，同样也是一种荣耀和光环，对企业的快速发展十分有利。园区与企业互为支撑，互相成就。

浙江大学国家大学科技园累计培育各类企业 1 800 多家，孵化科技企业 1 200 多家，其中上市企业（含新三板挂牌）12 家，浙江省股权交易中心"浙大科技板"挂牌企业52家。浙江传超环保科技有限公司就是一个园企互相成就的典型,公司在园区品牌力、服务力的加持下,不断创新,锐意进取,先后获得"浙江省科技型企业""国家高新技术企业"和"浙江省创新企业百强"等荣誉称号。

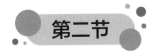

第二节 抛砖引玉,科技园项目申报的基本流程

一、审查申报项目

(一)熟悉拟申报项目计划

科技园区要进行项目申报,必须先深入了解相关内容,如主管部门、支持重点、申报要求、申报时间等。负责园区项目申报的政府部门主要有科技部、人社部和国家发改委,科技条线的园区申报项目主要包括各级众创空间、孵化器、加速器、产业园等。其他条线的园区申报项目大致如表6-1所示。

表6-1 产业园资质申报一览表(部分)

基地/园区名称	认定/批准单位
国家新型工业化产业示范基地	工业和信息化部
国家电子信息产业基地和产业园	工业和信息化部
国家高技术产业化基地	科学技术部
国家火炬计划特色产业基地	科学技术部
国际科技合作基地	科学技术部
国家火炬计划软件产业基地	科学技术部

（续表）

基地/园区名称	认定/批准单位
国家科技兴贸创新基地	商务部、科学技术部
国家级电子商务产业示范基地	商务部
国家级物流示范园区	商务部
国家生物产业基地	国家发改委
国家文化产业示范基地	文化和旅游部
国家级动漫园	文化和旅游部
国家大学科技园	教育部、科学技术部
国家现代农业示范园区	农业农村部
国家生态工业示范园区	生态环境部
国家循环经济示范园区	国家发改委、生态环境部、科学技术部、财政部、商务部、国家统计局等
国家级旅游产业园	文化和旅游部
国家级/省区市级科技企业孵化器（高新技术创业服务中心）	科学技术部/各省区市科学技术厅（或科委）
创意产业基地/园区	各省区市发改委
国家级/省区市级科普教育基地	教育部、科学技术部/各省区市教育厅（或教委）、科学技术厅（或科委）
创业实训基地、青年就业见习基地	各省区市人社厅（或人社局）

（二）审查自身拟申报项目

在了解申报项目类别后，申报单位可以从以下4个方面对自身情况进行梳理。

（1）企业规模（大型企业、中型企业、小型企业、初创期小企业与科技机构）。

（2）项目是否符合有关行业发展规划和项目支持重点（具有自主知识产权、在项目申报领域指南范围内、项目执行期一般在2～3年、对社会和自然环境无不良影响、其他限制如非军工产品等）。

（3）单位自身的资产规模、财务状况与申请资金额是否配比（项目资本金与申请资助资金、已投资部分与未投资部分、项目资本金的筹集、已投资部分的真实性审验）。

（4）企业科技研发体系建设（是否制定研究开发项目立项报告、是否建立研发投入核算体系、是否开展产学研合作的研发活动、是否设有研发机构并具备相应的设施和设备、是否建立研发人员的绩效考核奖励制度）。

以企业规模为例，申报众创空间的企业一般为小型或初创企业，项目要求相对较低，但想要申请省级及以上的项目，中大型企业才有相关资质。申报主体可依据自身的实际情况同预申报项目要求进行比照，核查园区是否有资质进行项目申报，为后续筹备工作打下坚实基础。

二、获取申报信息

获取申报信息是开展项目申报的基础工作，可避免符合项目条件但错过申报时间的情况发生。现介绍4种获取申报信息简单有效的方式。

（1）定期登录国家和省区市科技部门、国家发改委、工信部门等系统的政府网站。重点查看通知公告栏，了解资金管理办法和项目申报指南等信息，了解项目申报的要求和程序，以及每年申报的时间要求。

（2）与经验丰富的专业项目申报咨询机构联系，请专业人士提供申报信息。一些公司专门为企业提供项目申报咨询服务，建立了自己的信息系统，能及时了解政府多部门的项目资金申报信息，可针对企业不同的项目和实际情况，提供与之匹配的国家、地方项目资金申报方面的政策，为企业筛选合适的申报项目，使企业在申报项目过程中明确目标，并达到事半功倍的效果。

（3）从相关主管部门了解项目申报具体要求，争取有关主管部门的同意和支持。一般政府部门对本系统项目相关政策十分了解，会给企业提供一些建议，如咨询企业适合申报何种项目、项目申报的关键环节等。因此，园区应与主管部门保持良好的互动关系，及时备录主管部门的办公室地点、网站,记录对接人的联系方式,主动获取政策信息。

(4)线上工作群,一般地方主管部门为方便工作联系都会建立QQ群、微信工作群,定期在群内发布科技项目信息。园区应主动加入线上工作群,密切关注群内消息,主动获知申报信息。

通常,国家和省区市有关部门项目可连续申报,园区可提前部署、准备相关材料,提高申报的成功率。

三、制定申报计划

(一)项目策划

1. 查找相关政策文件

下载申报通知,查找相关的政策文件、补助经费及往年申报要求和立项情况。收集项目相关信息,并召开预备会议讨论,初步分析申报的可行性。

2. 深入阅读查找的资料

分析并摘录重要信息,列出各项申报条件和申报证明材料的具体参考内容,并分析难易程度,在政策解读中有不确定的事项可以咨询政府相关部门。

3. 对在孵企业进行摸底调查

编写项目申报通知,告知相关企业。主动走访,初步筛查符合条件的企业,进一步了解各企业对项目申报要求的符合度。

4. 与相关部门取得联系

进行项目申报报备工作,并了解本次项目相关信息,将部门联系方式列入政府部门联系名录以便日后联系。

(二)项目申报

1. 编制项目申报计划表

会议商讨编制项目申报计划表,做好人员分工。主管领导应根据员工的能力和特长安排合适的任务，并确定各人员的具体工作内容及时间节点。

2. 项目材料的编写和收集

根据项目计划表的进度安排，组织收集和编写项目申报材料。

3. 完成项目材料装订并提交

根据项目通知的要求，打印装订并向归口部门提交申报材料。尽量提前上交申报材料，严格按照项目申报通知进行装订，确保完整性。

4. 档案归档

进行电子档案及书面材料整理归档。要有目录、申请表及附件材料，电子版和纸质版要一致。

（三）项目总结

项目申报过程分析及申报结果分析总结。总结申报材料编写、项目答辩和验收中遇到的问题，分主观和客观进行有效评价，吸取经验教训，不断改进。

四、撰写申报文件

项目申报文件按照叙述方式分为表格叙述和文字叙述。表格信息简洁明了，直观地呈现具体内容，而文字能够详细地传输信息，是一种立体、情感化的表达方式。文件既定的表格需要准确、如实填写，通常涉及园区的基础运营信息。文件中的定性指标需要用文字叙述，撰写时注意语言的逻辑性和连贯性，避免出现错别字，切忌口语化，通顺流畅的文字表达是申报项目的基本要求。

项目申报文件按照指标性质分为定性指标和定量指标。定性指标是申报主体按照文件相关要求用文字表述自身发展情况，在撰写定性指标时要注意字数要求，在达到规定字数的基础上内容不宜过长。还要保障文字表述的逻辑性和通畅性，建议添加序号将内容按照条理排列清晰，整齐美观的同时也方便工作人员进行材料审核。定量指标以填报数据为主，要遵循准确性和科学性的原则，在实事求是的基础上还要体现数据的计算过程。计算过程的表现形式以表格为主，以年均在孵实体数量为例，数据的计算过程如表 6–2 所示，计算数据一般保留小数点后一位（如文件有明确要求以文件要求为主），表头用深灰色区别开来，表格内容均处于中间位置。填报定量指标时还需要注意数据单位，差之毫厘，谬以千里，切忌马虎失误酿成大错。

表 6–2　年均在孵企业数量

2020 年在孵企业数量	2021 年在孵企业数量	年均在孵企业数量
30	45	37.5

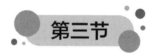

第三节

顺风借力，科技园区支持政策的主要方向

条线不同，申报的项目也不同。我国科技园区项目申报主要涉及科技部门、人社部门、国家发改委等条线。欲画竹，必先胸有成竹，项目申报也是如此。园区如果掌握了各条线的项目申报方式和要点，就可以根据自身发展情况选择合适的项目进行申报，并取得事半功倍的效果。

一、科技企业孵化器申报指南

科技园区项目申报主要方向有市级、省级、国家级三个层次科技部门主导的众创空间和科技企业孵化器资质认定，它们应该成为科技园区项目申报的首选。众创空间、孵化器资质申报侧重点虽有不同，但实质是相通的，特别是在填报方法上更是异曲同工。本节选取国家级科技企业孵化器作为案例进行重点分析，以便科技园区运营者参考借鉴。

2018年12月，科技部制定发布了新版《科技企业孵化器管理办法》（以下简称《管理办法》），将科技企业孵化器定义为以促进科技成果转化、培育科技企业和企业家为宗旨，提供物理空间、共享设施和专业化服务的科技创业服务机构。孵化器的主要功能是围绕科技企业的成长需求，集聚各类要素资源，提供创业场地、共享设施、技术服务、咨询服务、投资融资、创业辅导、资源对接等服务，降低创业成本，提高创业企业存活率，促进企业成长，以创业带动就业，全面激发社会创新创业活力。各地按照《管理办法》也纷纷出台了市级、省级科技企业孵化器管理办法，内容基本上大同小异。一般来说，科技园区首先要取得省级科技企业孵化器资质，然后再申报国家级科技企业孵化器资质。省级和国家级科技企业孵化器在认定条件设置方面基本相同，但是在具体标准上，国家级要明显高于省级。科技企业孵化器分综合和专业两种类型，在相关指标方面两者略有差异。

（一）科技企业孵化器申报条件

以申报专业类国家级科技企业孵化器为例。

国家级科技企业孵化器申报条件分为两个部分，即孵化器自身条件以及在孵企业与毕业企业条件。

1. 孵化器自身条件

（1）孵化器具有独立法人资格，发展方向明确，具备完善的运营管理体系和孵化服务机制。机构实际注册并运营满3年，且至少连续2年报送真实完整的统计数据。

只要具备独立法人资格，孵化器组织类型可以是企业，也可以是事业单位、社会团体，可以是营利性组织，也可以是非营利性组织。发展方向明确主要体现在有明确的发展规划、产业定位、服务特色、品牌活动等。实际注册时间指运营机构营业执照上的成立时间，实际运营是运营机构开始运营的时间，需要提供批准文件、开业照片、日常运营记录等佐证材料。连续2年向科技部火炬中心报送年报、季报等数据统计资料。

（2）孵化场地集中，可自主支配的孵化场地面积不低于10 000 m^2。其中，在孵企业使用面积（含公共服务面积）占75%以上。

场地相对集中，一般不超过3处，场地地址精确到楼栋。各孵化场地的运营主体必须为同一法人主体，且在同一个区县范围内。

（3）孵化器配备自有种子资金或合作的孵化资金规模不低于500万元人民币，获得投融资的在孵企业占比不低于10%，并有不少于3个资金使用案例。

孵化器可以自建种子资金，也可以引进第三方合作单位联合建立孵化资金。不管是自建还是合建，都需要有相关证明文件，外部投资也一样；投融资案例中一定要有投资协议、股权变更记录、打款证明等实质性文件作为佐证。

（4）孵化器拥有职业化的服务队伍，专业孵化服务人员（具有创业、投融资、企业管理等经验或经过创业服务相关培训的孵化器专业工作人员）占机构总人数的80%以上，每10家在孵企业至少配备1名专业孵化服务人员和1名创业导师（接受科技部门、行业协会或孵化器聘任，能为创业企业、创业者提供专业化、实践性辅导服务的企业家、投资专家、管理咨询专家等）。

专业孵化服务人员一定要有相关从业资质证书、学历证明和履历证明。创业导师的资格一定要从严把关，能力水平层次要高，覆盖面要广，一定要有聘任协议、聘书，而且要有参加相关企业辅导活动的照片。专业孵化服务人员和导师数量配比也必须符合规定。

（5）在同一产业领域从事研发、生产的企业占在孵企业总数的75%以上，而且提供细分产业的精准孵化服务，拥有可自主支配的公共服务平台，能够提供研究开发、检验检测、小试中试等专业技术服务。

专业孵化器强调一定要有专业技术服务平台，而且主导产业要突出，产业服务高度聚焦。相对于综合孵化器而言，专业孵化器在在孵企业数量、每千平米在孵企业数、毕业企业数等方面都有所区别。

2. 在孵企业和毕业企业条件

（1）孵化器在孵企业中已申请专利的企业占在孵企业总数比例不低于50%或拥有有效知识产权的企业占比不低于30%。

明确在孵企业概念，主要从事新技术、新产品的研发、生产和服务，满足科技型中小企业相关要求（参照国家对科技型中小企业认定标准）。企业注册地和主要研发、办公场所须在本孵化器场地内，入驻时成立时间不超过24个月。孵化时限原则上不超过48个月；技术领域为生物医药、现代农业、集成电路的企业，孵化时限不超过60个月。

专利包括发明专利、实用新型专利、外观设计专利和集成电路布图设计。

有效知识产权包括专利、软件著作权、注册商标等。

已申请专利是指已经向国家专利机关提出申请还没有批准，拥有有效知识产权是指已经获得国家知识产权部门的授权。

（2）专业孵化器在孵企业不少于30家且每千平方米平均在孵企业不少于2家，综合孵化器在孵企业不少于50家且每千平方米平均在孵企业不少于3家。

每千平方米在孵企业数计算，即在孵企业数量除以在孵企业使用面积（包括公共服务场地面积）。

（3）专业孵化器累计毕业企业应在15家以上。综合孵化器累计毕业企业应在20家以上。

《管理办法》对毕业企业的要求是至少符合以下其中一条：

① 经国家备案通过的高新技术企业；
② 累计获得天使投资或风险投资超过500万元；
③ 连续2年营业收入累计超过1 000万元；
④ 被兼并、收购或在国内外资本市场挂牌、上市。

此外，《管理办法》充分考虑不同地区孵化器发展不平衡的现状，制定了差别化政策。对于属全国艰苦边远地区的科技企业孵化器，其在孵企业总体数量、在孵企业的创新能力、种子资金、毕业企业等方面所涉的数量和比例要求可降低 20%。

（二）科技企业孵化器申报书填写

国家级科技企业孵化器申报书格式包括封面、基本情况表以及分类表述。

国家级科技企业孵化器
申报书

孵化器名称：_____

运营机构：_____（盖章）

孵化器类型：_____

联 系 人：_____

联系电话：_____

填报日期：_____

科技部火炬高技术产业开发中心
202×年××月制

一、基本情况					
孵化器名称				运营时间	
负责人		职务		联系电话	
联系人		固定电话		手机	
邮编		E-mail			
通讯地址					
类型	专业□ 综合□		是否属于艰苦边远地区	是□ 否□	
是否报送火炬统计数据		2021年□	2022年□		
运营机构名称					
注册时间			统一社会信用代码		
法人代表			注册资金（万元）		
注册地址					
机构性质	事业单位□ 国有企业□ 民营企业□ 其他□				

申报书的主体内容包括总体描述、服务能力、服务绩效、品牌建设等内容，下面根据我们对专业类国家级科技企业孵化器认定要求的理解以及我们多年来的申报实践，详细介绍一下国家级科技企业孵化器申报书的写法及注意事项，以供参考。

1. **总体概述**

这部分内容主要介绍7个方面的信息。

（1）孵化器的区位、面积、性质、产业特点、累计孵化企业、毕业企业、在孵企业、种子资金、合作资金、专业技术服务平台、科创人才、取得的资质和荣誉等。

（2）创办孵化器的目的、理念、成效等。

（3）投资人与运营机构的资源优势，包括科教、金融、技术、行业等。

（4）孵化器的盈利模式。

（5）机构设置情况，画出运营架构，简要列出每个部门的职责。

（6）孵化器人员构成、学历情况、从业资格等。

（7）管理制度，包括入孵企业管理、孵化服务、投资融资和科技成果转化等。

2. 服务能力

服务能力主要体现在以下6个方面。

（1）孵化场地情况，包括总面积、在孵企业场地面积、占比等。

（2）孵化企业情况，主要包括在孵企业数量，毕业企业数量，知识产权情况，同一产业领域从事研发、生产的企业情况（仅限专业孵化器填写）。

（3）投融资服务情况，包括自有种子资金或合作孵化资金金额，获得投融资的在孵企业数量、占比等。

这里要重点提供3个孵化器的资金使用案例（使用自有种子资金或使用合作孵化资金均可）。

案例中要写明被投资企业总体情况，以及孵化器对其进行创业孵化的辅导情况、投资决议、投资金额、投后管理、投资效果等。

（4）孵化服务队伍情况，包括孵化器管理机构专业孵化服务人员数量、占机构总人数的比例，创业导师数量，以及专业服务人员、创业导师与在孵企业的配比情况。

（5）孵化器为在孵企业提供的主要服务及公共服务平台（专业孵化器必须提供专业技术服务平台）。这部分介绍主要包括：孵化服务内容，如创业咨询服务、创业辅导服务、资源对接、投融资服务等；专业技术服务平台建设和使用，包括各类实验室、测试室、试制车间等；公共技术服务平台建设和使用，注意与其他公共服务平台不同，公共技术服务平台主要指有研发、加工设备投入的平台，具有共享、开放、优惠、共建等特征；其他公共服务平台建设和提供，如基础服务平台、投融资服务平台、科技咨询服务平台、创业培训服务平台、成果转化服务平台、科技信息服务平台等。

（6）孵化器的特色服务情况。这部分内容可以根据孵化器自身资源特点和服务亮点，尽可能将主要服务特色展示出来。一般来说，孵化器特色服务主要有以下5个方面的内容。

① 各类双创活动：搞了哪些活动，开展了多少场次，服务了多少企业、多少人员，帮助企业解决了多少融资问题，等等。

② 专业技术服务：搭建了什么专业技术服务平台，投入了多少资金，购买了多少设备，平台使用情况和使用的效果。

③ 公共资源服务：自建或引进了哪些公共服务平台，开展了哪些服务内容，帮助企业解决了哪些问题。

④ 智慧园区服务：是否为在孵企业提供信息化系统服务，是否提高了管理与服务的效率。

⑤ 国际交流服务：如果孵化器在引进国际创新资源、促进创新生态建设方面有所作为，也是一大服务亮点，体现了孵化器的国际化视野和服务品质。

孵化器服务既要保持传统特色，又要突出模式创新。创新驱动是孵化器行稳致远的根本保证。

3. 服务绩效

（1）孵化器培育高企、上市及挂牌企业情况。开展高新技术企业申报辅导、高企申报政策对接、首次公开募股（initial public offering，IPO）全流程辅导等活动情况，培育了哪些高新技术企业，帮助了哪些在孵企业申报高新技术企业培育入库等。

（2）孵化器成功孵化案例。通过至少3个具体案例表明孵化器为在孵企业提供的帮助及辅导，特别是在资源对接、政策申报、疑难问题解决等方面所做的工作以及所取得的成效。

（3）孵化器在毕业企业跟踪、数据统计和绩效评价等方面开展的工作。

① 毕业企业跟踪：协助毕业企业参与当地绩效评价，为毕业企业提供后续资本及政策申报服务等。

② 数据统计：孵化器通过线上系统服务和线下专员拜访，及时了解和掌握在孵企业各方面的数据和信息，包括企业满意度调查等。

③ 绩效评价：孵化器要定期对在孵企业进行调查、摸底、考核和评估，对企业数量、孵化率、研发人才、资金需求、发展状况、获奖情况等进行动态跟踪和梳理，促进孵化器提质增效、健康发展。

4. 品牌建设

这一部分主要反映孵化器在品牌和文化建设方面开展的工作情况。

（1）品牌建设。孵化器品牌建设包括自身品牌、服务品牌、企业品牌、活动品牌等，每一项又包含很多内容，在这里不一一赘述。品牌主要表现为影响力，品牌建设重点就是通过资质认定、荣誉取得、能力提升、活动举办、氛围营造、辐射带动等各种手段和途径，不断提升孵化器在区域和行业内的形象和影响力。

（2）文化建设。孵化器文化主要包括精神文化、制度文化和物质文化。精神文化建设体现在孵化器重视双创氛围的营造及双创活动的开展，通过创新驱动和科创服务，促进区域产业培育和科技发展。制度文化建设体现在围绕双创文化，制定一系列孵化器运营管理制度、服务制度、团队制度，展现孵化器规范化、专业化管理水平。物质文化建设侧重服务环境和产业生态的打造，提升孵化器的文化内涵和精神品位。

5. 发展思路、目标及措施

在国家级孵化器项目申报中，发展思路、目标及措施是对孵化器未来发展的勾画和指引，是申报书的重要组成部分，应该引起足够重视。有些申报单位前面几部分内容写得都很好，最后的思路、目标及措施一笔带过，草草结束，显得虎头蛇尾。

（1）发展思路要清晰明确。孵化器发展不仅要顺应国家创新驱动发展战略和科技发展大局，更要重点构建创新生态体系，打造自身专业孵化能力，保证孵化器可持续高质量发展。

（2）发展目标要贴合实际。目标要分层次，孵化器的远期目标可以偏宏观，但是阶段目标一定要切实可行。所以在具体目标制定时，要有时间节点，有数字标准，可以细分到孵化器提供的各类服务内容以及各个绩效评价指标。

二、创业孵化基地申报特点

人社部门的各级创业孵化示范基地资质的申报与科技条线大致相同,上文以专业类国家级科技企业孵化器申报为例详细阐述了各项指标的填报要求,接下来主要针对两者的不同点进行解读。

人社部门的申报更加注重创业培训活动的开展,这部分内容在整个申报材料中所占比重和分值较高,申报主体应重点关注。创业孵化基地的申报不仅要达到培训活动的数量要求,还要体现创业培训活动的多样性。该指标通常包括培训活动分类、创业培训导师、创业培训宣导等。

(一)培训活动分类

1. SYB 培训

SYB 的全称是"start your business",意为"创办你的企业",它是"创办和改善你的企业"(start & improve your business,SYIB)系列培训教程的重要组成部分,是由国际劳工组织开发,为有愿望开办自己中小企业的朋友量身定制的培训项目。SYB 培训的服务对象群体为小微企业创始人,符合创业孵化基地的在孵企业需求,每期活动通常持续 3 天以上,从多方面入手为企业主授业解惑。

2. IYB 培训

IYB 是英文"improve your business"的缩写,意为"改善你的企业",是一门系统改善企业经营管理的课程,也是一种改善经营管理的工具。IYB 培训向已经创办企业的创业者提供管理企业的系统知识与技能。其目的是帮助创业者系统学习创业知识与技能、理清创业思路、增强创业能力,使创业者能维持一个可盈利的小企业,并不断改善和扩大自己的企业。在 SYB 培训基础上,园区通过 IYB 培训课程,进一步帮助企业健康成长,不断做大做强。

（二）创业培训导师

配备创业培训导师是开展培训活动的基础，这是创业孵化基地申报活动的一个重要指标。人社部门每年会开通创业培训导师的申报通道，园区要积极关注相关信息，了解申报要求，及时把握机会，园区运营服务人员可以根据自身情况选择合适的申报类型。其中，SYB、IYB培训导师的申报条件较高，如果园区拥有这些导师资源，将在基地申报及今后的绩效考核中占有较大优势。

（三）创业培训宣导

创业培训宣导是指通过各种媒体、互联网平台发布创业培训活动信息、新闻稿件等。申报主体可创建微信公众号，及时发布相关信息，也可通过媒体或互联网平台发表通讯、文章，通过宣传打造创业培训品牌。如果要获得更高的曝光度，园区最好与政府相关部门联合举办创业培训活动，争取当地媒体报道。

三、双创示范基地申报

2016年以来，围绕统筹产业链、创新链、资金链和政策链，推进供给侧结构性改革，助力经济高质量发展，我国先后推出了3个批次212家国家级双创示范基地（截至2022年12月31日）。双创示范基地因区域和主体的不同，有不同的分类。

（一）区域类双创示范基地

在国家发改委指导下，一大批区域双创示范基地建立，并深入开展各类创新创业活动，在全社会形成良好双创氛围。区域类双创示范基地重点依托各市（州）高新区、开发区、工业园区、产业园区等的建立，以打造创新创业要素集聚平台为重点，积极导入资本、人才、技术、政策等优势资源，构建政产学研用协同创新体系，形成良好的双创生态，在推进当地经济快速发展方面取得显著成效。区域类双创示范基地建设了一批高水平的公共服务平台，拥有专业化、精准化、网络化的公共服务体系，能够切实解决创新创业过程中存在的资金、信息、技术、政策、知识产权等瓶颈问题，为双创主体的快速发展提供有效支撑；同时通过建立双创培育工作机制，加强创业培训服务，举办各类主题活动，营造良好双创氛围，激发区域双创活力，发挥了较好的示范引领作用。

（二）高校和科研院所类双创示范基地

此类双创示范基地重点依托高校和科研院所而建立。高校和科研院所人才学科优势明显，科技研发实力强大，在人才培养、科技成果转化、创业培训等方面具有深厚的理论基础和丰富的实践经验。建设重点包括：构建双创人才培养与流动机制，开设创新创业相关课程，实现创新创业教育培育制度化、体系化；落实国家、省区市关于专业技术人员离岗创业的有关政策，建立健全科研人员双向流动机制；搭建科技成果加速转化平台，下放科技成果使用、处置和收益权，提高科研人员成果转化收益比例，加速科技成果转化；构建青年科技人才与大学生创业支持体系，配备专业的创业指导服务机构，组建创业导师队伍；建立双创支撑服务体系，依托高校与科研院所创新研发机构，采用合作共建的形式，建立和完善知识产权、技术交流、共性技术研发合作平台，并以共享的形式开展相关服务。

（三）企业类双创示范基地

此类双创示范基地一般依托科技创新能力突出、资源整合能力较强、内部双创氛围浓厚的领军企业而建立。建设重点包括：建立鼓励双创的企业管理体系，通过股权、期权、分红等激励方式，支持企业内部创新创业和员工自主创业，增强企业创新发展能力；建立企业内部双创培育体系，为员工提供创新创业培训和技术服务支撑，积极培育创新文化，激发员工创造力，提升企业竞争力；建立创新创业投资平台，整合企业内外资金资源，完善投资服务体系，为创业项目和团队提供投融资支持；建立创新创业资源开放共享平台，依托企业的技术、融资、市场、渠道等资源，采用开放共享的形式，面向社会提供服务，促进大中型企业和小微企业协同创新、共同发展。

四、其他类型申报指南

除上述主流项目外，各地还有相应的科技计划项目。与上述项目指标相比，科技计划项目更加注重申报主体对当地创新创业的影响和各项科技成就的取得。在材料提供方面，重点是发明专利、知识产权、个人或单位所获荣誉等能够体现科技含量的材料。园区对区域经济的影响和辐射力可以从带动就业人数、引进高层次人才数量以及对当地产业转型的贡献等方面来阐述，配以媒体对此的专题报道则更具有说服力。

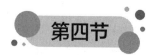

小处着手，科技园区绩效评价的指标体系

科技园区绩效评价工作主要围绕科技企业孵化器、大学科技园等进行，科技企业孵化器绩效评价分国家级、省级、市级3个层次，分别由各级科技主管部门组织实施。大学科技园绩效评价由科技部门和教育部门联合实施。科技企业孵化器绩效评价主要目的是充分发挥科技企业孵化器在科技创新和创业孵化中的引领示范作用，以科技创业带动高质量就业，扎实推动科技创业孵化体系化、专业化建设，大力促进科技创新创业高质量发展。科技部火炬中心每年都要开展国家级科技企业孵化器绩效评价工作，通过上报年度统计数据和年度工作总结、定量计算评价、专家定性评价和地方管理评价等，评出A（优秀）、B（良好）、C（合格）和D（不合格），并

于次年公布结果。各省（区、市）也按照相应标准每年开展省级科技企业孵化器绩效评价工作。有的地方对区域内运营超过一年的科技企业孵化器，依据自身建设、服务能力、孵化能力、创新创业等方面的表现进行星级评定，对评为五星和四星的孵化器给予一定绩效奖励，有的还给予星级挂牌。

一、绩效评价原则

科技园区绩效评价体系的设置必须结合科技园区运营特点，从社会效益、经济效益角度出发，遵循目标导向、分类评价、科学客观、动态调整等原则。

（一）目标导向原则

以支撑国家创新驱动发展战略、推动创新创业高质量发展为目标，以提升孵化器可持续发展能力为导向。

（二）分类评价原则

按照科技园区的功能差异开展分类评价，科技企业孵化器分为综合孵化器、专业孵化器、大学科技园等，不同的科技园区应设置不同指标和权重，引导不同类型孵化器共同实现高质量发展。

（三）科学客观原则

按照定量指标和定性指标相结合、效率指标和绝对指标相结合的方式，以各孵化器年度火炬统计数据和总结报告作为评价依据，客观反映科技园区的服务能力、综合实力和发展潜力。

（四）动态调整原则

绩效评价体系随着我国科技园区发展水平的提升进行动态调整，以保障科技园区不断适应创新创业新需求。

二、绩效评价体系解读

为了方便科技园区运营者深入了解绩效评价体系及流程，我们仍然以国家级科技企业孵化器为例进行绩效评价解读。

（一）国家级科技企业孵化器绩效评价方法

国家级科技企业孵化器绩效评价由科技部火炬中心每年开展一次，评价周期为当年的1月1日—12月31日。

根据孵化器类型和各指标的重要程度赋予不同的权重，分别计算各指标得分，采用综合加权评分的方法计算基础指标得分，根据孵化器类型赋予加分项得分，二者相加得出孵化器综合评价得分。

国家级孵化器按照有关要求，按期（季、年）如实上报统计数据、报告和佐证资料。火炬中心按照规定程序组织开展评价工作，发布评价结果，并将评价结果作为支持国家级孵化器发展的重要依据。不按规定时间和要求填报数据、提供评价资料或提供虚假评价资料的国家级孵化器，当年考核不合格。

（二）国家级科技企业孵化器评价指标体系

孵化器评价指标体系由服务能力、孵化绩效、可持续发展3个一级指标和2个加分项指标构成，一级指标权重分别为30%、55%、15%（见表6–3）。综合孵化器和专业孵化器分别设置加分项，满分各为5分。

1. 服务能力

主要从投融资服务、公共技术服务、创业导师服务、资源整合能力、孵化器链条建设等方面设置7项指标，综合考察孵化器服务水平，引导孵化器建立专业化服务体系。

2. 孵化绩效

主要从在孵企业收入和融资情况、科技含量、在孵企业成长性、创业带动就业等方面设置指标，综合考察孵化企业情况，引导孵化器提高孵化质量。

3. 可持续发展

主要从孵化器收入增长、收入结构、服务团队建设等方面设置 3 项指标，综合考察孵化器运营管理能力，引导孵化器可持续发展。

4. 加分项指标

围绕孵化器在区域中开展的特色工作、承担的社会职能、对产业的带动作用设计加分项指标，实现对孵化器工作的全面考察。

表 6-3 孵化器评价指标体系

一级指标	二级指标	综合孵化器权重	专业孵化器权重	指标类型
服务能力（30%）	1.1 孵化器孵化基金总额	5%	5%	定量
	1.2 创业导师平均对接企业数量	4%	4%	定量
	1.3 孵化器签约中介服务机构数量与在孵企业总数的比例	5%	5%	定量
	1.4 孵化器公共技术服务平台建设和开展技术服务情况	4%	6%	定性
	1.5 孵化器开展产学研合作、推动大中小融通等方面的工作及成效	5%	5%	定性
	1.6 孵化器开展"众创空间—孵化器—加速器"链条建设工作及成效	3%	2%	定性
	1.7 孵化器开展国际合作和引进国际创新资源方面的工作及成效	4%	3%	定性
孵化绩效（55%）	2.1 孵化器在孵企业总收入增长比例	6%	6%	定量
	2.2 获得投融资的在孵企业数量占在孵企业总数的比例	6%	5%	定量
	2.3 孵化器新增在孵企业数量占在孵企业总数的比例	6%	5%	定量
	2.4 孵化器新增毕业企业数量占在孵企业总数的比例	6%	4%	定量

（续表）

一级指标	二级指标	综合孵化器权重	专业孵化器权重	指标类型
孵化绩效（55%）	2.5 孵化器在孵企业研发总投入占在孵企业总收入的比例	6%	8%	定量
	2.6 孵化器在孵企业知识产权授权数与在孵企业总数的比例	6%	8%	定量
	2.7 孵化器在孵企业中科技型中小企业、高新技术企业数量占在孵企业总数的比例	10%	10%	定量
	2.8 孵化器在孵企业和毕业企业中上市（挂牌）、被并购或销售收入超过5 000万元的企业数量	5%	5%	定量
可持续发展（15%）	3.1 孵化器总收入增长比例	6%	6%	定量
	3.2 孵化器综合服务收入和投资收入占孵化器总收入的比例	5%	4%	定量
	3.3 专业孵化服务人员与在孵企业比例	4%	5%	定量
加分项指标	4.1 孵化器带动区域创新创业情况	5分		定性
	4.2 孵化器对区域产业发展的促进作用		5分	定性

（三）科技企业孵化器综合情况表

国家级科技企业孵化器综合情况可通过科技企业孵化器综合情况表（见表6-4）得到反映，它是绩效考核的定量指标依据，要求各类数字必须真实合理，符合孵化器运营一般规律和企业发展规律。

表 6-4 科技企业孵化器综合情况表

科技企业孵化器运行发展情况

表号：FHQ-01
制定机关：
批准机关：
批准文号：
有效期至：

指标	代码	数量/内容
一、孵化器基本情况		
孵化器名称	tdf711	
组织机构代码或统一社会信用代码	tdf732	
地址	tdf717	
邮政编码	tdf718	
孵化器法人性质	tdf731	
事业法人具体分类	tdf31_1	
企业法人登记注册类型	tdf31_2	
其他法人性质说明	tdf31_3	
成立时间	tdf719	
是否国家级	tdf721	
如果"是否国家级"为"2.否"，则请注明	tdf21_1	
是否在国家高新区内	tdf716	
国家高新区名称	tdf716_1	
是否建立海外孵化基地	tdf733	
孵化器负责人	tdf722	
负责人联系电话	tdf723	
负责人性别	tdf724	
孵化器类型	tdf730	
如是2，请选择专业领域	tdf730_1	
若选"13.其他"，请填写	tdf730_2	

（续表）

指　　标	单位	代码	数量/内容
二、孵化器投资构成			
财政投资	千元	tdf7a10	
企业投资	千元	tdf7a11	
社会组织投资	千元	tdf7a12	
其他投资	千元	tdf7a13	
三、孵化器收入来源			
孵化器总收入	千元	tdf7b00	
其中：综合服务收入	千元	tdf7b01	
房租及物业收入	千元	tdf7b04_1	
投资收入	千元	tdf7b02	
其他收入	千元	tdf7b03	
净利润	千元	tdf7b10	
获得各级财政资助额	千元	tdf7b15	
其中：获得国家财政资助额	千元	tdf7b17	
四、孵化器使用面积			
孵化器使用总面积	平方米	tdf7e00	
其中：办公用房	平方米	tdf7e01	
在孵企业用房	平方米	tdf7e02	
公共服务用房	平方米	tdf7e03	
其他面积	平方米	tdf7e04	
五、孵化器管理人员概况			
管理机构从业人员	人	tdf7d00	
其中：大专以上人员	人	tdf7d11	
接受专业培训人数	人	tdf7d13	
六、孵化器开展创业辅导情况			
对在孵企业培训人次	人	tdf7j03	
开展创新创业活动场次	次	tdf7j41	
创业导师的数量	人	tdf7j09	

（续表）

指　标	单位	代码	数量/内容
创业导师对接企业的数量	个	tdf7j08	
七、孵化器运行管理			
孵化器内企业总数	个	tdf7j30	
当年享受国家级孵化器税收优惠政策免税金额总计	千元	tdf7j42	
其中：房产税	千元	tdf7j42_1	
城镇土地使用税	千元	tdf7j42_2	
增值税	千元	tdf7j42_5	
所得税	千元	tdf7j42_4	
孵化器的运营成本	千元	tdf7j10	
其中：人员费用	千元	tdf7j10_1	
场地费用	千元	tdf7j10_2	
管理费用	千元	tdf7j10_3	
其他费用	千元	tdf7j10_4	
纳税额	千元	tdf7b11	
当年为在孵企业减免房租总额	个	tdf7j50	
孵化器签约中介机构数量	个	tdf7j31	
孵化器对公共技术服务平台投资额	千元	tdf7j19	
公共技术服务平台总收入	千元	tdf7j20	
八、在孵企业情况			
（一）在孵企业数量情况			
在孵企业数	个	tdf7g00	
其中：留学人员企业	个	tdf7g02	
大学生科技企业	个	tdf7g02_1	
高新技术企业	个	tdf7g02_2	
科技型中小企业	个	tdf7g02_3	
当年新增在孵企业	个	tdf7g01	
（二）在孵企业人员情况			
在孵企业从业人员	人	tdf7f00	

（续表）

指　　标	单位	代码	数量/内容
其中：大专以上人员	人	tdf7f10	
留学人员	人	tdf7f11	
应届大学毕业生	人	tdf7f14	
（三）在孵企业收入支出情况			
在孵企业总收入	千元	tdf7g10	
在孵企业研究与试验发展（R&D）经费支出	千元	tdf7g11	
在孵企业累计获得财政资助额	千元	tdf7g12	
（四）在孵企业获知识产权情况			
当年知识产权申请数	件	tdf7k00	
当年知识产权授权数	件	tdf7k02	
其中：发明专利	件	tdf7k08	
拥有有效知识产权数	件	tdf7k12	
其中：发明专利	件	tdf7k03	
软件著作权	件	tdf7k05	
植物新品种	个	tdf7k07	
集成电路布图	个	tdf7k06	
（五）在孵企业科技活动情况			
累计购买国外技术专利	件	tdf7k14	
当年承担国家级科技计划项目	项	tdf7k10	
当年获得省级以上奖励	项	tdf7k11	
（六）在孵企业投融资概况			
孵化器孵化基金总额	千元	tdf7c60	
当年获得孵化基金投资的在孵企业数量	个	tdf7c61_2	
在孵企业累计获得投融资总额	千元	tdf7c63	
其中：当年获得投融资总额	千元	tdf7c63_1	
累计获得投融资的企业数量	个	tdf7c64	
其中：当年获得投融资的企业数量	个	tdf7c64_1	

（续表）

指　　标	单位	代码	数量/内容
九、毕业企业概况			
累计毕业企业	个	tdf7i00	
其中：毕业企业累计上市（挂牌）企业数量	个	tdf7f12	
当年毕业企业	个	tdf7i02	
其中：高新技术企业	个	tdf7i02_1	
当年上市（挂牌）企业数量（附清单）	个	tdf7i03	
当年被兼并和收购企业	个	tdf7i04	
当年营业收入超过5千万元企业	个	tdf7i06	

当年上市（挂牌）企业清单

序号 sid	当年上市（挂牌）企业名称 tdf7i03_101	上市及新三板、四板挂牌情况 tdf7i03_102	股票（份）代码 tdf7i03_103
无			

填表人：_____　　联系电话：　　　　报出日期：

领导签字：

填报单位名称：

（加盖公章）

年　月　日

（四）国家级科技企业孵化器年度工作总结

这部分内容属于定性分析，主要通过文字来描述，要求内容翔实，文字简洁，紧扣主题。

（1）基本情况。孵化器名称，类型（综合、专业）。

（2）年度工作概述。围绕企业技术创新、公共服务平台建设和服务、产学研合作、大中小融通、孵化链条建设、区域带动效果等方面进行总体描述。

（3）公共技术服务平台建设和开展技术服务情况。重点指孵化器开展线上线下平台建设、专业技术服务平台建设、提供专业技术服务的情况。这里特别要注意的是，很多人会把公共服务平台与公共技术服务平台混为一谈。公共技术服务平台是专为中小企业提供技术开发、试验、推广及产品设计、加工、检测等的公共技术支持系统。专业技术服务包括专家辅导、平台使用、技术转移、成果转化等。

（4）开展产学研合作，推动大中小融通发展等方面的工作及成效。重点描述与高校、科研院所、大企业等主体合作，开展技术对接、成果转化、联合研发、人才培养、资金融通、品牌嫁接、资源共享等方面的合作情况。不少人对大中小融通的概念没有领会，它主要讨论大中小企业之间如何实现各种资源融通共享，大企业如何带动中小企业，中小企业如何支持大企业发展，实现互利共赢、协同发展。可以通过具体案例来进行说明。

（5）开展"众创空间—孵化器—加速器"链条建设工作及成效。主要指孵化器提供从种子苗圃、创业团队、小微企业到成熟企业的全流程服务情况。针对不同发展阶段企业的需求，提供各类公共服务和专业服务，从团队培养，到企业孵化，再到产业培育，服务企业全生命周期。

（6）开展国际合作和引进国际创新资源方面的工作和成效。具体指孵化器与国外孵化机构、高校、企业等开展合作，参与"一带一路"国际科技合作，以及引进国际人才、项目、资本等方面的工作和成效。这部分内容主要反映的是国际合作情况，作为国家级科技企业孵化器，国际化是未来的发展趋势。

（7）带动区域创新创业情况/对区域产业发展促进情况。孵化器落实科技创新创业政策的综合情况，包括面向大学生创业团队开放一定比例的免费孵化空间、为大学生创业提供专门服务指导、孵化器享受税收优惠的情况及问题障碍等，以及推动孵化器联盟、协会建设，提升区域孵化整体水平的工作及成效，开展创新创业活动、营造区域创新创业文化氛围的情况，等等。专业孵化器还要提供在服务区域产业发展、促进区域产业集聚、打造产业创新生态等方面开展的工作及成效,最好提供相应的案例和数据。

(8)创业辅导和创业导师工作开展情况。提供创业导师根据在孵企业的实际需求,开展各类创业辅导的场次、服务的人数、取得的成效等,可以通过表格罗列。

(9)其他特色工作及出色服务案例。这方面各个孵化器的做法和特点可能存在差异,但无非是介绍企业服务取得的突出成绩,比如在人才建设、科技金融、品牌活动、智慧系统、双创氛围、产业生态、服务生态等方面,通过具体案例和数字进行说明和佐证。

三、科技园区绩效评价体系应用

科技园区绩效评价体系来源于科技园区的运营实践,同时也指导着科技园区的发展方向,并随着园区运营实践的变化而不断完善。绩效评价如何在实践与运用过程中充分发挥"指南针""驱动器"的作用,使科技园区发展符合政策目标导向和要求,是各级政府和科技园区共同关注的焦点。从科技园区以往实践经验和当前实际情况来看,绩效评价还需要进一步发展和完善。

(一)增加地方创新创业环境因素考评

科技园区是以科技创新为核心的科技企业综合集聚区,是知识经济发展最有效的空间组织形式。科技园区的发展对地方产业结构调整升级、科技创新事业发展都具有极大的推动作用。所以,科技园区的发展离不开地方政府的支持,离不开地方政府创新创业环境资源的营造。所以,科技园区绩效考核要综合考虑地方宏观政策环境,考虑地方政府对科技园区发展的重视支持力度。全面客观考量科技园区发展的内外部环境和条件,对评价结果进行科学调整。

（二）充分融合国家与地方对科技园区的评价考核体系

目前，国家和地方对科技园区都有评价和考核，但是在体系上都是自成一体，不尽相同，尤其是地方政府在考核指标设置过程中，相较于科技部对科技园区的考核，地方政府过于追求经济增长的量化规模、当前的税收效益，而忽视潜在的、长期性的科技创新能力建设，以及发展质量、发展方式的转变，极大地影响了科技园区推动自主创新的积极性。建议将科技部和地方政府对科技园区考核指标体系纳入国家创新体系建设的大框架，推动创新型园区、创新型城市和创新型国家深度结合、良性互动。建立科学的考核机制，突出对科技园区创新要素引入、创新能力提升、中小企业孵化、战略性新兴产业培育、资源节约、生态环境保护、机制体制创新、软环境建设等方面的考核和评价。

（三）要进一步强化考核指标体系的分类管理

目前全国科技园区数量呈爆发式增长态势，园区发展基础、建设规模、支撑环境等存在较大差异。按照西方发达国家分类标准，科技园区分为世界一流高科技园区、创新型科技园区、创新型特色园区3种类型，在国家政策、地方政府支持力度、资源聚集度等各方面都有所差别。我国虽然没有分得这么细，但客观上科技园区的情况差异也很大，所以在充分调研的基础上，绩效评价指标也应该有所变化，以达到分类管理、精准考评的目的。

（四）要不断完善绩效评价考核指标体系

根据国家宏观政策导向和科技园区实际，对考核指标进行动态调整，进一步细化评价指标体系，完善指标评价体系的统计方式，提高考核评价的科学性、严肃性和精确性，突出其权威性和针对性。参考国外评价体系，在横向比较的基础上，结合国内情况进行适度创新。同时要完善评价考核效果运用，实现考核评价的公开、公平、公正，及时公布评价结果，实行评价动态管理，评价报告中要给出问题和建议，对绩效评价成绩优秀的科技园区要加大奖励力度。

本章主要参考资料

1. 代磊，张大权.创新创业政策汇编［M］.北京：经济管理出版社，2017.
2. 郝相君.上海科技金融评价体系研究［M］.上海：上海交通大学出版社，2017.
3. 马翠玲.中国经济理论与实践创新研究［M］.北京：中国环境出版社，2016.
4. 马凤岭，王伟毅，杨晓非.创业孵化管理［M］.北京：人民邮电出版社，2019.
5. 宋捷，李忠，吴良夫.建立科学评价体系 指导园区转型升级——对国家高新区评价指标体系（2013年修订版）的分析［J］.中国高新区，2013（08）：6.
6. 苏州市众创空间管理实施细则［A］.苏科规〔2017〕3号.
7. 阎立忠.产业园区/产业地产：规划、招商、运营实战［M］.北京：中华工商联合出版社，2015.
8. 姚奇富，熊惠平.制造业能级提升的金融服务研究：宁波制造业发展新探索［M］.杭州：浙江大学出版社，2010.
9. 赵娜.科技园区联手PE/VC机构：从房东到股东"园区＋基金"会否成为标配？［N］.21世纪经济报道，2022-06-20（010）.
10. 郑军、熊珍.科技产业园绩效评价体系研究［J］.科技创业月刊，2014，27（05）：1-4，9.
11. 郑树明.高新技术企业认定及科技人员创业管理实用指南［M］.成都：四川科学技术出版社，2016.
12. 周苏，张丽娜，陈敏玲.创新思维与TRIZ创新方法［M］.北京：清华大学出版社，2018.
13. 国务院办公厅关于建设大众创业万众创新示范基地的实施意见［A］.国办发〔2016〕35号.

第七章 模式创新，科技园区孵化链条与生态建设

生态是指在一定自然环境下生物的生存发展状态，以及生物与生物之间、生物与环境之间环环相扣的关系。生态系统是指在自然界一定的空间内，生物与环境构成的统一整体中，生物与环境之间相互影响、相互制约，并在一定时期内处于相对稳定的动态平衡状态。为了维系自身的稳定，生态系统需要不断输入能量，否则就有崩溃的危险。

"生态"一词涉及的范畴越来越广，人们常常用"生态"来定义许多相关联的事物，比如科技园区生态系统建设就是其中一种。

每一个科技园区都是一个微生态系统，科技园区里的人、空间、企业、产业、资源、服务、管理、规则等因素相互关联、相互影响，彼此制约、彼此依存，形成一个完整、统一、稳定的动态平衡。当一个区域内有许多科技园区，则会形成更大的生态系统，如中关村创业大街、金鸡湖创业长廊等，都是由一个个小科技孵化载体构成的有一定规模的科技园区生态系统。

如果说生态是一种客观存在，那么生态系统就是受到各种因素影响而产生的动态平衡。这种影响可以是生态本身，也可以是自然界的，更可能是人为的，而且人为因素施加的影响往往更为直观和有力。在生态系统中，正向的人为影响就是一种能量，一种能维护生态系统持续运转的能量。在科技园区生态系统中，运营主体的推动也是一种起决定性作用的能量，是保持科技园区生态系统动态平衡的核心要素。

科技园区作为一个独特的生态系统，从诞生那一天起就注定是人工造就的生态系统，而非自然形成的生态系统。人工生态系统有一个鲜明的特点：人的作用最为突出，影响最大。一般在生态系统中，都包含了能量流动、能量循环、信息传递、生产系统、生态价值、生态平衡这几个关键词，其中生态平衡是生态系统的最高境界。科技园区既然是一种生态系统，就必然会追求生态平衡。要实现生态平衡，人的作用至关重要，首先要打造一套行之有效的园区运营系统，通过不断赋能园区内各类企业，持续产生正向经济价值，然后再反哺园区各项服务能力的提升，这种平衡是动态、良性、螺旋式上升的。

当然，科技园区生态系统中的人、空间、企业、产业、资金、资源、服务、管理、规则等因素繁多，关系错综复杂，就像一个个永动不停的原子，形成一股奔涌的能量流，如果运用得当，可以为科技园区实现生态系统的良性循环提供不竭动能。

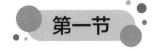

常规科技园生态系统产生的蝴蝶效应

一只南美洲亚马孙流域热带雨林中的蝴蝶，偶尔扇动几下翅膀，两周后在美国得克萨斯州引起一场飓风，这就是蝴蝶效应。这个效应揭示了这样一个规律：事物发展初始条件的微小偏差，有可能会引起结果的极大差异。一个良好的机制也是一样，哪怕最初的时候很微小，但只要善加引导，并经过一段时间的努力，将可能产生轰动效应。

当第一家科技园区诞生的时候，谁也不曾想到，30多年后的今天，我国科技园区已经发展到1.5万家，而且还在迅速发展壮大，就如一只蝴蝶引发了一场巨大风暴。

科技园区的迅猛发展与其自身独特的生态和生态系统有着密切关系。那么科技园区是一种什么样的生态，这种生态为何能快速复制并具有顽强生命力呢？让我们对一家科技园区企业从创立到产业化的过程进行解剖分析。

刘东以前在一家工厂当厂长，负责技术研发和产品生产。然而他负责的这类产品已经被日本一家公司占据了全球80%的市场，于是他便想研发更新的技术和产品，但这家企业的管理机制比较僵化，他提出的研发计划因经费问题得不到立项，于是他决心自己创建一家公司，并很快付诸行动。

创办企业需要具备一些基本条件，如场地、技术、产品、资金、团队、设备、市场等。创业的第一件事就是找办公场地，刘东虽然当过厂长，却没有自己处理过这些具体事务，觉得要办好这些事情非常困难。于是他先在网络招租平台上找了几家中介，中介带他看过几处地方，不是位置不好，就是价格太高，或者其他条件不理想。找了半个多月也没有找到合适的场地，而没有场地，就无法注册公司。苦闷之际，他的朋友给他推荐了一家科技园，并帮他联系了招商人员，让他去试试。

招商人员热情接待了他，但并没有与他谈场地的问题，而是详细了解他的项目，帮他分析创业初期规划、企业管理、技术研发、产品开发、项目前景等问题。刘东一下子觉得找到了知音，因为之前找场地时，人家都是简单问他需要多大面积、租金价格、租赁期限等，压根儿就没提到创业筹备和企业发展问题。几乎没有犹豫，刘东就决定在这家科技园落地，这家科技园也看中了他的技术和项目前景，决定让他入驻。在招商人员的建议下，租赁场地由最初设想的 500 m^2 缩减到约 300 m^2，这样既能满足办公需求，也能减少不必要的支出。

签订好入孵协议，招商人员找来运营管理人员和物业服务人员，开始帮他办理交房手续、联系装修公司、办理工商注册、对接人员招聘等。不到半个月，公司注册完成；45天后，办公场地全部装修完毕，并帮他招聘了2名员工。刘东觉得非常神奇，原以为很复杂很难办的事情，在这里很快就办好了,除装修和办公家具外,其他还都是免费的。

刘东的这段经历只是科技园区为初期企业提供基础服务的一个缩影。一个科技园区的建设和运营并不像外界看到的那么简单。有人认为它只是"二房东",其实两者完全不是一回事,只有入驻到里面的企业才能深切感受到这种差别。

科技园区建设的初衷,是孵化企业、培育产业。企业是科技园区存在的根本意义所在,失去了企业,科技园区就是无源之水、无本之木,园区服务就是一个伪命题。

有了这个认知,就可以理解为什么刘东所在的科技园区在刘东租房子时,不只是简单地把房子租给他,而是先全面了解他的项目,然后为他提供创业规划和建议。在科技园区的服务体系中,物理空间是最基础的部分。

刘东的企业入驻园区后,将进一步获得人才、信息、辅导、培训、资金、技术、财务、战略、运营、管理等一系列资源要素的支持;企业做大以后,园区还可以帮助对接加速器、产业园的物理空间和产业资本服务,科技园区的服务可以贯穿企业全生命周期,为企业成长助力,为企业发展赋能。科技园区伴随企业成长时间的长短,取决于科技园区与企业之间融合的深度和服务的广度。也就是说,如果一家初创型企业在自身的努力和园区的赋能下得到快速成长,并最终蝶变为一家具有无限活力的高成长性企业,科技园区可以全程伴随、终生呵护。

科技园区一般都希望打造一个完美的生态系统,塑造成功的孵化企业、培育产业模式。但是由于环境、资源、能力等因素的不同,科技园区构建的生态系统不完全一样,科技园区生态模型一般可以归结为以下3种。

一、全链条型

全链条型模式就是将孵化链分为创业苗圃、孵化器、加速器和产业园4个阶段,不同阶段服务不同发展时期的企业(见图7–1)。这一理论认为每个孵化阶段都具有独立性，但是过于突出孵化链每个阶段的独立作用，只强调阶段性服务生态建设，而忽视链条之间的内在联系，也是不科学的，甚至会走上片面发展的歧路。比如，很多机构将众创空间作为独立的商业模式，在某一区域或全国建设一个或多个众创空间，开展品牌连锁经营活动。由于众创空间经营的单一性，缺乏孵化链下游延伸支撑，也缺乏产业资源的导入和产业聚集，不仅对企业孵化有影响，对自身发展也不利。特别是那些只运营一两个众创空间载体的机构，只能提供简单的办公空间，无法聚集相应的服务资源，服务做不到位，孵化效果自然难以保证。有的众创空间孵育制度形同虚设，孵化体制缺乏活力，不少在孵企业因为种种原因长期不毕业、不退出，不仅严重影响了空间资源的流动性，而且众创空间的孵育功能和存在意义也几乎丧失殆尽。孵化器也存在同样的问题。所以，孤立地从事某个单一链条的孵化活动存在着某种先天的缺陷。全链条作为一种分析模型是没有问题的，但是教条地理解并在实践中机械地执行肯定是不可取的。

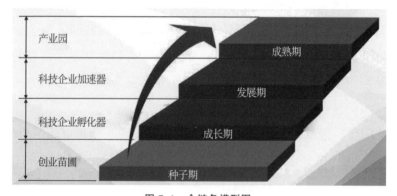

图7-1　全链条模型图

二、全周期型

全周期型模式是指围绕企业发展的不同阶段构建不同的孵化链，并且提供不同的孵化服务（见图7-2）。全周期型的着眼点在于企业的成长性，一切孵化活动皆围绕企业的发展而展开。但是，企业是多种多样的，有的企业规模大，有的企业规模小，有的企业发展速度快，有的企业发展速度慢。如果孵化载体只是根据企业发展阶段而建设，必然存在一些问题。比如，众多企业发展速度不一致，所处的阶段也不同，就没办法确定到底是适合孵化器还是加速器。

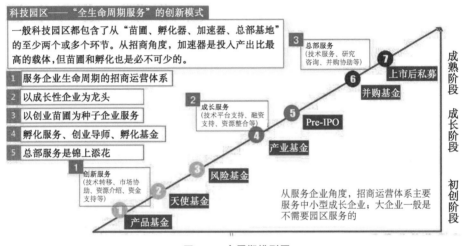

图7-2　全周期模型图

三、全生态型

全生态型模式是一种相对完美的理论模型，它将不同阶段的企业放置在不同的孵化链中进行孵化培育，同时提供与企业发展相匹配的服务（见图7-3）。全生态模型强调孵化链与服务生态之间的关系，要求对二者进行有效协调并做到有机统一。全生态模型可以解决科技园区面临的大多数问题，但就产业资源在各链条各环节的作用这一关键性原理阐述得还不够透彻，因此，作为科技园区建设运营的普遍性指导理论，全生态型模型还在建立完善中，不够全面。

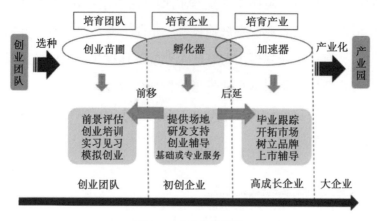

图 7-3 全生态模型图

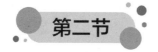

"一链两态"产生的蝶变效应

今天的中国，没有传统产业，也没有夕阳行业，有的是生生不息的创新与对旧模式的颠覆。

经过三十多年的发展，我国科技园区从无到有、从小到大，迅速发展，在数量、质量、种类以及服务功能、孵化效果、社会网络等方面实现了全面的突破和提高，科技园区已成为孕育和发展创新型经济的主要源头，是吸引高层次人才、孵化高科技企业、培育新兴产业的重要载体。同时，也初步形成了传统创业孵化机构与新型创业服务组织并存，综合孵化载体与专业孵化载体并存，物理孵化与虚拟孵化结合，国有、民营机构互补的行业格局，呈现了一派百花齐放、百家争鸣的喜人局面。科技园区服务涵盖了空间、投资、孵化等各个环节，服务内容覆盖项目遴选、团队构建、企业孵化、专业服务、资源支撑等全价值链，创建了以众创空间、科技企业孵化器、加速器、产业园为主要服务形式的独特生态系统。

由于运营主体存在差异，科技园区呈现出不同的特征，有的注重产业链培育，有的注重服务生态构建，有的以金融投资为重点，有的以联合办公为主业，有的以培训辅导为特色，有的以综合生态为主导。但是，不管什么类型的科技园区，也不管它们呈现出什么样的特征，所有科技园区都有一个共同的规律，这个规律就是上海复客科技集团（以下简称复客中国）提出的"一个链条、两个生态"生态系统模型，即"一链两态"，如图7-4所示。

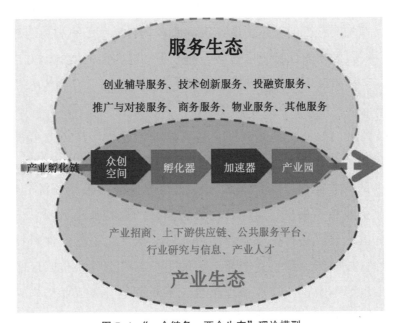

图7-4 "一个链条、两个生态"理论模型

"一个链条"是指集众创空间、孵化器、加速器、产业园为一体的创新创业孵化链。"两个生态"是指服务生态和产业生态。服务生态是指以创业辅导服务、技术创新服务、投融资服务、推广与对接服务、商务服务、物业服务等为特色的深度服务；产业生态是指以特色产业为主题的上下游资源集聚，包括产业招商、上下游供应链、公共服务平台、行业研究与信息、产业人才等，提供资源对接、技术转化服务。

这个生态模型揭示了科技园区的基本理念和核心本质，阐明了科技园区的发展理念、发展方向和基本方法论。

科技园区的基本理念是围绕产业构建"众创空间—孵化器—加速器—产业园"完整孵化链条，在产业生态资源和服务生态资源的作用下，创建科技园区可持续发展的独特生态系统。产业孵化链、服务生态、产业生态是构成科技园区发展的三大核心要素，三者相互支撑、相互融合、相互作用，缺一不可。

科技园区的本质是以创造经济价值为最终目的的经营活动，不管什么性质的科技园区（极少数政府运营的科技园区除外），只要采取市场化运作模式，首先要考虑的就是创造经济价值，只有产生了利润、创造了经济效益，科技园区才能保持正常运转，并产生持续向前发展的动力；没有经济效益，科技园区生存都成问题，更谈不上未来发展。任何生态系统都需要能量来维持，科技园区也不例外。

科技园区的核心价值是产业培育，企业孵化是实现产业培育的根本途径。因此，只有构建完整服务体系并能够满足企业相关需求，才是真正意义上的科技园区。一般来说，专业性的科技园区产业特征较明显，同类产业企业相对集中，而综合性科技园区产业特征不太明显，产业分布比较分散，只要是科技型企业均可入驻。但不管是专业性科技园区还是综合性科技园区，都负有产业培育的重任，综合性科技园区在未来发展过程中也要不断进行产业梳理整合，不断调整升级产业结构，向专业性科技园区转化。

科技园区的发展方向由企业孵化向产业培育转变，由综合性向专业性转变，由政府行为向市场行为转变，由自身赢利向带动产业赢利转变，由追求经济价值向追求经济社会价值并重转变。

科技园区的运营方法是围绕产业构建孵化链条，并在不同时期导入产业资源和服务资源。资源的导入是动态的，随着孵化阶段和企业成长阶段的变化而变化，同时，资源导入应该具有针对性和实用性。

"一链两态"理论只是揭示了科技园区运营的基本规律和方法，在实际运用中涉及各种要素的整合和运用，过程相当复杂，难度也比较大。因此，具体问题要具体分析，理论与实际要相互结合，根据自身条件选定好方向，运用好方法，控制好节奏，把握好效果。以下简单介绍"一链两态"的基本构建。

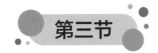

第三节

孵化链条产生的长尾效应

复客中国从2015年开始致力于科技园区的建设和运营，自身也是一家创业型企业。当时适逢国家大力提倡"大众创业、万众创新"，全社会兴起双创热潮。复客中国借此东风，趁势而起。刚开始只是定位于众创空间的建设和运营，并在2015—2016年运营了昆山两岸青年创业园、昆山物联网创新园、上海滨江创业基地、上海凯迪克、波特营等7个众创空间和1个孵化器。2017年开始转型，将没有盈利的众创空间剥离，并陆续拓展了10个科技园和产业园，到2022年年中，科技园区总数已有18个，涵盖了众创空间、孵化器、加速器和产业园全链条业态，总面积超过400 000 m²，累计孵化了3 000多家企业，目前在孵在园企业共有800多家。运营的载体中，有3个国家级孵化器、3个国家级众创空间、1个国家级实训基地、8个省级孵化载体。复客中国具备了较为全面的全链条产业孵化能力。

复客中国在发展过程中也遇到过困难和挫折，但经过及时的战略调整和资源整合，顺利转型和提升，并得到稳健成长。复客中国进入科技园区行业的时间并不算长，在不到8年的时间里，不仅建立了比较完整的孵化链条，创造了良好的发展态势，而且在运营过程中总结出了一套科技园区运营管理的创新性理论模型。

孵化链条的建立成为复客中国稳健发展的基础。下面按照孵化链条建设路径进行诠释。

第一步是建设众创空间，作为创新创业活力之源。众创空间作为一种新型孵化载体，在各级政府的强力推动下，2015年以来得到了蓬勃发展，先后涌现出创新工场、优客工场、氪空间、飞马旅等一批品牌化众创空间。这些众创空间分别依托投资资源、媒体资源、活动资源、培训资源、地产资源、政府资源、高校资源、产业资源、大型企业资源而建立，各有各的特色，各有各的精彩。经过几年的市场筛选之后，一些品牌开始沉寂，有的甚至收缩战线，市场呈现强者更强、弱者更弱的态势。复客中国起步于众创空间，但在发展过程中，逐步将旗下持有的众创空间载体进行了优化，目前只保留了5个众创空间，其中3个与孵化器一起运营，独立的众创空间仅保留了2个。战略调整的主要原因是单体众创空间体量小，运营成本高，大多数创业项目没有盈利。但是众创空间作为一种新型孵化载体，是孵化器向企业早期阶段的延伸，承载着孵化初创型企业的重任，具有不可缺失的作用。复客中国认为，众创空间普遍缺乏自我造血能力，投入与产出不相匹配，存活周期较短，单独运营成功的概率很低；而将众创空间与孵化器捆绑，两者在功能上可以互补，在资源上可以打通，在孵化环节上可以无缝衔接，在体系上可以融为一体。所以，切实可行的做法是将孵化器与众创空间联合运营，以实现相互依托、相互成就的完美效果。

第二步是建设科技企业孵化器，作为重点工作。复客中国于2018年开始转型，对发展战略进行了调整，将重点放在以孵化器为主、以加速器和产业园为配套的科技园区建设上，把孵化器作为复客中国长期坚持的战略。这个战略确定后，复客中国通过多种合作方式，分别运营了昆山移动物联网创新园、昆山宏图众创社区、南通复客科技园、复客北翼科创园、吴江科创园、吴江绿地复客智慧产业社区等近10个项目，载体面积在短短5年间突破了400 000 m^2。其中，孵化器数量占70%，面积占50%以上。随着载体规模的快速提升，运营成本呈快速下降趋势，复客中国的财务数据在短时期内由负转正。盈利问题解决后，服务生态体系建设资金就有了保障。复客中国先后组建了产业服务中心、复客学院、金融投资中心、科创人才交流中心等核心服务部门，向科技园区在孵企业提供支持，赋能助力，并取得了显著成效。

第三步是探索运营加速器，作为有效补充。加速器是孵化器向后端延伸的一种孵化形态，也是孵化器的补充。加速器的孵化对象是从孵化器毕业或即将进入产业化阶段的企业。进入加速器的企业实质上已经具备了产业化条件，但其产品、技术还需要进行中试改进，市场推广渠道还需要进一步完善，企业发展战略还需要进一步调整。当然，处于这一阶段的企业，产品已经进入市场，并开始产生利润，企业具备一定的生存能力和竞争力，但是未来能不能有更大发展还存在变数。如果能得到加速器各类资源的服务和催化，企业未来的发展空间将进一步拓展，产品、技术、服务、市场等竞争能力将进一步增强。因此，加速器的建设是孵化链上的关键一环，也是企业走向产业化的临门一脚。复客中国与复智社等相关基金联合成立加速器，定期路演、研讨等，通过资本、技术、政策赋能，推进企业加速。

第四步是布局产业园。完善产业链。产业园是孵化链的末端，也是长尾效应中能坚持到最后且爆发力最强的一种形态。培育企业的终极目的是将企业推向产业化，实现产业发展目标，并最终推进产业结构升级和经济高质量发展。所以，产业化发展是对科技园区的必然要求，科技企业孵化是科技园区推动产业发展的重要途径。企业到达产业化阶段时已经发展壮大，对物理空间的需求更大，对服务资源要求更高。产业园需要规划建设大片区空间，以承载产业落地，所以一般情况下应由政府为主导，社会主体可共同参与建设。复客中国在产业园的建设上，采用的方式是与各地政府联合，或与当地成熟的产业园区合作，对产业化项目进行空间上的转移。2020 年，复客中国在昆山尝试运营第一个产业园——复客智能智造园，总面积 77 000 m^2，载体以生产厂房为主，园内设有 2 个中试车间，主力面积在 1 000～4 000 m^2。截至 2022 年年底有 20 多家企业入驻，其中 80% 企业的产品已推向市场，产业化程度非常高。又比如在昆山，复客中国与神州产业园合作，将汉升达等企业向该产业园转移，并且后期仍为汉升达提供融资和政策申报服务。为产业化阶段的企业提供服务，在频次上可能不及孵化器和加速器，但是要求更高，特别是为即将上市的企业提供专业融资服务。

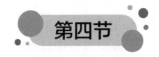

第四节

产业生态产生的磁场效应

这里所说的产业生态，不纯粹指产业本身，而是包括了产业链上所有的资源和要素。当然首先得有产业，资源和要素都围绕产业来集聚和离散。产业才是生态最底层的支撑。因此，围绕产业整合产业链上下游资源尤其重要。

相较于服务资源来说，产业资源聚集难度比较高。特别是综合性科技园区，产业类型众多，供应链比较复杂，不容易积聚优势资源。每一种产业都有其独特的供应链和产业链，如果一个科技园区有50家不同产业的企业，那么要聚集的产业资源将会达到上万种，很难有一家运营主体能够承受，运营主体也没有能力对接这么多资源。因此，聚集产业资源最好的办法是建设专业性科技园区，减少产业类型，突出产业特色。专业性科技园区一般都聚焦1~2个主导产业，产业聚集度较高，而且向纵深发展。科技园区的主导产业一旦发展成型，就可以围绕这一产业聚集大量的企业资源、产业链资源和产业服务资源，形成产业核心要素，其产生的磁场效应远远大于科技园区本身的影响力。比如苏州工业园区苏州纳米城，聚焦微纳制造、纳米新材料、第三代半导体、纳米大健康四大领域，通过产业链引进，聚集从原材料、终端产品到市场各个环节的相关企业和资源，打造产业生态圈，形成合作交流圈、技术生态圈和产业共融圈，集聚了780多家纳米技术企业和250多个各级领军人才，汇聚了100多家投资机构、

40多个科研院所,以及50多家省级以上工程中心(企业技术中心)、重点实验室,成为产业发展的磁石,不断吸附、聚合更多的创新要素,成为名副其实的纳米之城和亚洲最大的纳米产业基地。

复客中国在构建产业生态上也进行了系统性研究和探索,并分别在昆山物联网创新园、上海5G创新中心、昆山复客智能智造园进行了相关产业的布局和实践,其中,上海5G创新中心和昆山复客智能智造园的产业聚集度最高,成效最好。

(1)上海5G创新中心产业生态模式。复客中国位于上海杨浦区的5G双创中心主要聚焦"5G+"智慧内容创新创业的产业,致力于打造5G产业基地和资源高地,促进5G、云计算、大数据、物联网、人工智能、生物医药等新兴产业飞跃式发展。作为智慧产业核心孵化器,复客中国5G双创中心以5G新一代信息通信技术为核心,紧密围绕5G发展对边缘计算、物联网、区块链、大数据、人工智能、智能硬件、智慧城市等关联产业的交叉带动作用,促进具有高新技术融合创新优势的中小企业、产品、服务快速成长。随着5G移动网络技术的发展和建设,围绕"5G+"衍生的产业门类会带来新一轮创新创业发展机会:一是由5G网络建设带来的设备和零部件机会,将集中在射频、光通信以及半导体领域的创新;二是利用好5G带来的高带宽和海量终端特性的商业创新,如可穿戴设备、智慧城市、虚拟现实、智能家居、智能物流、医疗软件、线上教育等。截至2022年年底,双创中心已引入无人机、5G应急通信、应急救援、5G影音传播技术、人工智能、分布式存储等相关孵化企业、项目团队和杨浦"3310"人才项目共计92家。

(2)昆山复客智能智造园产业生态模式。项目前身为昆山兆震电子有限公司厂区,建筑面积77 000 m^2。2018年,在昆山巴城镇大力推进老旧工业小区转型升级的背景下,园区进行了大规模修复和改造,并委托复客中国运营管理。经过3年多产业升级和新产业引进,目前产业主要集中在计算机、通信和电子设备制造业。培育和引进了昆山贝松精密电子有限公司、昆山康信达光电有限公司、昆山科信成电子有限公司、昆山兴凯胜精密模具有限公司等20多家企业。复客中国立足长三角发展战略,聚焦智能制造领域,大力开展产学研合作。2020年7月，以来通过举办各类产学研交流活动，与中国信息通信研究院、中国工业设计研究院、上海工程技术大学人工智能产业研究院、上海第二工业大学智能制造工厂实验室、昆山杜克大学、上海智能产业创新研究院、昆山电信5G联合创新中心、好孩子集团、捷安特集团等一众知名院所、机构、企业建立了紧密的合作关系，集聚和引进了包括高等院校、科研院所、专业机构、生产厂家在内的市场各个环节的资源和成果，形成名副其实的智能制造高地。昆山复客智能智造园已经成为智能制造产业发展的磁石，不断吸附、聚合更多的行业后起之秀来园区发展。

从以上案例可以看出，完成产业生态的构建，必须要做好以下5个方面的工作。

（1）明确产业方向。应选择具有发展潜力的前沿产业、地方优先支持的产业，而且要符合运营主体自身优势资源，找到共同的切入点。产业定位没有做好，后期运营很容易陷入混乱。可以说产业方向的选择直接关系到科技园区的成败。

（2）引进相关同类企业。对企业一定要进行筛选，只有符合产业定位的企业才能进入园区，同时在企业引进过程中，一定要有2~3家头部企业。企业品质的高低直接决定了科技园区的发展水平和发展潜力。

（3）引进关键支撑资源。对于产业生态来说，关键支撑资源主要是为技术研发和产品开发服务的，包括科研资源、技术资源、科技成果转化资源，以及产品检验检测、产品中试、产品质量认定、科技技术服务等机构，这些资源主要来自高等院校、科研院所、大型企业研发机构、公共服务平台、专业服务平台、大型实验室、中试基地和车间等。科技园区要与这些单位和机构签订长期合作协议，共同开展企业科技创新、产品研发服务。科技园区可以自建或联合园区龙头企业共同建设各类公共或专业服务平台，降低企业研发成本，提高科技服务效率。

（4）引进供应链资源。每个产业都有上下游供应链以及中间服务商。引进方式有两种：一种是直接将供应链企业引进园区；另一种是对接外部资源。将一个产业完整的供应链引入园区，一般情况下是无法做到的。比如，制造一部手机需要上千种零配件，如果一家企业制造一种零配件，手机制造产业链的上游供应链就有上千家企业，还不包括系统开发、软件开发、产品优化、产品检测、物流配套等，全部引入显然既不现实，也不必要。因此，在引进供应链企业时，只能有选择地引进关键性配套企业，其他供应链资源仍以外部提供为主。所以，运营主体不仅要熟悉各类产业链资源，还要有较强的资源整合能力。事实证明，资源整合能力越强的园区，产业发展情况越好。

（5）引进配套资源。配套资源主要包括人力资源、产品物流、营销渠道、直播基地、环境保护等。既然强调产业生态体系，任何一个要素都不能缺少，配套资源也不例外。

产业生态系统的形成是一个复杂而漫长的过程。只有专业类科技园区才具备形成产业生态的基本条件，因为主导产业集中的科技园区，产业聚集度一般较高，产业生态系统构建的难度也较低。因为聚焦，所以更容易形成磁场效应，当产业聚集达到一定规模后，其磁场效应就越来越大，进而形成具有强大吸引力的产业生态系统。

综合性科技园区因产业分散，不具备形成统一的产业生态系统的基本条件，但可以围绕龙头企业整合相应的产业资源，借助外力为同一产业链中的企业提供产业服务，构建一个个小的产业生态系统，但是其专业度和成熟度肯定不如专业性科技园区。

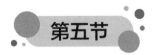

第五节

服务生态产生的增值效应

企业在成长过程中需要各种各样的服务，有空间、人才、资金、技术、产品、信息等有形服务，也有战略规划、商业模式、管理制度、市场营销、企业文化等无形服务。初创企业在成长过程中如果得不到相应的服务，很有可能举步维艰，甚至中途夭折，而如果得到全方位的呵护，成长的道路一定会平坦许多。几乎所有的科技园区都声称为企业全生命周期提供各类服务，但不同的科技园区提供服务的内容、方式和水平肯定存在差异。但有一点是肯定的，只要是科技园区，都会为企业提供服务，因为企业服务是科技园区的主要功能，是科技园区的存在价值，是科技园区区别于一般写字楼的重要标志。科技园区提供服务是容易的，但是要打造完美的服务生态却难上加难。

复客中国从创建第一家孵化载体开始就把构建服务生态当成首要任务，在借鉴其他运营机构成功经验的基础上，提出了"天使投资＋导师辅导＋一站式服务＋共享空间"的服务模型，积极探索建立各种企业服务平台。随着战略的调整和服务的深入，复客中国形成了自己独特的"一个链条、两个生态"园区运营模式，并围绕这个总体思路，搭建了金融投资、复客学院、政策申报、技术对接、战略辅导、人力资源、财税法务、工商注册、市场营销、物业管理十大服务平台，其中金融投资和复客学院成为复客中国产业服务平台中的金字招牌。

复客学院成立于2015年，最初的功能仅仅是为创业团队提供创业辅导，经过多年发展，目前已搭建了产业服务、定制培训、创新游学三大功能平台，涵盖了大咖讲坛、创业大赛、产业论坛、企业内训、SYB培训、研修班、国际大师班、国内特训营八大特色服务，累计为200多个科技园区提供专业性特训服务，为1 000多家企业提供创业辅导，为10 000多人提供各类培训和游学活动。复客学院已成为复客中国服务科创载体、科技企业和各类创业者强有力的支撑平台。

金融投资是科技园区的标配，地方和国家科技部门对众创空间和孵化器的认定标准中明确规定：孵化载体必须有一定比例的在孵企业或毕业企业获得过融资服务；运营主体必须自建种子资金或与外部机构共同成立投资基金，资金规模从100万到500万元不等。复客中国设立天使资金的初衷并不是为了申报众创空间和孵化器的各级认定，主要是为了满足在孵企业的实际需要，实实在在为优质企业提供投融资服务，通过股权投资最终分享企业成长红利是自然而然的结果。因此，复客中国从创建之初就建立了一支300万元的天使投资基金，后增加到5 000万元规模。截至2022年年底已投资了20多个项目，总投资额达3 000多万元。此外，复客中国还与盈信集团、三毛集团、北翼集团等机构达成战略合作，设立了创投基金，主要投资成长期项目。金融投资不仅是一个投资过程，更是与被投企业形成命运共同体的过程。复客中国十分重视被投企业的投后管理，持续输出各种服务和资源，为企业的快速成长保驾护航。

复客中国还组建了产业服务中心，通过对各类服务资源的聚集、组织、分配和实施，赋能在孵企业成长，推动主导产业发展。产业服务中心每月会收集一次各载体企业需求信息，并进行过滤和分析，找出共性需求后有针对性地对接各项服务资源，满足企业需求。对于有个性化需求的企业，则会安排专人进行对接服务。产业服务中心是复客中国的核心部门，在企业服务、产业培育过程中扮演了关键性角色。产业服务中心集中了复客中国最优秀的人才和最优质的资源，成为集团发展的火车头。

在描述科技园区服务体系时，经常会提到"全要素"这个词。全要素是指影响经济指数各种因素的集合，本来是一个经济学术语，用在科技园区领域，意指科技园区要为企业提供各种服务要素和资源。应该承认提出这种说法的初衷是好的，政府、园区和企业都希望把企业服务好，把产业培育好，把经济发展好。但是有时候光有好的意愿并不能解决实际问题。全要素就是要求科技园区提供尽量周全的服务内容，但由于企业服务涉及的内容太多，而运营主体的资源和能力是有边界的，什么都想做，结果肯定是什么都做不好。与其这样，不如面对现实，在可能的范围内，探索出一条符合自身条件和产业特色的服务模式，反而显得更切实际、更有意义。不同的科技园区由于先天禀赋和后天条件的不同，在长期的运营实践中必然会形成各具特点的服务模式，例如：有以启迪孵化器、北航科技园为代表的"孵化服务+创业投资"服务模式；有以中关村生命科学园孵化器为代表的"专业技术服务平台+产业联盟"服务模式；有以创新工场为代表的"早期投资+全方位创业辅导"服务模式；有以复客中国为代表的"一个链条、两个生态"服务模式；等等。这些模式都是在长期实践中提炼概括，并经过实践验证有效的。鲜明的个性和特点，既有历史成因，也有现实考量。各地的科技园区可以学习借鉴其中原理，消化吸收精髓，但不能如法炮制、生搬硬套。

服务的本质是获取双向价值增值，组织通过服务获取收益，客户通过服务获取效用。科技园区的服务也是如此，在提供服务的过程中，一方面帮助企业成长，让企业变得更有价值，另一方面自身也在服务过程中获得相应的收入，实现价值增长。双向赋能、双向增值才是科技园区服务生态体系的真谛。

本章主要参考资料

1. 丁荣余，等.创新力场：江苏创新生态系统的提升之道［M］.南京：江苏人民出版社，2018.

2. 郭益灵，周勇.科技战略与创新政策文集（2017～2018）——基于山东的视角［M］.北京：经济管理出版社，2018.

3. 吕美亮，王伟.把握"共振"：与市场一起优美地舞蹈——论图书出版物多形式、多介质的整合互动营销［J］.出版广角，2011（04）：46-48.

4. 赵娜.科技园区联手PE/VC机构：从房东到股东"园区+基金"会否成为标配？［N］.21世纪经济报道，2022-06-20（010）.

5. 孵化器30年，北京构建多层面全方位创业服务体系［EB/OL］.北京经济技术开发区，2017-04-28，http://kfqgw.beijing.gov.cn/cxyzkfq/jscxsfq/fhq/202103/t20210326_2329475.html.

6. 5G将带来诸多创业机会［J］.成才与就业，2019（05）：43.

第八章 品牌战略，科技园区运营创新与团队建设

在科技园区行业中，各种品牌的科技园区让人眼花缭乱、应接不暇。有的经久不衰，有的昙花一现；有的红红火火，有的门可罗雀；有的生机勃勃，有的奄奄一息。市场在孕育科技园区的同时，也淘汰那些不能与时俱进的科技园区。物竞天择，适者生存，自然界的法则就是如此。只有那些能深刻理解科技园区精髓并持之以恒深耕这一行业的实力"玩家"，才能创建属于自己的显赫品牌，屹立在行业之巅。

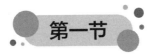

第一节 搭建新平台，锻造为企业赋能的运营机构

如果说科技园区是孕育科技企业的工业母机，那么科技园区的运营机构就是这台母机的制造者和运营者。科技园区的运营成败和品质高低与运营机构的运营水平有着直接的关联。因此，不断提升运营机构的运营水平，打造运营机构的硬核实力，就具有举足轻重的作用。

一、科技园区运营机构的基本条件

科技园区是一个独特的生态系统，维持其动态平衡并向前发展是一个异常复杂的过程，对运营机构的资质、应具备的条件和运营能力提出了很高的要求。科技园区运营机构一般要具备以下3个条件。

（一）要有充足的资金保障

建设和运营科技园区需要具备一定的资金实力。一般来说，资金主要用于3个方面：首先是硬件建设，包括物理空间、设施设备、装修改造、物业管理、工程维护等；其次是运营成本，包括企业招商、资源对接、活动开展、日常管理、人工成本等；最后是金融投资，包括天使投资基金、创投基金等。没有充足的资金保障，科技园区的正常运营难以维持。科技园区单纯从运营角度来看是一个薄利行业，即便有了盈利，大部分也会用来建设和维护各类软硬件设施，不断改善园区综合条件，提高专业服务能力。如果想赚钱，必须在投资收益方面做文章，但这是一个长期目标，而且充满不确定性。园区运营本质上是一个讲究情怀的事业，出发点和立足点首先是推动国家科技创新，培育战略性新兴产业，提高区域经济发展质量和水平。所以，前期的资金保障是一项必须具备的重要条件。

（二）要有科学的运营体系

不同于一般的商业地产以销售为目的的商业模式，产业地产是将产业与地产相结合，以产业为依托，以地产为载体，以政策为助力，以服务为核心，根据城市规划，有机整合自然、社会、经济等资源，实现土地综合开发、集约化经营的新兴产业形态。科技园区是工业地产的高级阶段，其商业模式是通过为成长型和创新型科技企业提供研发载体和增值服务，将科技、地产、金融有机融合，实现多方共赢。科技园区的核心产品是企业，然而不同于普通产品的研发和生产，企业的成长不仅需要较长的时间，更需要各种外部资源的支撑，以及全生命周期的服务。科技园区就是通过提供资源和服务，帮助企业从小到大，从弱到强，乃至成长为上市公司、行业龙头。企业发生蝶变的过程就是科技园区产品生产的过程。科技园区要完成这项艰巨的任务，必须依靠一整套独特的运营模式和科学的运营体系。

（三）要有专业的服务团队

科技园区运营是一项技术含金量非常高的行当，光有载体和资金是远远不够的，核心是人，是团队。有时候单凭出色的运营团队就可以吸引足够的资本和优质的载体，因为无论是载体建设、资产管理，还是企业服务、产业培育，都需要一支具有专精的行业知识和丰富的实操经验的团队来实施。可以说，有了专业的服务团队，其他相关服务才有了保障。就以企业融资路演为例，我们知道，企业发展都需要融资，而路演是获得投资机构关注最主要的手段。但是，现实中没有几个企业知道什么是路演，即便知道也无从下手；而在科技园区，融资路演是寻常之事，一年不知道要举办多少次。企业是如何做到的呢？无非是借助科技园区专业服务团队的帮助，从企业有融资想法时起，服务团队就开始介入，了解企业融资需求，帮助设计融资方案，协助制作路演PPT，分析企业的优势和亮点，传授企业路演技巧，帮助对接投资机构，指导融资谈判沟通，甚至全程跟踪投资落地，这一系列的过程融合了多方面的知识和技能，如果没有专业团队的辅导，企业融资可能寸步难行。科技园区的最大优势就是拥有一支专业的运营服务团队，在企业需要时可以提供全方位的专业服务，帮助企业解决问题，赋能企业快速成长。因此，拥有一支专业能力、服务意识、敬业精神都比较优秀的团队，是科技园区不可或缺的基本条件之一。

二、科技园区运营机构的运营能力

科技园区的运营能力是运营机构的看家本领、吃饭家伙，运营能力的强弱直接关系到科技园区的兴衰。科技园区运营能力的内涵非常丰富，既有经营方面的，也包括服务方面的。科技园区本身就是一个企业，企业经营过程中面临的问题一样也不会少，所以经营能力肯定不容忽视；但是科技园区又不同于一般的企业，它是孵化企业的企业，在孵企业就是它的主要产品，所以企业服务能力必然是运营中最核心、最重要的能力之一。运营机构不仅自身运营能力要强，而且企业服务能力也要足够优秀，只有这样，科技园区才能在激烈的市场竞争中脱颖而出。

（一）调研策划能力

运营机构的调研策划能力主要体现在两个方面：一方面是科技园区的整体运营策划；另一方面是为企业提供调研和策划服务。每个科技园区在启动运营前，要对科技园区的产业定位、产业规划、招商策略、运营体系、工作流程、规章制度等方面进行全面系统的研究和策划，并形成一套完整的、可执行的行动方案。科技园区运营水平的好坏与策划方案质量的高低有直接的关系，策划方案做得好，后期执行不走样，科技园区运营就有保障。在孵企业战略、融资、营销等策划服务是科技园区企业服务的重要内容，服务团队具备较强的专业策划能力，就可以满足企业策划方面的需求。

（二）载体建设能力

科技园区的载体功能不同于普通工业或商业用房，具有较强的专业性和独特性。科技园区载体主要包括办公区、生产区、中试区、实验室、研发室、检测室、会议室、路演厅、展示厅以及各类商业配套功能，房屋结构、面积、层高、水电、消防、网络、动线、外墙风格、内部装修等都需要提前进行规划，最大限度满足企业需求。因此，运营机构应遵循前瞻性、延展性、灵活性等原则，在建设科技园区之前就要对园区的各项功能进行科学规划和统一布局，并按照规划完成园区硬件设施建设，确保后期运营顺畅；如果考虑不周或规划落后，载体功能和布局不能满足企业需求，不仅会增加改造成本，而且会影响企业发展。

（三）招商服务能力

企业招商和企业服务是科技园区运营最核心的业务，运营机构的经营水平主要体现在招商和企业服务上。如果运营机构没有一套完整、科学、成熟的招商和服务体系，那么科技园区就沦落为一般的办公楼宇或者普通的产业园区。

（四）企业经营能力

前面讲到，科技园区首先是企业，运营科技园区如同经营任何一家企业，运营机构首先要具备企业经营能力，了解企业经营管理的战略、方式和方法，确保企业正常经营、健康发展。同时，科技园区的主要功能是孵化企业、服务企业，如果本身经营能力薄弱，管理状况混乱，就无法提供企业经营管理过程中所需要的各项专业服务。运营机构懂战略、懂经营、懂管理是一项最基本的要求。

（五）投资推动能力

科技园区孵化企业的过程中，投融资服务是一项很重要的内容。运营机构不仅要帮助企业对接外面机构的资源，解决融资问题，很多时候，园区还要直接对优质企业进行股权投资，一方面满足政府相关部门对科技园区的考核要求，另一方面为科技园区的可持续发展积蓄动能。所以，投资推动能力是科技园区运营机构绕不开的话题。任何投资都会有风险，如何降低风险、增大收益完全取决于运营主体的项目投资决策能力。科技园区投资对象一般是新创企业，市场前景等各方面都存在大量不确定性，这种投资的风险性非常高，要想降低风险，投资前要能准确估计风险，投资后需要有效管理风险。虽然科技园区不是专业的风险投资机构，而且一般也不配备专业投资人才，但是科技园区拥有优质企业这一天然优势，如果不在投资方面有所建树，显然是对资源的一种浪费。投资决策最重要的一步是对企业做充分的调查，科技园区运营机构在这方面的优势得天独厚，因为在服务企业的过程中，可以随时了解企业在产品、技术、市场等方面的情况，并做出一般性判断。为了提升投资能力，可以联合优秀的专业投资机构，采用跟投方式，进行小额投资，在实践中不断积累专业知识和经验，未来逐步过渡到自投或领投。所以，科技园区运营机构要具备一定的投资决策和投资推动能力，既为科创企业获得投资，又为园区创造投资收益。

（六）科技成果转化能力

科技部印发的《科技企业孵化器管理办法》（国科发区〔2018〕300号）认为，科技企业孵化器主要宗旨之一是促进科技成果转化。科技园区姓"科技"，科技企业是科技园区的主体，为科技企业服务的内容之一就是推动产学研合作，对接科技成果资源，促进科技成果交易，加速科技成果落地，实现科技成果的产品化和产业化。这些服务都需要运营主体具备科技成果转化的服务能力。

（七）培训辅导能力

科技园区有大量的初创型科技企业，特别是包含众创空间的科技园区，创业项目和团队集聚，为他们提供的一项主要服务就是创业培训和辅导。科技园区一般都会聘请专业创业导师，定期为企业开展一对一或一对多的创业咨询、创业辅导和技能培训；科技园区一般也会培养兼职创业服务人员，对初创企业进行常态化跟踪辅导。具有一定品牌影响力或具有一定规模的科技园区，往往会成立培训学院，为外部单位、内部企业以及自己员工开展多门类、成体系、定制化的培训服务。培训和辅导能力可以说是科技园区运营机构的一项最基本的能力。

此外，科技园区运营机构的专业能力还包括物业管理、人才服务、技术服务、信息服务、市场服务等方面。当然，运营机构没有必要所有的服务都由自己来提供，还要善于利用外部专业资源，建立完善的服务生态。但是以上所说的一些基本能力，运营机构必须掌握并娴熟应用，因为这是科技园区的核心资产，是保证科技园区高质量运营的重要资源。

三、科技园区运营机构的资源广度

资源是科技园区的核心竞争力，也是科技园区的价值所在。谁掌握了核心资源和高端资源，谁就掌握了科技园区运营的主导权。企业在选择科技园区的时候，也会优先考虑资源丰富全面、整合能力出众的科技园区。资源就像土壤中的肥料，资源越多，越有利于企业成长。

（一）政府资源

在我国科技园区发展的早期，政府是科技园区的主要运营主体，2005年以来，民营主体开始进入这一行业，并且逐渐成为主导力量。政府运营科技园区，有着政策、金融、技术、市场准入等方方面面的天然优势。民营机构虽然没有这些有利条件，但是并不影响把政府作为一种重要的资源。科技园区运营要和工信、发改、科技、招商等十多个政府部门合作、沟通、协调，寻求帮助和支持，科技园区要发展，必须得到政府支持。曾有资深运营人坦言，园区运营需要把50%的精力用在和政府打交道上，可见处理好政府关系对园区运营的重要性。可以说，政府资源是科技园区最重要的资源，一定要转化到科技园区，让企业获益。

（二）产业资源

产业资源主要涉及产业链布局，包括上下游供应链、技术、人才、配套、产业政策等。产业资源一般掌握在龙头企业、大院大所、行业协会和政府手上。特别是龙头企业，有的龙头企业自带某一产业70%以上的资源，可见其影响力之大。科技园区若想聚集产业资源，就必须与龙头企业、产业研究机构、产业主管部门等影响力大、产业资源集中的机构和单位合作，抓住这些产业的"牛鼻子"，科技园区在服务企业时就能做到游刃有余、事半功倍。

（三）服务资源

服务资源是科技园区能把控的优势资源，分为基础性资源和增值性资源。基础性资源包括园区物业、服务机构、商务配套、政策扶持等，这些资源整合起来相对容易。科技园区必须为企业提供服务，如果不能有效满足企业需求，企业就会有意见。增值性资源主要包括创业培训、融资渠道、大院大所、研发服务、成果转化、营销推广等，这部分资源需要运营机构投入人力、物力、财力去挖掘、整合，甚至创建。所有的服务资源都围绕企业的需求来组织，目的也是让企业增值，服务资源是科技园区的核心资源。

（四）创新资源

创新服务是园区运营的核心工作，也是园区运营中较难实现的部分，需要园区有足够的资源把控能力与政企关系协调能力。科技园区的创新资源包括技术转移、知识产权、检验检测等科技服务机构。科技园区可以与龙头企业合建技术服务平台，也可以与大院名校、科研机构合作建立产学研服务平台，还可以与其他园区、单位建立产业联盟、校友联盟等。通过以上相关创新资源为园区企业科技创新提供支撑服务，建立起技术转移、科技孵化、公共试验、高峰论坛等创新价值链。

（五）社会资源

科技园区内部是一个自成一体的小社会，是整个社会中的一个单元或细胞。科技园区与社会保持着密切的交流与融合，科技园区的发展离不开社会资源的支持。所谓社会资源，是指满足某种需求的服务客体集合，包括技术、知识、组织、社会关系等。如交通设施、中介服务、网络信息、政策服务、商业配套、教育医疗、行业组织等等，这些社会资源都是企业发展所需要的，但是企业没有时间、精力、能力去充分整合、利用这些社会资源，科技园区恰好担当了这个重要角色，通过资源整合为企业提供专业服务，降低了服务成本，提高了服务效率。所以，科技园区应尽可能将各种社会资源收进服务资源库，纳入自己的服务平台。

自身基本条件、运营能力和资源广度构成了科技园区运营体系的 3 个基本能力，科技园区运营机构只有全面、深入地构建这些能力，并在运营实践中不断创新、发展和提高，才能建立起自己的核心竞争力，在行业中立于不败之地。

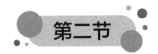

第二节

变换新思路，创新为企业赋能的最佳模式

以科技企业孵化器为核心的科技园区担负着以培育科技型企业和企业家的重任，同时还肩负着促进高新技术产业发展和创造新的就业机会的使命。因此，科技园区是我国实施创新驱动发展战略的中坚力量。尽管目前有一些科技园区在使命和担当方面存在不足，在功能定位方面也存在偏差，不能充分发挥科技园区在孵化科技企业、推动科技产业发展中的主导作用，但不能否认科技园区的主流是健康的，发展是迅速的，成效是显著的。特别是民营科技园区已经担当主角，成为推动科技创新和科技发展的主力军。据江苏孵化器协会统计，江苏企业化运作的科技园区已占 85% 以上，其中民营科技园区占 70% 以上。科技园区运营主体由政府向民营机构转移，已经成为不可逆转的趋势。

一、科技园区多体制并行格局

科技园区的运营主体主要有 3 种：第一种是政府；第二种是企业法人，有国有企业和民营企业之分；第三种是其他社会团体，如行业协会、大院大所等。这3种运营主体运营的科技园区在机制方面存在一定的区别。

(一)政策性科技园区

政策性科技园由政府负责运营,也是以培育科技型企业和企业家作为主要目的,同时兼顾科技成果转化等功能。其主要特征是非营利性,因为背靠政府,运营投入较大。主要优势是政府资源较强,对企业扶持力度大,入驻企业存活率高。但是劣势也非常明显,主要表现在:一是机制不灵活,决策效率低;二是企业进入门槛高,并设置了考核指标;三是服务精准性不强,部分服务人员对企业经营和管理不精通,服务质量不高。

(二)国有科技园区

国有企业运营的科技园区,在弊端方面与政府主导的科技园区有许多相似之处。但国有科技园区有一个巨大的优势,那就是产业资源、技术资源和市场资源非常丰富而且具有针对性,对企业的孵化非常有利,这些资源很容易转化为在孵企业的自身资源,并直接为企业带来经济效益。

(三)民营科技园区

民营企业运营的科技园区之所以逐渐成为市场主导,与民营企业体制机制灵活和对市场的把控能力较强分不开。民营科技园区的特点是以追求效益为导向,经营机制灵活,企业入驻门槛低,服务效率高,服务意识强,容易快速复制。因此,民营科技园区一面世,就受到市场的青睐和企业的欢迎,并迅速发展成为市场主导力量。但民营科技园区也有很大的弱点,主要包括企业入孵成本高、服务资源有限、政策支持不足、团队良莠不齐、服务专业性不强等。这些弱点需要民营企业在运营中不断加以克服。如果民营科技园区能进一步发挥优势、补齐短板,未来的发展前景将更加宽广。

(四)专业机构科技园区

还有一种科技园区是由行业协会和大院大所创办的。这类科技园区与政府主导的科技园区有很大的相似之处,就是注重公益功能。在运营过程中发现,公益性的科技园区运营成本高、财务负担重,如果没有足够强大的经济实力,是无法完成企业孵化、产业培育重任的。因此,目前通行的做法是科技园区委托民营企业运营,行业协会、大院大所只在资源和技术上给予支持。这是一种比较理性的选择,符合科技园区的发展方向。

通过以上分析可以看出,政府、国有企业、民营企业、行业协会/大院大所在运营科技园区方面各有特色、各有长短。在市场经济高度发达的今天,做任何事情都不能违反市场经济的规律,科技园区建设和运营也一样。科技园区作为市场主体要想在市场中生存和发展,必然要产生经济效益才能可持续发展。所以,政府不能既做裁判员又做运动员,其主要责任是为科技园区创造良好的政策环境和市场环境。国有企业虽然是国民经济发展的主体,但在科技园区运营方面并不占明显优势,未来应该重点在关乎国计民生的经济领域发挥主导作用。归根结底,园区运营也应该交由市场判断,由市场决定。

二、科技园区多种合作方式并行

随着市场机制的不断完善,科技园区的运营由之前公办公营一家独大,逐步发展到政府与企业合作、国有与民营合作、本地与异地合作、社会团体与民间机构合作、国内与国外合作等多种合作模式并存的局面。目前通行的合作模式主要有以下6种。

(一)公办公营

我国早期的科技园区起步于政府主导,如武汉东湖、北京中关村、上海张江等地建设的科技园区,都是在科技部支持下由地方政府具体实施建设的公办公营科技园区。所谓公办公营，是指由政府出资建设，政府独立运营并承担经济责任和法律责任的一种运营模式。继武汉东湖之后，公办公营科技园区已在全国各地遍地开花，各地政府看到科技园区孵化模式带来的产业培育效果，纷纷建立了自己的科技园区，并大量培育科技企业，如创建于2000年的苏州国际科技园，截至2022年，已累计建设了7期载体，总面积达到1 070 000 m²，累计孵化企业4 400家，走出了中际旭创、思瑞浦、南大光电、同程艺龙和凌志软件等14家上市企业。公办公营的科技园区本身不以营利为目的，重点在于孵化和培育高成长性企业，壮大市场纳税主体，增加地方GDP，推动区域经济高质量发展。公办公营科技园区虽然当前数量上不占优势，但其建立的体系、规范、标准、流程仍然具有引领性，起到了定海神针的作用，有不少经验和做法值得当今科技园区运营者学习和仿效。

（二）公办民营

由于体制的局限，一些政府手上有大量的空置、闲置物业需要盘活，但又腾不出更多人手、资源、精力去开发和运营，于是就将目光转向社会，借助社会力量盘活国有资产，公办民营模式应运而生。公办民营有两种形式，一是委托运营，二是租赁经营。委托运营是指科技园区的所有权、决策权和收益权归政府所有，政府将日常运营管理权委托给第三方，设定考核指标，根据运营成效向第三方支付固定运营管理费或奖金。租赁经营是指政府将资产直接租赁给第三方，收取固定物业租金，其他权益均由第三方享有。公办民营最大的好处是调动了社会资源，在盘活政府闲置资产的同时，培育了大量企业，带动了大量就业，推动了经济发展，而且公办民营模式因其有政府背书而公信力大增，受到民营企业的追捧，在招商方面也有不少好处。

（三）国有民营

国有民营在合作方式上与公办民营类似，不同的是物业的所有者为国有企业而非政府。政府科技园区偏重公益性,国有企业则相对注重经济效益,因而在合作方式上,国有民营模式以租赁经营为多,委托或联合经营较少。主要原因是国有企业是以营利为目的的组织,经营上更倾向市场行为,追求效益最大化,租赁经营模式更符合其利益诉求。租赁经营模式对于民营企业来说也比较有利,运营商在经营过程中除了缴纳租金外,拥有更大的自主权,受到的限制较少。

(四)联合经营

联合经营是指企业与企业之间成立合资公司,由合资公司运营科技园区。合资方式可以是国有企业与民营企业,也可以是民营企业与民营企业。政府不是法人,不能参与合资,企业之间可以合资。合资公司一般以租赁形式或委托形式获得产权方的物业经营权,并独立运营、自负盈亏,产生的利润或亏损根据双方的股权比例进行分配或承担。联合经营的优势是合资方资源可以互补,有利于科技园区运营和企业孵化,但缺点也很明显,那就是合资方在经营上可能会相互牵制,有时会出现矛盾,导致运营效率低下。

(五)民办民营

民办民营是当前科技园区发展的一种主要方式,即由民营企业独立承担科技园区的经营、权益和法律责任。民办民营的运营主体在获得物业时,一般采用自建物业和租赁物业两种形式,但以租赁物业较为常见。民办民营模式的自主性、灵活性和适应性更强,更符合市场发展规律,因而发展速度非常快,越来越多的民营企业加入科技园区运营行列,呈现出一派生机勃勃的景象。

(六)异地孵化

异地孵化(飞地孵化)是指本地政府或企业在经济发达地区设立孵化载体,将企业孵化成熟后转移到本地落户的一种合作模式,本质上属于一种技术、产业的梯度转移。异地孵化还有另外一种方式，就是将本地企业安排到经济发达地区的孵化载体中进行培育，接受发达地区先进的企业经营理念，毕业后回到本地。目前异地孵化以前者居多，后者相对较少。异地孵化是2015年以后提出的一种创新型合作模式，已经呈现出遍地开花的态势。异地孵化能较好解决经济欠发达地区企业导入问题，同时也能提升本地企业的经营管理水平，值得大力推广。

运营主体在选择合作方式时没有固定的公式，要根据自身条件、运营能力和当地科技园区发展实际，在进行充分市场调研的基础上，精准分析，科学决策，选择最佳合作方式。

三、科技园区多种盈利模式并行

在确保科技园区主要目标和功能得以实现的前提下，科技园区也追求自身利益的最大化。科技园区承担着国家和地方科技创新、产业升级、经济发展的重任，但是这些功能和作用都建立在科技园区自身发展的基础之上，科技园区追求合理利润、保障生存和发展，有利于进一步提升孵化服务能力，充分发挥科技创新助推器的作用。如果没有必要的利润，科技园区就会失去发展动力，各项功能就会受到削弱，反而对科技企业成长不利。当然，科技园区运营主体也不能一味追求利润，不能变相提高企业入驻门槛，更不能干杀鸡取卵、竭泽而渔、鼠目寸光的傻事。科技园区要将目光放长远，不计较眼前得失，注重核心能力培养，强调可持续发展。无论是政府运营还是民企运营，科技园区的盈利模式主要包括以下4种。

（一）租金收益

租金是目前大多数科技园区的主要收入来源。虽然租金不应该成为科技园区的主要盈利点，但是现阶段我国除了政府运营的公益性科技园区外，其他类型的科技园区如果没有租金收入，都将难以生存。据统计，江苏省科技园区收入构成中，租金收入占比达到52%，也就是超过一半的收入来自租金。站在企业的角度看，不收取租金，短期确实降低了成本，但长远来看对企业并不利，因为租金是企业必须付出的经营成本。天下没有免费的午餐，房租都交不起的企业是没有市场竞争力的。从科技园区的角度看，运营机构也是企业，同样要生存、要发展，如果没有收入，一切都是空谈。市场经济条件下，科技园区获取租金收入不仅正当，而且必要。当然，科技园区如果只靠租金收入，注定走不了太远，所以还需要努力拓展其他收入，通过高附加值的企业服务和优质企业的股权投资，争取更多的收入来源，壮大自身经济实力，更好地为企业服务。

（二）服务收益

依靠提供增值服务取得服务性收入是所有科技园区追求的目标。高质量的科技园区，服务性收入要占50%以上。但目前在我国，科技园区服务性收入平均水平在30%。不过，随着科技园区运营水平的逐步提高，运营机构通过为企业提供定制化、专业化的增值服务获取的收入将越来越多，在可预见的未来，服务收入超过租金收入将成为大概率事件。当然，科技园区的一些基础性服务仍然需要免费，或者适当收费，应该重点发力的是高端服务项目，这对科技园区运营团队提出了更高要求，必须培养专业定制服务能力，打造别人无法模仿的核心竞争力。只要企业有需求、服务有价值，就一定有市场、有收入，这是科技园区未来的发展方向，一些科技园区已经在这方面建立了不可撼动的优势。

（三）投资收益

据统计，江苏省2 145家省级以上孵化载体（包括众创空间和孵化器）中，有80%的载体设置了种子资金、天使基金和创投基金等基金池，总规模达到200亿元，然而2021年获得股权投资的企业仅1 500家，平均每家载体投资企业仅0.7家，企业获得的投资额约为15亿元，占基金池的7.5%。这是一个非常低的投资水平，而且还是在全国经济最发达的地区。

股权投资被大部分科技园区视为增值服务的一项重要内容，也是科技园区获得收益的重要渠道。但在实际运营中，仅有少数机构能在这一领域取得突破，如创新工场、蒲公英、36氪等运营机构。投资模式不能成为科技园区主要盈利手段的原因有3个：一是大部分科技园区并不具备专业投资技能，害怕投资失误造成难以弥补的损失；二是发展前景较好的企业一般不愿意接受投资，因为释放股权获得资金是一种成本最高的融资方式；三是股权投资成功案例少，获得高额回报的概率并不高，投资热潮慢慢退却。但是，投资模式仍然是科技园区未来力争实现的一种盈利模式，因为无论是租金收入还是服务收入都有天花板，不可能无限制地增长，而唯有投资收益可以实现指数级增长，对科技园区可持续发展起到战略支撑作用。所以，科技园区应该在这方面狠下功夫、提前布局，引进或培养专业投资人才，挖掘投资项目，做企业的同行者，做企业的合伙人。

（四）政策收益

获得政府对科技园区的扶持资金或奖励资金，也是园区收益之一。但由于这种资金的获得是一次性和暂时性的，是对科技园区运营绩效的奖励，是锦上添花，所以不能冲着奖励资金而去做园区运营，否则就是本末倒置。对政府的奖励应有正确认识。对于政府的奖励应该尽量争取，一方面可以充实科技园区运营资金，另一方面能得到政府奖励，说明政府对科技园区运营绩效的认可和鼓励。事实上，政府奖励也不可能轻而易举得到，因为政府有一系列指标考核，只有严格按照政府的文件要求，扎扎实实做好每一项工作、完成每一项指标，才可能通过政府各项资质的认定，最后拿到政府的奖励资金。如果拿不到政府的奖励，说明自身在运营能力和绩效方面还存在差距，只有继续努力，争取未来能通过政府的考评，而不是投机取巧，弄虚作假，欺骗政府。

综上所述，目前科技园区的盈利模式主要包括租金、服务和投资这3项内容，而且以租金为主。有资料统计，科技园区的租金收入占比50%，服务收入占比30%，股权投资占比10%，其他收入占比10%。很显然，我国科技园区目前仍不能摆脱对租金收入的依赖，这也证明了我国科技园区运营总体还处于较低水平，离西方发达国家科技园区以专业服务收入为主、租金收入为辅的状态还有较大距离。科技园区的未来一定是建立在专业服务和企业投资这两个核心能力基础之上的，如果没有这些核心能力，科技园区就有可能沦为"二房东"，谈不上孵化企业、培育产业，甚至存在的价值也要打个大问号。

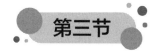

第三节

组建新团队，锤炼为企业赋能的专业人才

一、科技园区运营团队的组建

科技园区运营是一个周期较长、复杂程度较高的系统工程，涵盖的专业领域非常广泛，要完成这项复杂艰巨的工程，人是最重要的因素。不仅需要专业的人，更需要专业的团队；不仅需要专业和规范，更需要耐心和毅力。科技园区对人和团队的要求是非常高的。尽管如此，现实中这种既有专业能力又有职业品质的人才还是相当稀缺的。正因为如此，科技园区团队建设的重要性被提到前所未有的高度，可以说决定科技园区未来成败的关键是人，科技园区最宝贵的资源是人，科技园区最核心的竞争力也是人。

（一）运营人员的素质与知识结构要求

科技园区主要从事企业孵化服务工作，运营服务人员具备一定的专业知识、服务能力和职业品质是最基本的素质和要求。这种要求主要体现在以下4个方面。

（1）创业服务。熟悉创业者类型，甄别具备创业精神的创业者；熟悉小企业创业成长规律，具备成熟的商业判断能力，能指导创业者甄选和把握创业机会；具备企业财务知识，掌握会计原理，能指导创业者正确处理财务相关问题；具备人力资源知识，能帮助创业者组建创业团队，招聘合适的员工。

（2）技术管理知识和能力。掌握必要的技术管理知识和能力，帮助创业者判断技术潜力、规划商业路径，协助创业者申报技术专利，利用知识产权保护；熟悉技术领域发展情况，了解大学、科研机构在相关专业领域的优势和专家情况，能帮助企业对接相应的科技成果，提供相关机构的技术服务。

（3）职业品质。工作中应具备开拓精神、冒险精神；敢于创新，勇于担责；具备领导能力、社会活动能力、资源整合能力和良好的人际关系；有强烈的社会责任心和奉献精神；工作充满热情，富有主观能动性；正直、细心、耐心。

（4）经验。具有成功的创业经历或丰富的企业管理经验，曾任企业高管、技术开发或市场开发部门主管、会计师事务所的财务咨询人员、投资公司的投资经理、科技主管部门的项目工程师等职务，能够胜任创业导师、创业辅导员或企业联络员工作。

（二）运营管理人员的基本职责

（1）全面履行国家有关科技园区的政策规定，科技园区章程、制度，以及相关岗位职责、目标及任务，并综合相关政策为园区企业服务和赋能。

（2）针对在孵企业特点量身定制企业孵化服务计划，组织开展咨询、培训、商务、技术、人才、科研、投融资等资源对接服务，以满足企业各项现实需求，并保证取得成效。

（3）组织和协调相关资源，建立科技园区资源服务网络，营造优良生态环境，提升园区运营服务能力。

二、企业文化中的团队力量

数字化时代科技园区创新运营离不开企业文化的作用。科技园区要考虑如何充分发挥企业文化的力量，通过寻求广泛共识，建立激励机制，激发运营管理团队的激情，增强团队的内驱力与创造力。

（一）发挥企业文化的力量

企业文化是一种柔性的管理手段，通过建立共同的价值观，实现思维方式和行为方式的统一；通过建立企业发展原动力，增强企业对员工的凝聚力，提升员工的执行力。企业文化建设需要围绕公司的愿景、使命和价值观，提炼出普遍的行为准则。企业文化的核心是价值观，通过营造一种良好的组织氛围，以文化产生的特殊力量，包括凝聚力、激励力、约束力、导向力、纽带力和辐射力，增强员工的工作积极性和内驱力，激发员工的斗志和创造力，从而推动企业的发展。

（二）发挥团队集体的力量

数字化时代下的科技园区运营团队，既要善于自主学习，持有开放心态，能接受冲突并按照客户导向努力工作，还要发挥团队合作的力量，众志成城，无坚不摧。

科技园区运营团队就像大家庭，每个员工都在家庭中承担不同的角色。一是作为基层员工，需要快速认识自己、探索兴趣、建立信心，把个人目标与组织目标相结合，放大他人的优点，包容彼此的缺点，取长补短，共同成长；二是作为中层骨干员工，在打造求知和开放的文化中，提升技能和责任心，善于分享观点，共同探讨问题，包容接受不同意见；三是作为高层重要领导，以身作则，树立典范，对团队成员不断激励和赋能，激发员工的内驱力和使命感，最终实现价值观趋同、目标趋同、行为趋同，点燃团队的激情和创造力。

三、运营团队的成长

（一）团队成长的3个阶段

第一阶段是建成阶段，寻求共同目的，凝成利益群体，推举领导班子。
第二阶段是成长阶段，明确战略目标，沟通合作默契，行动协调一致。
第三阶段是成熟阶段，铸造团队文化，内外高度统一，共创新的天地。

（二）团队的职业化建设

科技服务业是运用现代科技知识、技术、方法、经验、信息等要素向社会提供智力服务的新兴产业。运营团队的职业化建设既涉及科技园区行业的宏观层面，也涉及个体的微观层面，具体包括以下3个方面：①科技园区的知识与方法论体系；②员工职业精神与服务规范；③员工素质能力提升与职业发展。

我国科技园区行业在不断总结、归纳30多年孵化实践经验的基础上，已经创建了一整套职业化建设规范体系，包括园区运营孵化知识体系、方法论体系、职业精神、操作规程等内容，并通过各类教育培训体系，扩散、传递给行业从业人员。2010年以后，整个科技园区运营机构的职业素养普遍得到了提高。各地的科技园区并没有满足于现在取得的成绩，还在不断地总结经验，并分享给全国同行，推动了整个行业运营水平的提升。科技园区的员工也在深入实践、努力学习，不断提升素质和能力，实现个人职业生涯发展。

需要突出的是，开展员工职业培训是团队职业化建设的重要环节。科技园区要围绕企业的需求，对照岗位及岗位职责说明书要求，确定执行目标任务所需技能，分析每个员工的能力短板，制定个性化培训目标和内容。科技园区员工培训方式要多样化、实用化，如组织员工到众创空间、孵化器、加速器、科技园区、创投公司等机构参观考察；培训内容要增加大量的科技园区运营管理案例和企业服务案例；培训课也可以放在某个科技园区的产业服务部门，让员工亲身感受企业服务的过程。总之，团队培训形式一定要以实用为导向，以效果为导向，为园区运营赋能。

（三）创新创业文化建设

运营团队在企业孵化服务过程中，一定要重视创新创业文化的培育和创新创业氛围的营造。科技园区入驻企业大部分具有创新创业基因，对创新创业环境和氛围有着天然的亲和力和体验感。弘扬创新创业文化应该成为科技园区的品牌特色之一。

尊重创业者、亲近创业者，陪伴创业者共同成长，是许多科技园区从业者共同的情结。比如，上海杨浦科技创业服务中心力推"仰视创业者"的服务理念，在孵化服务设计上自始至终以创业者的需求为依归，根据创业企业成长的特殊规律，找准关键环节，持续深化服务，让浓浓的创业情怀陪伴企业成长壮大。科技园区应该成为创客文化的摇篮、科技创新的策源地、科技企业的试验场。

又比如，复客中国提出的企业文化是"积极主动，刻苦创新"，该企业文化不但是员工日常的工作准则，也成为园区工作人员为入驻企业提供服务的指导思想。

此外，科技园区还可以通过举办孵化企业毕业典礼、开辟成功创业者形象墙、组织创业分享故事会等形式，激发创业团队的精神和士气，营造鼓励创新、宽容失败的文化氛围。

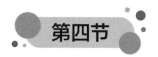

创建新品牌，打造为企业赋能的百年老店

每一家追求长远发展的企业都将品牌看成企业的生命线，每一位具有长远意识的企业家都为创建品牌倾注毕生精力。任正非为了华为不惜以弱

抗强，张瑞敏为了海尔怒砸冰箱，乔布斯为了苹果进行颠覆式创新直至生命尽头。一个知名的、具有价值内涵的品牌，一定是经过长期积累沉淀、不断创新打磨才创造出来的。品牌一旦树立起来，必将给企业带来源源不断的丰厚回报。

科技园区的发展同样需要品牌支撑。放眼国内，除了张江、启迪、创新工场、中关村等几家品牌具有全国性影响外，绝大部分科技园区都寂寂无闻。一些科技园区也曾风靡一时，但影响力并没有维持多久；另外一些科技园区虽然在局部范围内具有一定的品牌影响力，但没有形成全国性品牌效应。科技园区在品牌建设上还有很长的路要走，尤其是打造全国性品牌，更是难上加难。在科技园区竞争越来越激烈的今天，塑造品牌已经成为科技园区树立竞争优势的重要举措，品牌塑造不仅可以促进园区经济发展，而且可以提升园区形象，优化资源配置。实施科技园区品牌战略，势在必行。

一、科技园区品牌内涵

品牌通过识别标志、经营行为、市场宣传及消费者使用等过程，使得企业的产品和服务让人产生一种价值理念或感觉，从而转化对企业、产品和服务的认知度。这种认知有正面的，也有负面的。正面的认知度越高，品牌的知名度和美誉度就越高，带来的价值也越高。

科技园区作为一个品牌同样如此。科技园区品牌的核心是服务，通过孵化服务，帮助在孵企业快速成长。科技园区的服务水平越高，企业的成长性就越好；企业的成长性越好，科技园区的品牌价值就越大。评判科技园区品牌影响力，一般从以下4个维度着手。

（一）知名度

知名度是指品牌被社会公众认识和了解的程度。如果一个品牌不为大众所认识和了解，那么就没有知名度。在我国科技园区行业，没有人不知道上海张江，因为它集聚了众多优质科创企业，也产生了巨大的社会经济价值。知名度获得可能相对容易，而要保持却有较大难度，因为先发优势也好，宣传推广也罢，都不是品牌塑造的根本，知名度长盛不衰的秘诀是打造品牌核心内涵，对科技园区而言就是把企业服务做到完美、做到极致。

（二）美誉度

美誉度是指品牌被社会公众信任和认可的程度，高美誉度是赢得市场的重要条件，好的品牌一般都具有独特的魅力而受到大众普遍青睐，进而产生巨大影响力。美誉度本质上是高品质的一种体现，就科技园区而言，高品质主要体现在服务质量和企业成长性方面。如果一个科技园区在5～10年内培养出了一批成长性较好的科技型中小企业、高新技术企业，甚至有企业成功上市，成为独角兽，那么这家科技园区就非常了不起，一定属于高品质科技园区。这样的科技园区必定广受企业欢迎，拥有高美誉度也就是自然而然的事情。

（三）市场表现

一个品牌在市场上的表现通常有两个衡量指标：一是市场覆盖率；二是市场占有率。前者指品牌所辐射市场范围的大小，后者是品牌在全部同类商品销量中所占的比重。科技园区由于行业特殊性，不追求市场覆盖率和占有率，而是将重点放在品牌价值和品质的塑造上。提升运营品质，创造核心价值，才是科技园区所追求的市场表现。

（四）品牌价值

品牌的价值是指品牌的市场竞争力和影响力，它反映品牌所处的市场地位。品牌价值并不等同于交易价值，但它可以为交易价值的实现提供社会认识和接受的基础。科技园区的品牌价值主要体现在孵化链是否完整、产业生态是否健全、服务生态是否成熟等方面，如果这些方面都很突出，那么科技园区的品牌价值就可以实现最大化。

二、科技园区品牌创建

一个成功品牌的诞生通常要经过3个阶段。

（一）品牌规划阶段

每个品牌都需要有区别于其他品牌的独有特征，这种独特性在规划阶段就应该充分考虑好。对科技园区来说，首先要把发展理念和愿景、战略目标与定位、服务宗旨和价值等核心内涵确定下来；其次是招商运营体系、服务平台建设、工作措施和绩效指标的确定；最后是视觉标识设计，以及相应含义的赋予。只有经过系统性规划，科技园区品牌运营才会有方向、有策略、有步骤。

（二）品牌建设阶段

科技园区品牌建设的过程也是品牌规划运用的过程。一是制订具体的执行方案，如年度计划、绩效指标、财务预算、考核方法等。二是开展品牌宣传和推广，利用各种渠道宣传园区品牌形象、发展理念、核心价值、产业组织、资源联动、发展成果等，让社会各界对科技园区产生良好印象和正确认知，提升知名度和美誉度。三是加强品牌管理和创新，让品牌保持统一性、完整性和温度感。

（三）品牌推广阶段

科技园区应根据市场和自身发展的变化，对品牌不断进行维护和推广，持续保持品牌影响力。首先，形成核心竞争力。科技园区要始终围绕"一个链条、两个生态"全面展开各项工作，不能偏离科技园区运营方向，否则不仅核心竞争力无从谈起，能不能生存和发展都不能保证。其次，形成品牌标签。由于"一个链条、两个生态"涉及的内容过于广泛，全部做到极致是不可能的，而选择其中的几个关键内容做深做透，做成行业的标杆、形成品牌标签则相对容易，如优客工场的联合办公、创新工场的天使投资等。所以，科技园区可以在某些点位上重点发力，持续深耕。最后，形成品牌集群，也就是在每个主品牌下面创建子品牌，如博济品牌下面的"博济讲堂""创客邦"，复客中国下面的"复客学院"，等等。子品牌与主品牌之间既相互独立，又相互补充。当然，子品牌最终要为主品牌服务，帮助提升主品牌的美誉度。

创建一个品牌也许并不难，短期内扩大品牌知名度也容易做到，但要长期保持品牌的知名度、美誉度，就必须坚持战略定力，坚持长期投入，坚持做出特色，坚持结果导向。做到四个坚持，完成品牌蝶变，应是实至名归。

（四）品牌建设步骤

第一是品牌定位。明确科技园区类型、产业方向和服务理念，做好品牌规划。

第二是品牌架构。科技园区品牌一般包括区域品牌、资源品牌、产业品牌、企业品牌、服务品牌、形象品牌6个方面，科技园区一般会根据自身条件和资源特点，有选择地重点打造某一两个方面的品牌形象，突出品牌的穿透力和影响力。

第三是品牌宣传。科技园区通过以自媒体、专业媒体、传统及网络媒体为主的传播矩阵，既做到宣传全覆盖，又实现精准品牌营销。科技园区策划组织或赞助举办的各类行业论坛、产业招商会、知识讲座、企业服务资源对接会、展览会等运营、招商活动，不仅仅是日常运营工作，更是针对目标人群的推广营销、事件影响、公关营销。通过目的性明确的活动，定向聚集成批量的目标顾客，潜移默化地在顾客中培育园区品牌。科技园区还可以通过协同行业智库，建立行业认知，输出行业观点，实施跨界联动，展示品牌形象。

第四是品牌识别。科技园区品牌识别围绕理念、行为、视觉3个层面展开。理念识别主要体现科技园区的核心价值和品牌理念；行为识别包括科技园区所提供的服务行为识别和运营机构所有运营活动识别；视觉识别是指对科技园区所有可视化要素进行系统化、标准化设计。归纳起来，科技园区品牌识别是由内在价值支撑的园区所有活动及视觉形象系统。

第五是品牌延伸。科技园区在保持运营机制、服务理念、发展战略与品牌内涵一致性的同时，时刻留意并考虑品牌的延伸，为品牌的未来发展设定路径。可通过扩大品牌涉及的行业领域，延伸、扩展品牌的文化内涵，不断提高品牌竞争力。

第六是品牌资产。品牌是科技园区最重要的无形资产，品牌的使用不能杂而无序，更不能经常变换，要保持前后连贯，始终如一，维护品牌的完整性。同时，要做好品牌保护，防止市场风险和法律风险。

第七是品牌文化。品牌是科技园区企业文化的核心，要从上到下、从里到外将品牌文化作为一种自觉行为，贯穿科技园区运营的每一个环节、每一项服务，让品牌影响力无处不在。

三、科技园区品牌蝶变

在众多的科技园区中，要夯实基础、做实做强、脱胎蝶变，品牌建设和打造是重中之重。但蓦然回首，能在灯火阑珊处闪闪发光、被人一下记住的品牌却凤毛麟角。谁都想从众多品牌中脱颖而出，实现蝶变，成为那颗最闪亮的品牌之星，然而对于大部分科技园区来说，品牌蝶变永远在路上。关于科技园区品牌蝶变，失败者各有各的原因，而成功者却有着以下共同之处。

（一）创建属于自己的品牌

任何一家科技园区都希望创建属于自己的品牌。品牌代表了科技园区在公众心目中的形象，代表了科技园区的运营理念，代表了科技园区的价值品质，代表了科技园区对社会的贡献。没有品牌，科技园区就没有灵魂；没有品牌，科技园区就没有前途。创建属于自己的品牌是科技园区的核心战略，提升品牌影响力是科技园区不懈的追求。

（二）把品牌当成核心战略

品牌战略是企业发展战略的重要组成部分，科技园区在做发展规划时，一定要把品牌战略放在发展战略的核心位置，并将品牌塑造贯穿科技园区运营活动的全过程。

（三）让员工成为品牌的一部分

员工是品牌战略的执行者和体现者，如果员工不明白品牌战略的意义、不理解品牌的真正内涵，不仅不可能对品牌塑造有所助益，反而会伤害品牌价值。优秀的科技园区都十分重视全面提升员工的品牌意识，要求员工在工作中时时刻刻维护品牌形象，践行品牌价值，推广品牌意义。

（四）让文化成为品牌的一部分

品牌是一种识别标志、一种精神象征、一种价值理念，是优异品质的核心体现。品牌是文化的表现，文化也是品牌的一部分。品牌既是一种标志，更是一种文化。在竞争日趋白热化的今天，科技园区需要通过一系列的专业运作和能力建设，打造具有竞争力的园区文化，从而吸引大量企业、人才集聚，实现园区品质提升和可持续发展。例如，复客中国的"积极主动，刻苦创新"文化已植入复客品牌，从而获得入驻企业的认可。

（五）让品牌成为园区资产

品牌标示着企业的信用和形象，是企业最重要的无形资产。在某种程度上，品牌价值等同于企业价值。科技园区要善于运用这一独一无二的重要资产，创造最大的品牌价值，实现园区跨越式增长。同时也要保护好这笔重要园区资产，不让品牌价值受到任何不法侵害，更不能让辛辛苦苦建立起来的品牌形象毁在自己手里。所以，科技园区要建立规范的品牌使用和保护机制，不断赋予品牌内涵张力，让品牌资产越积越大，含金量越来越高。

综上所述，科技园区在完成项目策划、载体建设、招商引商、服务体系和团队搭建等相关工作之后，基本形成了科技园区的运营格局，但是要真正立于市场不败之地，本文认为，科技园区运营机构本身就要像入孵企业一样，进行"孵化和蝶变"，脱胎重炼，重点打造园区品牌，做到真正的体系化、规范化建设，走可持续化发展道路。

天下之事，非新无以为进，非新无以图强。科技园区是创新创业创造的主战场，是科技型企业和战略性新兴产业发展的主阵地，也是科学研究及科技成果转移转化的主平台。大力培育和发展品牌型、生态型科技园区运营机构一定是下一步科技发展的主旋律。科技园区创新生态链应以科技园区为空间边界，以主导产业为基础，以企业与外部各要素间的关系为核心，以产业生态、服务生态与企业发展链条为核心，以创新为导向，建立多层次、开放性综合系统。科技园区必须发挥政府主导作用，培育新兴产业集群，推动产业融合创新；必须坚持以产业为实体，打造完整创新链条；必须坚持以园区为载体，健全科技服务支撑体系；必须弘扬创新创业文化，营造鼓励创新、宽容失败的积极氛围。总之，科技园区要实现高质量发展，必须在品牌建设的基础上构建企业、产业、园区融合共生的高能级创新生态。

本章主要参考资料

1. 李红兵，汪贝贝.国内外科技园区创新生态系统建设的经验与启示［J］.青海科技，2021，28（05）：17–21，25.

2. 吴秀玉.浅析品牌内涵与品牌策略［J］.山东纺织经济，2007（03）：57–58.

3. 翟姗姗.网络经济的运行模式与竞争策略［J］.湖北经济学院学报（人文

社会科学版），2008（11）：36-37.

4. 周秀玲，王信东. 基于知识管理的市场营销创新［M］.北京：社会科学文献出版社，2012.

5. 产业园区持续发展的愿景：园区创新生态系统［EB/OL］.同济发展研究院，2019-05-14，http：//tdi.tongji.edu.cn/61/69/c25210a221625/page.htm.

第九章 复客中国科技园区运营案例

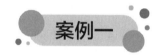

探索科技企业孵化器的规范化运营之路

被称为"中国近代第一城"的南通,雄踞在上海北面,成为拱卫上海北大门、依托上海发展的新兴大市。作为江苏省内北越长江的第一城,南通拥有近代以来积攒的历史沉淀和改革开放以来迸发的现代活力,吸引了大量产业云集。上海早已将目光瞄准南通,将其视为产业北移的重要承载地。复客中国也一直在探索走出上海、布局南通、创新升级、沪通融合的发展道路。

一、战略拓展,沪通融合

位于南通市崇川区姚港路52号的江景苑公建项目是由南通市崇川科技园投资发展有限公司受托管理的科创载体,共有4幢商办楼,总建筑面积52 000 m²。项目自2016年竣工以来,一直处于未交付运营状态。2017年5月,南通市崇川科技园投资发展有限公司决定以招标的形式,为项目寻找运营方。复客中国获得信息后,迅速组织力量进行市场调研,经过半年多的积极准备和努力争取，最终在招标中胜出，获得项目运营机会。同年 11 月，南通市崇川科技园投资发展有限公司与复客中国举行了项目签约仪式，从而完成了复客中国北进南通、落户崇川的战略发展之路。

复客中国正式承接项目后，将项目命名为"南通复客科技园"（见图 9-1），旨在建成集技术研发、企业孵化、创业服务、生活配套于一体的高科技创业园区。对于南通复客科技园来说，要实现建设现代化高科技创业园区的目标，第一步是为新成立的园区寻找到一种高效合适的运营模式。

图 9-1　南通复客科技园实景图

复客中国在进入南通之前，已经在上海和苏州等地运营了十几个科技园区并获得了较大的成功，其中公有民营合作模式是复客中国的重要合作模式之一。南通复客科技园借鉴了复客中国的相关经验，结合项目产权方的实际情况，采用了公有民营模式，即南通市崇川科技园投资发展有限公司统筹协调、复客中国负责运营的合作模式。确定这一模式，既可以有效地依托政府资源及地方的经济和配套基础，又可以充分发挥和融合上海在技术领先、信息集聚、人才汇集方面的区域优势，同时最大化地利用复客中国在专业孵化领域的运营优势和丰富经验，是当时背景下的最佳选择。

在复客中国运营下，目前园区初步形成集人工智能、物联网、互联网、软件开发等于一体的人工智能产业链，并获得国家级众创空间、国家级科技企业孵化器认定，成为"沪通融合"的经典案例。

二、四年磨炼，培育人工智能产业

作为南通"长子"，崇川一直以来被赋予"未来南通城市核心和经济增长极"的期待。正所谓"科技是第一生产力"，经济增长的宏观目标离不开一个个科学进步、技术创新的载体。当南通复客科技园入驻崇川后，自然成为推动地方产业升级、技术进步以及经济增长的重要参与者。结合地方发展需求和自身特色优势，形成具有竞争力和发展潜力的产业定位，成为南通复客人需要首先解决的问题。

2015年起，中国乃至全球范围内涌现了大批人工智能企业，这些企业对外提供人工智能产品服务和解决方案，对内依托人工智能技术驱动企业发展。同时在科研创新方面，全球人工智能论文发表量和专利申请量都呈快速增长态势。与此同时，各种国家级以及地方级的人工智能战略规划也不断涌现。在金融领域、医疗领域、交通领域、制造领域、零售领域等，包括我国在内的众多国家都相继出台了人工智能相关战略和规划文件，以期加快人工智能基础设施建设，推动人工智能技术创新和应用普及。南通在产业发展规划中也将人工智能确定为主要产业发展方向之一，在此背景下，"人工智能产业园"的定位被正式确定为项目产业发展方向。由此，一条"一年打基础，三年见雏形，五年成规模"的人工智能产业发展之路正式开启。

战略方向确定后，复客中国一方面建立并深化与政府、高等院校、科研院所的合作，另一方面挖掘市场化机制的潜能，开发专业的领域化服务和高效的资本化途径，逐步打造"众创空间—孵化器—加速器—产业园"的接力式人工智能产业孵化链。

立足于打造以人工智能产业为主的科技企业孵化器，南通复客科技园自成立以来不断引进和培育人工智能领域创业企业，形成了以人工智能为特色的产业聚集区。不到 5 年时间，园区累计孵化企业 137 家，毕业企业 22 家，培育高新技术企业 3 家、省高新技术企业培育入库企业 2 家、规上企业 4 家、科技型中小企业 20 家，引进紫琅英才及江海英才人才 3 名，企业拥有发明专利 101 项、知识产权 86 项。2021 年年度，园区企业实现营业收入近 8 亿元，从业人员 800 余人。

2019 年，南通围界盾智能科技有限公司入驻南通复客科技园，该公司是一家专门针对周界入侵防御报警系统进行研发、规划、设计、生产并从事智能科技领域产品研发、生产、销售和服务的高科技企业（见图 9-2）。企业入驻后，南通复客科技园积极提供了以下服务：一是利用复客集团国内资源，协助企业成功注册产品商标，并顺利打开市场；二是提供专业导师指导，同时对企业的商业模式和企业运营进行了系统性规划，并帮助企业获得"兴业杯"江苏省退役军人创业创新大赛南通决赛一等奖、省赛二等奖的成绩；三是协助企业规划在产品加工过程中，如何进行财务规范管理；四是帮助企业进行政策研究和匹配，帮助企业申请多项专利，同时筹划申报高新技术企业。

图 9-2　南通围界盾智能科技有限公司实景图

正因将科技发展作为第一目标，南通复客科技园形成了以杰出人才、专业团队、优秀项目为依托的人工智能产业规模化发展之路，促成了主题突出、链条齐全、服务闭环的企业集聚规模效应。通过完善的人才汇聚和体系培养，汇聚、培养了多层次的青年创新人才，逐步打造南通人工智能领域创意汇聚、人才聚集的才智高地。

三、规范管理，贯彻"一链两态"标准

从建立到现在，南通复客科技园一直致力于规范管理，贯彻公司的"一链两态"标准。

（一）产业/空间布局规范化

为了充分利用园区资源开展运营，南通复客科技园区建设采取先规划后运营的方式，空间利用集约高效，功能定位清晰明确，在项目招引之前就规划好产业布局和基础设施。园区运营团队通过研究、预测园区生态圈运转具体需求，将园区空间划分为不同的产业区域，如人工智能核心区、文化运营区、生活设施区、管理职能区等。在南通复客科技园区内，人工智能产业区位于核心区域，生活设施区和管理职能区分别靠近园区的东、西部，而餐饮、物流、消费等文化运营区点缀于整个园区范围。通过合理和规范化的产业布局，最终在园区管理职能顺利运转、核心人工智能产业蓬勃发展的同时，服务于主体产业的文化运营和生活设施也相应地发展了起来。

（二）基础配套人性化

南通复客科技园区高度重视园区内基础设施和相关服务机构的建设。园区按照长期规划为入驻企业和人才建设了良好的基础配套设施，如书吧、实验场地、服务机构、充电设施、餐饮、娱乐设施等，为入驻企业提供系列优质服务。园区设立一站式服务中心，以简化企业对接服务工作，提高园区运营效率，同时形成亲商、开放的人文氛围。园区内餐饮、消费、阅览等各种休闲娱乐设施有利于人们面对面进行知识交流，公共空间的不断完善促进园区形成充满活力的文化氛围，真正实现将科技与生活关

联起来。

（三）项目引进规范化

在多年的科技园区运营工作中，复客集团在制定企业入园标准方面积累了丰富的经验。南通复客科技园区成立后，集团为园区运营发展建立了严格的项目筛选机制，通过设立由集团内外专家组成的项目甄选机构，评估申请入驻的项目，对企业在行业中的排行、市场占有率、产品和业务、近5年来的业绩和利润等信息进行充分了解，判断其是否符合科技标准和高水平人才引进要求。特别地，园区注重申请入驻企业和机构的研发比重，对申请入园科技型企业的人员结构、研发比例、技术要素、战略价值等进行综合考虑，并对存在污染的企业实行一票否决制。园区的招商始终本着宁缺毋滥的原则，通过规范化的制度保障实现优先引进人工智能产业链及上下游相关企业的招商目标。

（四）内部管理规范化

按照规范化管理和协同创新管理的企业管理理念，结合现代企业管理制度和孵化器行业管理要求，南通复客科技园制定了一系列行之有效的内部管理制度，以规范和促进园区的运营。在实践中，逐步构建了管理制度化、流程标准化、运营信息化、服务平台化的规范化内部管理体制。园区在资金使用、联络管理、工程建设、内部管理等方面建立了完善的规范化制度，并严格落实相应管理措施。同时，园区根据集团下达的年度工作任务，分解制定并下发各部门考核目标，并做好各项工作的贯彻落实与年度总结梳理。

（五）孵化管理规范化

针对企业孵化管理，南通复客科技园区制定了《南通复客科技园孵化器运营管理办法》《入园手册》《企业孵化与毕业管理办法》等用以规范孵化器日常运营的规章制度，并明确创业企业入孵、毕业退出的管理机制。

对于在孵企业，园区落实企业入驻时的孵化协议签订制度，细致明确房屋租金、物业管理费、经营费用等，积极宣传和保障载体各项规章制度的落实，保障科技园区的依法经营。同时对于在孵企业可免费享受的载体服务，科技园区也积极落实、全力配合。对于在孵企业经营过程中可能遇到的问题、困难和要求，园区建立了高效、畅通的服务申请渠道，为企业提供相应服务工作。对于毕业企业，园区为其提供转入载体内产业化空间继续经营以及移出载体到其他更大的空间开展经营活动两种后续发展方案。无论其未来发展方向如何，园区都委派专人与其继续保持联系和合作。

围绕人工智能产业的发展需求，通过建立和完善规范化管理体系，南通复客科技园在双创管理、支撑平台、市场运营、开放创新、人才培育等方面取得了一些经验和收获。时至今日，园区已有效形成人工智能领域相关产业链辐射，并实现融合创业人才、研发项目、科技成果的多形式"互联网+"孵化成果，建成了一个开放型和可推广的创新创业示范基地。

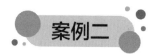

昆山复客智能制造产业园打造专业化加速器

昆山复客智能制造产业园位于昆山市迎宾西路1601号，占地面积96 000 m²，建筑面积77 000 m²，是巴城镇在大力推进老旧工业园区转型升级背景下，委托上海复客科技集团进行运营管理的产业园。

一、探索老旧工业园区转型升级的城镇样本

昆山复客智能制造产业园作为巴城镇大力推进老旧工业园区转型升级

的重点项目，需要依据区域特色，对照昆山建设新要求，在国家及省新型城镇化战略的指导下，出台有关政策措施，加快巴城镇老旧工业区改造提升步伐，促进制造业高质量跨越式发展。为此，复客集团以昆山复客智能制造产业园改造为样本和案例，通过整体分析和研究，积极探索老旧工业区转型升级的有效模式，为今后同类项目改造提供科学指导（见图9-3）。

图9-3　昆山复客智能制造产业园实景图

（一）发展定位

昆山复客智能制造产业园属于巴城镇资产经营有限责任公司，厂房较为集中。基于巴城镇未来产业发展方向和城区布局，昆山复客智能制造产业园采取保留改造方式，紧跟巴城镇工业高端化、提升聚集力、做强服务力的大方向，加大产业更新力度，全力打造以智能制造为特色的产业加速孵化平台和产业化制造高地。

（二）运营策略

一是工业走向高端化。依托巴城镇深耕电子信息、半导体、智能制造等重点领域，研究构筑"主导产业+特色产业+培育产业"的现代产业体系，推动数字产业化、产业数字化，探索创新链与产业链的互融共进，从而持续推动巴城镇传统工业区向科创产业园转型升级。

二是提升新兴产业聚集力。园区紧扣高质量发展和集聚新动能两条主线，依靠巴城镇"两区、两轴、一带"产业空间功能布局，不断培育壮大新兴产业集群，有效推动电子信息产业、半导体产业集聚，为巴城镇经济发展行稳致远注入新活力。

三是做强营商惠企服务力。加快推进园区产业升级和工业集聚区改造研究，扎实推进服务企业全生命周期的配套集成，形成闭环。

复客中国利用老旧工业区改造升级的契机，成功将昆山复客智能制造产业园打造成孵化链条的后端——加速器，未来逐步向带有加速器功能的产业园区发展。

二、构建加速器和产业园一体化服务平台

复客中国的成功经验是建立了完整的孵化链条，而加速器的建设是孵化链上的关键一环，也是企业走向产业化的临门一脚。

加速器的孵化对象是从孵化器中毕业或即将进入产业化阶段的企业。高成长性以及对物理空间的急速需求是这些企业的主要特征，高成长企业对于人力资源、技术、资本和市场等关键发展因素具有更高层次、更加专业化的需求。为此，园区向企业提供以下3个方面的服务，助力企业加速发展，快速实现产业化。

（一）完善利用规模化物理空间

进入加速和产业化阶段的企业，对物理空间和配套设施的要求达到一定规模。本项目厂房面积有61 000 m²，其中加速器20 000 m²，产业化空间41 000 m²。截至2022年年底，容纳了12家智能制造企业，平均每家企业使用厂房面积为5 000 m²，其中最大的企业面积达到12 000 m²。除了企业已用空间外，园区还保留了部分空间，保证后期优质企业入驻。除厂房外，园区还配套了16 000 m²生活空间，满足企业展示、交流、住宿、用餐和文化需求。

（二）构建一站式服务中心

一站式服务中心主要提供优惠性政策服务、市场化网络平台服务、专业化研发平台服务、开放式中试基地服务、便利化融资服务、高端人力资源服务，并提供实验室租赁服务、中试服务、加工服务、测试服务、标准和专利服务等，实现研发资源共享，降低企业研发成本。通过与人才服务中心、人才市场等协调，建立若干针对不同产业需求的人才招聘网络接口，为高成长企业提供会员制服务。

（三）大力建设智慧化信息平台

昆山复客智能制造产业园（见图9-4）改造初期，面对信息应用不足等一系列亟待解决的问题，集中在3个方面发力。一是基础网络覆盖，在园区的周界、出入口、通道设置视频安防监控，增加视频端口监控密度，同时监控中心采用了集中存储管理监控系统和全网络架构，实现数据化全监控，提高安防等级。二是园区管理智能化，企业用水、用电采用远程抄表系统，实现预付费或者远程在线能量管理和计费管理。安保巡逻采用电子巡更系统，实现巡逻智能化。三是沟通智能化，园区采用无线对讲系统，解决通信范围或建筑结构等因素引起的通信信号无法覆盖的问题，便于随时随地精准联络保安、工程、操作及服务人员，方便其履行岗位职责。

图9-4　昆山复客智能制造产业园全景图

此外，园区还运用互联网、云计算、多媒体及生物识别等现代信息技术，帮助园区构建统一的组织管理体系、业务管理平台和对外服务平台，使园区所有者、管理者、运营者、园区企业形成一个紧密联系的整体，盘活园区内各方资源，获得高效、协同、互动、整体的效应。

三、培育高成长性智能制造产业集群

昆山复客智能制造产业园创新集聚产业发展要素，积极发挥园区平台功能，致力于为智能制造产业营造良好的创新创业环境，打造集专业化服务功能、创新型孵化功能、多资源聚合功能、产学研转化功能于一体的人工智能产业新平台，力争成为智能制造技术研发、应用、产业化的示范基地。

经过两年多的精心打造，园区孵化培育出昆山晟成光电科技有限公司、康信达科技（苏州）有限公司、昆山贝松精密电子有限公司等一众行业新星。

昆山晟成光电科技有限公司成立于2021年6月，以智能高端制造装备为主营业务，提供整线化、个性化、自动化、智能化的工厂整体解决方案，目标是成为光伏设备和纸品包装设备两个细分领域的龙头企业。公司创立时先入驻园区加速器，起初核心团队只有5人，复客中国在工商注册、人员招聘、技术研发、厂房建设、项目投产等方面进行全方位跟踪服务。如今晟成光电员工规模已增至60余人，2022年产值突破6 000万元。

园区老牌企业康信达科技有限公司紧抓新能源行业走向，由电子元器件制造成功转型为电池探针模组、电池结构件制造，主要服务于新能源、电动汽车、通信、工业自动化等领域。2022年，康信达科技在复客中国的支持下在园区实现扩产，公司已提交专利百余项，审批通过发明、实用新型、外观专利累计90余项，荣获昆山市工程技术研究中心、江苏省高新技术企业、苏南国家自主创新示范区瞪羚企业、国家高新技术企业等荣誉资质及称号。

为提高园区安全生产管理水平，复客中国投资建设了园区智能化管理系统，整合物业巡更、智能烟雾报警、智能水表、环境监测、隐患区域智能监控等功能。在此基础上，复客中国于2022年联合运营商推出了全新的智慧园区公共服务平台。

智慧园区公共服务平台具体包括以下4个方面：

（1）园区所有者：园区状态一张图展示，轻松了解园区运营概况；

（2）园区管理者：提供智能化决策分析数据，管理工作规范，成本有效控制；

（3）园区运营者：工作开展协同高效，数据自动生成，增强园区创新服务能力和服务水平；

（4）入驻企业：园企一键互动，缴费信息自动提醒，账目清晰，意见反馈及时高效。

平台具备强大的集成能力和用户可视化数据展现分析功能，真正实现全系统的智能化管理，满足园区内综合管理的需求，为培育高成长性智能制造产业集群创造坚实的基础条件。

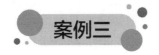

构建两岸青年创业为特色的众创社区

——以昆山两岸青年创业园为例

昆山东临上海，西依苏州，"开放、融合、创新、卓越"的城市精神吸引了众多优秀台商投资昆山，5 600多个台资项目扎根于这片创业沃土，十万台胞台属在此安居乐业。2015年，"大众创业、万众创新"的春风吹遍海峡两岸，无数我国台湾地区的有志青年追随父辈的脚步，来到昆山追梦圆梦。在此时代背景下，昆山两岸青年创业园（以下简称青创园）应运而生，成为深化两岸产业合作试验区、助推两岸青年就业创业的重要载体（见图9-5）。青创园采用公有民营的创新合作模式，通过招投标平台由昆山市人民政府台湾事务办公室委托上海复客科技集团创办、建设及运营管理。

图 9-5　昆山两岸青年创业园外景图

在 7 年多的运营发展中，青创园主推青年创业项目，扶持顶尖科创人才，培育高新上市企业，通过深度服务和产业生态叠加生效，取得了明显成效。截至 2022 年年底，青创园已累计引进创业项目 300 多个，其中我国台湾地区项目占比 70%；引进博士和硕士人才 42 名，其中各级双创人才和创业天使 17 人；累计培育了江苏省民营科技企业 22 家、高新技术企业 13 家、新三板上市企业 1 家。

青创园是中共中央台湾工作办公室、国务院台湾事务办公室认定的首批国家级海峡两岸青年创业基地，创办以来陆续荣获国家级众创空间、江苏省创业孵化示范基地、江苏省众创空间、江苏省科技企业孵化器等国家级和省级称号。

一、建设"一园多点"为特色的海峡两岸青年创业基地

青创园载体空间包含核心区与玉山驿站。青创园核心区坐落于昆山阳澄湖科技园，孵化面积超过 5 000 m^2，包含 1 间多功能报告厅、1 间公共会议室、1 个创业咖啡共享空间、25 间独立办公室、60 个创业工位，能满足 40 多家企业和团队进驻创业，此外还配备了人才公寓，为创业项目的高端人才提供住宿等生活配套服务（见图 9-6）。依托阳澄湖科技园良好的办公环境和浓厚的科研氛围，核心区已成为在昆台湾青年创业就业的主要阵地，孵化出多家成功企业，也涌现出许多催人奋进的创业故事，激励着两岸青年创业者不忘初心、砥砺前行。

图 9-6　昆山两岸青年创业园全景图

青创园玉山驿站位于昆山移动物联网创新园内，这里地理位置优越，交通便利。玉山驿站孵化面积近 3 000 m^2，包含 1 间展厅、1 间路演厅、2 间会议室、8 间独立办公室、100 多个创业工位，能满足 30 多家企业和团

队进驻创业（见图9-7）。

图9-7 昆山两岸青年创业园内景图

青创园在做好自身载体建设的基础上，积极发挥示范引领作用，不断输出服务与管理经验，带领昆山台协微创业基地、百富众创花园、龙腾光电、研华科技共同成为国家级海峡两岸青年创业基地，形成了"一园多点，有散有聚"的两岸青年创业载体布局，确保两岸青年创业项目可以根据自身产业类别和发展需求，选择合适的载体落地发展。

二、打造"一链两态"为核心的两岸青年创业孵化体系

在"一链两态"孵化模式的指导下,青创园充分发挥自身载体优势,并借助复客集团布局昆山科创发展的各种资源优势,逐步建立起完善的创新创业孵化链。其中,青创园核心区一楼的众创空间为初期创业者和团队提供了"拎包入驻"的开放工位,让创新创业的种子在此顺利落地并生根发芽(见图9-8)。核心区2～4楼的孵化器及玉山驿站则为处于快速发展阶段的成熟团队提供更为完备的研发办公环境和配套设施,解决创业者的后顾之忧,帮助他们开辟事业新天地。2020年,复客集团在昆山正式运营了第一个加速器与产业园共存的科创载体——复客智能智造产业园,总面积77 000 m^2,园区以生产厂房为主,并内设2个中试车间。该园区成为延伸创新创业孵化链的重要组成部分,帮助更多具备发展潜力的企业进入加速孵化与规模化生产阶段,使其茁壮成长。截至2022年年底,该加速器已有12家企业入驻,其中有80%的企业已将产品推向市场(见图9-9)。2021年,产业园总体收入超过7亿元。至此,青创园已在昆山建立起完整的孵化链条,可根据在孵企业不同成长周期提供相对应的多元服务,环环相扣,步步为营。

图9-8　昆山两岸青年创业园众创空间内景图

孵化与蝶变 INCUBATE & METAMORPHOSIS

图 9-9　昆山两岸青年创业园企业内景图

　　创业的种子离不开阳光和雨水的呵护，只有一如既往、无微不至的关心与服务才能让创业的萌芽破土而出，并最终成长为参天大树。在"一个链条"的基础上，青创园经过多年积累，建立起完备的服务生态和产业生态。除了孵化器内常见的企业注册、税务代理、政策申报、人才招聘等服务，青创园还联合昆山市人力资源和社会保障局，将国家标准SYB创业培训课程引入园区，定期邀请富有创业实战经验的讲师进行授课，课程内容包括创业项目构思、市场评估、企业组织结构、企业法律形态、预测启动资金需求和完成创业计划等10个主题，深受两岸青年创业者欢迎。此外，青创园还导入复客集团在投融资方面的经验与资源，充分利用政府引导、社会参与、市场运作的良好机制，联合五信资本、连资加速器等优秀合作机构，共同发起设立复客昆山两岸青年科创基金，初期规模5 000万元，主要用于青创园在孵企业的加速培育，主要投资方向包括智能制造、生物医药、人工智能、新能源、新材料等科技型企业。

　　青创园还借助台湾区电机电子工业同业公会、昆山市台湾同胞投资企业协会、昆山台协青年会等资源优势和自身影响力，积极与各大科研院所建立合作关系，已与杜克大学、哈尔滨工业大学、苏州大学、上海交通大学等高等学府多次开展交流，为企业提供技术支持和资源对接服务（见图9-10）。

图 9-10　昆山两岸青年创业园高峰论坛活动现场图

同时，青创园作为昆山市科技企业孵化器协会、昆山高新区众创空间协会会长单位，积极引导各会员单位交流合作，有效整合区域资源，助力协会发展，促进昆山双创产业进步。在多方力量的协助下，截至2022年年底，青创园已孵化出新三板上市企业1家、新四板上市企业1家。成功上市的企业发挥自身能力反哺园区，为创业者提供宝贵的经验教训和有利资源，通过自身的影响促进其他在孵企业的发展。科研院所、行业协会和上市公司构建了青创园生机勃勃的产业生态，与服务生态并驾齐驱，拉动企业发展的马车。

三、搭建"一城两岸"为目标的昆山对台交流融合平台

作为大陆台商投资最密集、两岸经贸文化交流最频繁的地区之一，昆山不断深化昆台合作交流工作，10万名台商台胞扎根昆山、安居乐业。为弘扬"两岸一家亲"文化，昆山率先全力建设台商大陆精神家园，打造让广大台商宜居、宜业、包容、认同的"第二故乡"（见图9-11）。青创园作为昆山台青创业的模范平台，致力于为两岸青年提供优质的创业资源，建设昆台创客学院；以两岸高校联盟为支撑，推动两岸高层次人才交流；以

推进"三个一百"①为辅助,接纳我国台湾地区青年就业实习。

图 9–11　昆山两岸青年创业园企业办公实景图

青创园设立台湾青年服务绿色通道,全面推进以同创同乐、共建共融为目标,以宜居、宜业、包容、认同为特质的台湾青年精神家园建设,从工作、生活、社交、教育等方面为台湾青年提供一对一、心贴心服务。积极举办两岸青年创新创业论坛与工作营,协助昆山市人民政府台湾事务办公室继续推动台湾大学生赴昆山企业实训活动,不断深化与我国台湾地区的高校、研究机构、人力银行等智库的联系合作,扩大两岸青年互动交流(见图9–12)。

两岸同胞同根同源、同文同种,中华文化是两岸同胞心灵的根脉和归属。青创园不仅在创新创业层面致力于两岸交流,还着眼两岸同胞共同传

---

①　"三个一百"专案包括暑期台湾学生100人至昆山实习、昆山企业100人至中国台湾地区研习、昆山企业100位中高阶经理人培训专班三项活动。

图 9-12　昆山两岸青年创业园台青创业活动实景图

承的中华优秀传统文化,增进两岸同胞互信认同,促进两岸同胞心灵契合。青创园在核心区和玉山驿站都布置了展厅,精心的陈设营造出浓厚的"两岸一家亲"氛围,使台胞感受到宾至如归的温暖。

四、构建"一区多园"为生态的两岸青年众创社区

2018 年起,鉴于青创园在引进和培育以台湾青年为主的两岸青年创业企业方面取得的巨大成效,结合项目所在地祖冲之南路片区内科创载体集中度高、台湾元素集中度高、科创资源集中度高的特点,昆山高新区科技局决定以青创园为中心,将 3 km² 的范围按照省科技厅要求打造为省级众

创社区，并由复客中国担任运营机构，制订建设方案。2018年年底，众创社区围绕增材制造和智能制造产业，立足服务两岸青年创业企业，联合11家科技企业孵化器和众创空间建设的昆山两岸青年增材制造众创社区获得江苏省科技厅立项，成为昆山首个省级众创社区。

自建设以来，众创社区内聚集了包括昆山两岸青年创业园、昆山启迪科技园、昆山物联网创新园、昆山高新区创业服务中心、昆山机器人产业园、昆山皓康科技园、昆山阳澄湖大学生创业园、创酷众创空间、苞蕾众创空间、乐山6号众创空间、联氪众创空间在内的11家科技企业孵化器和众创空间，昆山工业研究院七大研究所、江苏省中小企业国内技术转移平台、江苏省焊接自动化工程技术研究中心、复旦大学人工智能实验室、浙江大学昆山创新中心等15家技术服务机构，杜克大学、昆山登云科技职业学院等4所高校，以及商业、公寓、医疗和社区配套服务等资源，每年开展创业活动130多场次，孵化和培育1 200多家企业（其中我国台湾地区企业占30%以上），培育高新技术企业110家，每年毕业30多家企业，培育了7家上市企业，成为昆山高新区科创活动最活跃的片区和台湾青年创新创业的首选社区。

展望未来，青创园将充分利用昆山"沿沪对台"及长三角一体化的战略优势，构建"高端人才科创＋专项投资基金＋离岸创业孵化＋两岸深度融合"为核心的3.0版科创服务平台，打造更具竞争力、影响力、吸引力和品牌力的一流园区，成为全国两岸青年创业园区的第一品牌和昆山对台工作的"金字招牌"。

案例四

在转型升级中打造的国家级科技园区

在昆山市昆太路与柏庐路交叉口，有个昆山物联网创新园，大门口上面立着的"国家级科技企业孵化器"几个大字,在富有创意的园区背景衬托下显得格外醒目。然而谁能想到,2015年,这里还是一个杂草丛生的闲置厂房,与周边现代化的城市环境格格不入。2016年,当"万众创新、大众创业"的国家战略在全国掀起一波又一波浪潮时,复客中国也在加快拓展科技园区的步伐,在布局昆山的过程中,将这个厂区纳入旗下改造升级,从而拉开了项目改造和更新的序幕。

一、提档升级,做城市更新的先行者

昆山物联网创新园总占地面积20 000 m^2,原为精密模具标准件厂用地。2015年,昆山开始实施"转型升级创新发展六年行动计划",从老树开花、插柳成荫、腾笼换鸟3个方面实施转型。

2016年1月,根据昆山转型升级的规划要求,精密模具标准件厂迎来改造升级的良机。经过当地政府同意,由复客中国对本项目进行改造,将其打造成科技企业孵化器,项目得到了昆山市发改委审批立项,并且定名为"昆山物联网创新园"(以下简称创新园)。

首先要对原厂区的现状进行摸底,包括房屋原有建筑规划的规范性、主体结构的安全性、房屋地基的牢固性、市政设施的通畅性以及配套设备的完整性。在发改委批准立项后,复客中国立即委托专业机构对房屋地基、主体结构、市政管网及其他配套设备进行了安全性检测和可靠性检测。通过检测,得出房屋地基、主体结构安全可靠,配套设施和市政管网不完整的结论。这个结论比预想的要好,不用大动干戈进行房屋主体改造,只需要完善配套设施和装修装饰即可。但在原有基础上进行改造,依然具有较大挑战且需要耗费大量资金。

老厂房改造看似差不多,但改造手法各不相同。改造设计阶段是体现专业水平的关键时刻。设计包括立面造型设计、内部功能设计和改造施工设计。在当时的设计方案中是这样描述立面造型的:项目以"节能、生态"理念为核心,尽量减少对原有外立面造型的改动,整体园区风格以红色基调为主，迎合原有建筑立面色调，材质选用红色贴面砖，主楼南创客广场用重色金属构架与绿化统一，整体采用"原汁原味、修旧如旧"的理念，可以较好地保留原厂历史风貌和增进旧改建筑在昆山市区的时代性与新颖性。内部功能布局上，设计了办公空间、众创空间、共享空间、研发空间和商业配套服务空间，此外还设计了独具文艺特色的集装箱咖啡，空间布局完全满足科技企业孵化载体的全部功能需要。

施工设计和现场施工相对容易。5个月后，2016年6月，创新园改造竣工并交付使用（见图9-13）。改造后的园区在保持原有建筑结构基础上，结合不同功能定位，升级建筑立面风格，使外观色调质朴简约，建筑结构特点鲜明，同时搭配集装箱设计，提升园区整体视觉形象。如今走进创新园，6栋崭新的建筑展现在眼前，看不到一丝破旧的痕迹。扑面而来的是那种简约而庄重、古典而现代、传统而创新的强烈冲击感，让人恍如隔世却又充满感动。独立的别墅式花园科创空间，融合了科创办公、技术研发、创客中心、特色商业等多重功能，打造出厂房与科创结合的典范。

图9-13　昆山物联网创新园全景图

在中国城市化和产业升级的双重背景下，传统工业逐步退出城市中心，遗留的工业厂房成了闲置资产，这为城市更新带来了一个新的主题，那就是如何将城市废墟的沧桑感与时代变迁的现代感有机组合。无论采用何种方式，城市更新改造都围绕着一个核心理念，即通过创意为旧建筑注入新的生命力。创新园的更新也许就是这一理念最好的阐释，又或许将成为一个经典。

一切都在发生改变，只有那个高大的烟囱还原汁原味地矗立在那里，上面挂着"复客中国"4个大字，它见证过厂区曾经的辉煌，也见证着厂区今天的华丽转型，还将继续见证未来将要发生的一切（见图9-14）。创意，让未来变得不可限量。

图9-14　昆山物联网创新园外景图

二、聚焦产业，做企业孵化的探索者

创新园立足于打造以物联网产业为主的科技企业孵化器，引进和培育物联网、人工智能、智能终端和信息工程等方面的创业企业，形成以物联网为特色、以文化创意和现代服务业为辅助的产业园区。经过园区运营团队的不懈努力，不到5年时间，已累计引进和培育300多家企业，达到国家孵化器毕业条件的毕业企业40多家，累计引进投资6.6亿元，园内企业累计获得知识产权300余件，引进和培育科创人才32人，其中包括国家级专家人才1人、各级双创人才31人。培育高新技术企业13家、江苏省民营科技企业30家、科技型中小企业36家，成功孵化新三板上市公司2家、新四板上市公司1家。2021年，创新园被科技部评为国家级科技企业孵化器。

汉升达项目创始人多年从事谐波传动技术研究，于2016年6月入驻创新园后，已成功研发出新材料精密谐波减速机和民用谐波传动的产品等，并取得17项专利。在复客中国的精心辅导和服务下，企业构建了完善的商业模式，先后获得"姑苏科技创业天使""国匠路演冠军"称号、苏州创业天堂创业大赛二等奖、昆山创业梦就业桥创业大赛冠军等荣誉。2018年10月,复客中国为企业找到1 500 m² 生产厂房,进入产业化生产。2019年1月,企业获得乾融资本与元禾原点共同投资,完成Pre-A轮1 000万元融资。在融资过程中,复客中国先后帮助其通过路演、参赛对接十几家融资机构,帮助企业提高知名度,使企业迅速寻找到投资方。

服务汉升达项目只是创新园孵化企业的一个缩影,创新园在孵化企业中搭建了十大服务平台,主要体现在以下3个方面。

(一)孵化服务

进一步提升差异化创业服务模式,满足各成长阶段企业的不同需求。整合产业内部资源、创业导师平台等,展开多层次、定制化、专业性的创业服务。对于早期苗圃创业团队,园区扮演启蒙老师的角色,提供系统化、一体化服务,助力团队与商业计划的成熟;企业成立后,提供创业辅导、财税管理、人才招聘、技术支撑、资源对接、金融对接、人脉共享等方面的支撑;对于高成长性企业,在发展空间、技术研发、资本运作、市场拓展等方面针对性配置资源以及提供服务。

(二)赋能增效

高效整合产业内部资源,依托复客中国整体的产业优势和政策扶持,吸引有创业意向的科研人员、两岸青年创业家等来昆山物联网创新园创业实习,通过遴选机制、精细化"创业幼苗"培育机制,源源不断地为孵化器输送优质创业项目;而对高成长性企业,创新园除具备为入园毕业企业提供加速孵化服务的能力外,还提供产业内部资源对接和各类政策支持。同时,加强与区域内定位相符的加速器的联系,为毕业企业对接其他相同产业定位的加速器。创新园注重构建完整合理的科技创业孵化体系,不断探索,集聚各类创新要素,为创业赋能增效。

(三)整合平台

加强与当地龙头企业、科研机构、政府部门的合作,通过物理空间为科技企业提供路演服务、投融资服务、金融科技服务、人才服务和行业资源整合服务等，促进金融科技领域人才、资源、信息、技术交流，实现优秀项目（企业）与资本市场的高效对接。依托区域科技和人才优势，建立产学研协同创新机制，以创新创业为核心，打造集研发、孵化、服务、办公、产业培育、人才培养于一体的创新服务平台。同时聘请多名来自高校、企业、投资机构和专业机构的教授、专家、企业家和投资人担任"创业导师"，为台湾青年创业企业快速成长提供智囊服务。

创新园的发展不仅得益于双创背景下国家营造的良好发展环境，得益于昆山推动产业升级和城市更新带来的政策红利，更得益于复客中国"一个链条、两个生态"理论框架和具有自身特色的发展模式。创新园的成功实践又反过来为"一个链条、两个生态"理论做出了一个非常具有说服力的注脚。作为旧厂房改造而来的科创载体，创新园不仅承担了城市更新使命，也肩负着培育产业的重任（见图9–15）。

图 9–15　昆山物联网创新园办公楼外景图

三、两岸交流，做新经济阶层的主阵地

在创新园展厅有这样一段描述："昆山是大陆台商投资最活跃、台资

企业最密集、两岸经贸文化交流最频繁的地区之一。经过多年努力，昆台融合取得丰硕成果，昆山正成为台商台胞成就事业梦想的沃土、享受愉悦生活的乐园、心灵归宿栖息的港湾。"昆山是台湾同胞眼中的"小台北"，很多台湾同胞已经把昆山当成了第二故乡。

创新园与台湾企业结缘，始于昆山两岸青年创业园提出的"一园多点、有散有聚"的发展理念。2016年年底，由于台湾青年创业对载体的需求越来越大，创新园顺应形势建设了一个3 000 m^{2}的台湾青年众创空间，承接台湾青年来昆进行初次创业和实习。

汉升达就是在创新园建设了台湾青年众创空间之后，来到创新园创办企业的。除了汉升达外，创胜文化体育、九璨新材料、博比新材料、益活医疗科技以及吉食窖智能科技等30多家台湾青年创业项目纷纷入驻创新园，有的在众创空间接受初期孵化，有的在孵化器快速成长。良好的办公环境、便利的共享空间、周到的创业服务，让台湾青年对昆山温度和复客情怀的感受无比强烈。台湾青年李凯来在创新园的扶持下，利用集装箱开了一间咖啡厅，一下子成为台湾青年和本地青年的集聚地和交流空间，他们在这里品咖啡、叙乡情、谈业务、找灵感。一杯咖啡拉近了两岸青年心的距离，也融合了两岸青年对家国情怀的共同理念。

创新园不仅是台湾青年的创业基地，更是台湾青年的实习基地和就业基地。昆山市政府每年都组织200多名台湾青年学生来昆实习，来昆首站一般在创新园举行接待仪式、分配实习企业、安排住宿以及组织交流活动，其中有一部分青年会安排在创新园内企业开展实习活动，实习时间一般为两个月，其间这些青年还会集中到创新园开展交流活动。因此，创新园就成了台湾青年来昆实习的接待站和交流场地。有些青年学生实习后会选择留在企业就业，为后期创业打下基础。这样的实习接待开展了一批又一批，已经连续开展了5年，共接待了1 000多人实习。

创新园浓厚的台湾青年创新创业氛围不仅聚集了大量台湾青年来此发展，也引起了昆山新的社会阶层人士联谊会的高度关注。成立于2018年11月的昆山新的社会阶层人士联谊会（以下简称新阶会）将工作和生活在昆山的私营企业和外资企业的管理技术人员、中介组织和民办非企业单位的从业人员、留学回国创业人员、自由职业人员等新的社会阶层人士联结在一起，组成一个具有统战性、联谊性的非营利性社会组织，从而发挥应有的社会作用。

在复客新阶会平台（见图9-16），昆台两地青年通过创业实现共创、通过活动实现共享、通过交流实现共融，彼此达成了心灵契合，同胞之情深厚，已超出创业、合作和交流本身。

图9-16　昆山物联网创新园展厅内景图

孵化与蝶变　INCUBATE & METAMORPHOSIS

案例五

立足上海，建设 5G 双创中心

上海是国家经济发展的风向标，是改革开放的主阵地，也是创新创业的领头羊。当创新创业开展得如火如荼时，2020 年 8 月，位于上海五角场的中国（上海）创业者公共实训基地（见图 9–17，以下简称"实训基地"）迎来了中国产业园区运营商十强之一——复客中国，其在此建设运营了 5G 智慧产业双创中心（以下简称"双创中心"）。

图 9-17　中国（上海）创业者公共实训基地外景图

一、立足上海高地，建设 5G 双创中心

实训基地位于上海市杨浦区国定东路 200 号，总用地面积为 49 000 m²，规划建筑面积为 115 000 m²（见图 9–18）。根据国家"实施扩大就业的发展战略，促进以创业带动就业"的总体要求，上海市就业促进中心规划建

设了实训基地,这是国内首个国家级公益性创业扶持服务平台。基地共建成创业能力实训、产品实验试制、创业企业孵化、创业服务平台、现代服务业高技能实训和国际培训六大服务平台,初步形成了"能力实训—实验试制—孵化落地"的完整创业服务链。

图 9-18　中国(上海)创业者公共实训基地外景图

2020 年 4 月,复客中国通过公开招投标方式承接了实训基地三号楼创新创业孵化中心的运营管理工作,建筑面积约 10 000 m^2,建设打造专业性科技创业苗圃孵化平台——复客中国 5G 智慧产业双创中心。双创中心聚焦"5G+新一代信息技术"产业,通过引进 5G、大数据、物联网、人工智能等新兴产业,发挥 5G 对边缘计算的交叉带动作用。

双创中心于 2020 年 12 月正式运营,并于 2022 年 5 月纳入上海市 2022 年(第一批)科技创新创业载体培育体系。截至 2022 年年底已孵化培育团队和企业 92 家,直接或间接带动就业人数约 500 人。

在运营过程中,双创中心成功将区域性优势资源与复客中国专业化运营结合,打造了一个融合高端资源、先进产业、专业化服务和企业孵化的科创载体。在双创中心,入驻企业都能得到比较深度的服务。英仕宝科技入园后,不仅得到了产品方案和盈利模式的优化,还获得与上海理工大学教授团队合作机会,为其提供专业的声光电技术支持。达至网络科技是一家专门从事医疗软件平台开发的企业,在园区帮助下获得258万元的企业贷款。此外,复客中国依托双创中心与韩国首尔庆熙大学保育中心及首尔创新中心深度合作,建立离岸孵化器,将优秀科技型创新团队引进上海,并通过上海工程技术大学合伙人机制研究院,以合伙人运营的创新模式进行赋能(见图9–19)。

图 9–19　中国(上海)创业者公共实训基地内景图

二、务实招商引商,夯实科创服务

五角场是上海开展创新创业活动最活跃的地区之一,这里聚集了大量高端资源、先进产业和创业基地,实训基地就是其中之一。双创中心是实训基地引进的三大园区运营机构之一,也是复客中国依托上海优势资源和自身专业能力打造的专业孵化载体,目的是为实训基地打通高校与社会企业之间的合作通道,形成科技成果转化落地的有效纽带。

5G产业有一个较为庞大的产业链,比如可穿戴设备、智慧城市、虚拟现实、智能家居、智能物流、医疗软件、线上教育方面的应用,都是5G技术应用转化中的一部分。双创中心通过产业招商、产业集聚,目前已服务的部分重点项目如表 9-1 所示。

表 9-1 双创中心部分服务项目

行业 / 技术类别	简介
无人机	无人机产业供应链相关企业，包括无人机技术研发、产品展示、科普、大疆 UTC《无人机航拍技术》培训认证等
5G 应急通信 / 应急救援产业	集聚应急救援产业，包括研发、智能制造、演习、实训、科普、美国心脏协会 (American Heart Association，AHA) 心肺复苏培训认证、应急保障等，其中家庭应急仓项目为重点孵化项目
5G 影音传播技术研发	影音传播行业，研发 5G 智能无纸化办公、会议、产品技术发布、5D、裸眼 3D 等硬件及系统一站式解决方案
芯片封装检测	芯片封装设备的技术研发和检测，拥有芯片封装机领域的多项重要知识产权，研发中心拟落地上海杨浦区
5G 人工智能 / 分布式云存储	AI 算法的研发，主要客户为英特尔、英伟达，与复旦大学并行处理研究所等多所高校国家级实验室合作，拟与复客 5G 双创中心联合成立 5G 人工智能技术平台
直播短视频	上海杨浦区专精特新企业，获得 A 轮融资企业
AI 软件开发	卓思 AI+ 内容分发服务（content distribution service，CDS）人工智能临床决策支持系统
天使创投平台	已累计投资蔚来汽车等 100 多个品牌。为园区孵化项目及创业者提供天使投融资服务
首尔庆熙大学保育中心	3D 打印技术、芯片检测分装技术等

复客中国对双创中心的运营实行全方位服务，主要体现以下 4 个方面：一是为更好地服务 0～3 岁的创新创业团队和企业，需要具备创业组织孵化、创业能力培养、创业技术支撑、创业融资服务、创业氛围营造、创业典型选树、创服能级提升、创服品牌辐射等多方面的孵化能力；二是具有独立投资能力，有自筹自建的投资基金，并具有产业基金及相关融资渠道；三是具有较好的培训资源和能力，有专业的导师团队，能为早期入

孵科技团队和企业提供创业能力培训和指导，有创业培训或实训课程体系；四是具有在园区管理、产学研合作、技术转移、孵化服务等领域经验丰富的运营管理团队。

三、立足长三角，推动协同发展

复客中国立足长三角，截至2022年年底，在上海、苏州、昆山、吴江、南通等城市运营了400 000 m² 科创载体，初步形成了以上海为核心、辐射长三角、推进区域协同发展的格局。

在产业协同上，双创中心努力构建一个能够整合产业链资源，提供专业化、精细化服务的平台，不仅鼓励企业跨界交流合作，而且尽可能满足企业从设计研发到产品生产再到市场推广各阶段的资源需求，顺应国内5G、大数据、协同发展的趋势，对产业链设计研发、产品生产、市场销售、产业投资进行资源整合和区域分工，打破长三角简单意义上的地理空间联系，努力做到融合发展。

在资源协同上，复客中国以双创中心为基点，将上海优势资源包括产学研资源、科技成果转化资源、高校资源、人才资源和产业资源等整合利用，向长三角区域内企业辐射和共享。具体措施如下：一是建立5G融合实验室，中国通信工业协会5G专业委员会同复客5G智慧产业双创中心联合；二是本着战略合作、优势互补、不断创新、共同发展的原则，发挥在各自领域的优势，针对政产学研示范和5G融合产业发展领域的市场需求，共同开展多元化的数字人才服务，积极探索政产学研合作产业创新工程，联合成立5G融合重点实验室；三是促进地方政府、行业平台、专业协会、高等院校、标杆企业之间的联动合作，更好地为创新创业企业赋能。

在人才协同上的措施如下：一是围绕可持续职业发展能力培养，建设高技能人才实训基地，探索建立数字人才"全生涯"学习辅导体系，完善终身学习供给服务体系，打造长三角终身学习教育样板；二是联合高校、机构、企业，共同开发数字人才相关的证书培训体系，对接龙头企业的岗前培训体系、岗位用人需求，打造行业培训数字化支撑平台，建设数字人才服务中心。

在创新协同上的措施如下：一是构筑创新联合体，建设专家工作站；二是围绕技术转化与成果推广，深化园企合作，搭建产学研用创新成果转化通道；三是围绕知识产权交易与保护，促进更多的知识产权实现产业化应用。

通过在上海 5G 双创中心建设协同共享平台，力争使创业企业在长三角区域内都能体验到园区运营的科创赋能，助力企业的创新发展。

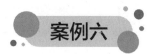

探索老城区科创载体创新之路

从上海地铁三号线殷高西路站一出站，就能看到位于逸仙路与殷高路十字路口上的一座建筑。这座建筑不高，只有 6 层，在见惯了高楼大厦的上海人眼中可能不那么高大。但因其处在十字街口，抢占了来自逸仙路与殷高路 4 个方向的 C 位，所以显得格外夺目（见图 9–20）。"复客北翼创享中心"几个大字也仿佛在告诉大家，这是一座有沉淀、有创新、有活力的建筑。

一、老房东变股东转换新机制

创享中心的前身是上海宝山区供销总社旗下全资公司上海北翼（集团）有限公司在早期利用高境镇发展工业生产的契机建设的一家服装厂。随着城市功能的改变和产业结构的调整，制造业已不能适应殷高路片区的规划，因此，服装制造就退出这个片区，随后先后引进宾馆住宿、游戏

图 9-20　复客北翼创享中心外景图

厅、网吧等较低端商业，大楼外围为违章搭建棚户区，整体形象较差，安全隐患较多。这些产业与高境镇发展规划、与殷高路的产业结构仍不能匹配。因此，新的产业转换成为最为迫切的问题。随着注重人性化、品位化、风格化定位的殷高西路商业街的启动和建设，寻找一个产业定位与商业街匹配或高于商业街定位的业态是建设方重点考虑的问题，但却一直未能如愿。

　　2017 年 3 月，复客中国经过对项目细致的市场调研和科学的分析定位，研究制定出一套完整的运营方案，参加了项目竞标并最终顺利中标。

　　美好的合作总是一拍即合。没有过多的繁文缛节，也不需要过多的言语解释，当复客中国提出的"金融投资＋智慧健康＋共享经济＋路演平台"运营框架与北翼集团规划的发展理念高度契合时，中标已是必然。2017 年 5 月，合作协议很快签订，北翼集团以"房东＋股东"的身份与复客中国共同成立合资公司联合运营。北翼集团认为，专业的事情应该交给专业的人去做，复客中国是做产业孵化的专业机构，通过合作，双方可以发挥各自优势，并打造独具特色的创享中心。

这看似平常的合作其实是对科技园区商业模式的一次重大突破。在过去好多年，科技园区的运营模式局限于公有公营、公有民营、民有民营等方式。北翼集团作为拥有强大产业资源的国有企业，以股东身份与民营企业复客中国强强联合，共同成立合资企业运营国有载体，既推进了国有资产的盘活，又赋予了科技园区运营的活力和动力。

二、闹市中旧厂房焕发新生机

在完成合作签约后，复客中国没有马上进入改造和施工，而是一头扎进市场，开展进一步调研。2017年5月，复客中国派出几路团队对市场进行摸底：一路实地察看项目周边5 km范围内商业形态、产业布局、写字楼业态、科创园区分布以及市场主体入驻情况；一路重点研究城市规划、人口结构、经济数据、消费情况、环境生态等；还有一路与设计单位沟通，在原设计基础上，根据调研数据进行修改。经过两个多月的市场调研、设计调整和研讨分析后，一个更趋完善的科创载体运营规划方案浮出水面，而载体改造是运营前期最重要的一环。

项目运营规划主要分4个部分：一是项目定位；二是载体建设；三是招商策略；四是运营体系。

鉴于项目所处位置、物业形态、载体规模和历史遗留问题，新的方案将项目定位为办公与商业配套相结合的科技企业孵化器，其中：一楼为商业空间，可作为项目商业配套；五到六楼为办公空间，打造成以"健康智慧＋共享经济"为主题的孵化器。业态定位基于3个方面的考虑：一是科技企业孵化器是高端的科创服务业态，可以培育高质量科技企业，对促进经济发展、吸引创业就业、提升产业质量具有巨大的推动作用；二是建设科技企业孵化器与殷高路商业街建设规划形成互补，不仅能解决企业就近办公的痛点，同时又能提升城市形象；三是项目物业形态以办公为主，而且主力面积正好能满足初创企业需求，降低企业成本。因此，建设科技企业孵化器既能提升城市形象，又能充分利用资产价值，既能满足企业需求,又能带动产业发展,从而形成多赢局面。

确定了改造方案后,施工进展很快。从前期拆违到报建、施工、交付等仅用了 6 个月时间,施工过程中一直在和时间赛跑,整个施工效率获得了北翼集团高度赞许。

改造结束后,一座新的建筑展现在街头,"复客北翼创享中心"几个大字在具有现代风格的外立面墙上熠熠生辉,成为当地一大新景观,这就是城市更新的魅力,也是产业升级带来的蜕变(见图 9–21)。

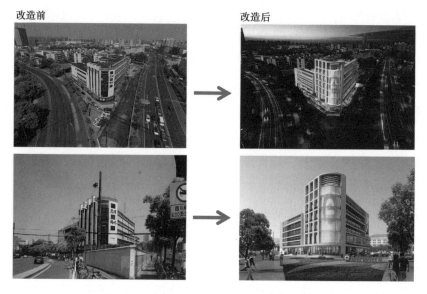

图 9–21　复客北翼创享中心改造前后对比图

三、新时代新模式产生新动能

如果说载体硬件设施进行改造升级带来了载体品质提升、载体价值提升、城市形象提升,那么这只是开始,而终极目标是产业导入。北翼集团与复客中国形成的共识是,有产业的载体才是最有价值的载体。

按照规划方案,创享中心的产业定位为"物联网+健康智慧"(见图 9–22)。产业定位是经过周密细致的市场调研,结合载体特性和当地产业

图 9-22　复客北翼创享中心实训图

规划确定的。后来经过事实证明，这个定位非常准确。

　　有了载体，锚定了产业，组建了团队，招商就变得相对容易。还是那个熟悉的味道，制订招商计划、确定租赁价格、完善招商政策、拓展招商渠道、联系洽谈企业、办理入驻手续，一气呵成。入驻企业达到 99 家，从业人员约 500 人，招商率达到 90%，而距离项目启动招商只用了不到 6 个月时间。

　　产业快速导入又对改善商业形象、提升街区人气起到促进作用。比如上海万序健康科技有限公司，公司自主研发了 SPD（药品）、SPD（耗材）、SPD（试剂）系统、医院物资管理系统、医疗器械 ERP 系统、医药批发、零售 ERP 系统以及医保审方系统，目前已在申报上海市"小巨人"企业，企业研发人员近 200 人。麦当劳入驻项目商业最核心位置，深受年轻人和当地居民喜欢，不仅极大改善了载体商业氛围，吸引了大量人气，而且成为载体和当地居民的餐饮配套。

　　对于孵化器来说，企业导入只是起点，企业孵化才是关键。复客中国为创享中心构建了两个交流中心。一是资源交流中心。在网络化的大背景下，通过组织学习和组织创新，发挥股东资源优势，让在孵企业获得更多的社会资源选择，也让更多的外界资源进入载体，帮助企业成长。二是技术交流平台。通过网络信息服务系统，孵化器系统网络节点之间的合作更加紧密有效，也使得各项孵化活动和孵化服务更为高效。此外，复客中国的产业服务中心、投融资服务中心、复客创业学院三大平台可以直接为企业提供金融、技术、人才、培训等各类服务，全方位帮助企业发展。新的孵化模式为企业发展注入了新动能（见图9-23）。

2020年，创享中心被评为宝山区区级达标孵化器。

图9-23　复客北翼创享中心内景图

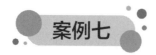

建设具有人才科创特色的高端孵化平台

苏州吴江太湖新城科创园是由政府创办、委托上海复客科技集团运营的国家级科技企业孵化器，孵化面积17 000 m²（见图9-24）。上海复客科技集团利用自身优势，积极引进高端科创人才，大力培育高质量企业，搭建了十大服务平台，全方位为科创人才和企业创造良好的产业生态和服务生态。项目累计引进和孵化了120多家科技企业，培养了3家省级双创人才企业、2家姑苏人才企业、25家吴江区领军人才企业、13家高新技术企业、1家上市企业。

图 9-24　吴江太湖新城科创园

一、围绕腾笼换鸟创新运营理念

太湖新城科创园位于吴江苏州河路18号，隶属于东太湖度假区管辖（见图9-25）。项目于2007年正式启动，早期由政府相关单位直接管理和运营，主要用于培育科技企业。2018年，当地政府顺应长三角一体化发展要求，决定将科创园建设成人才科创平台，并引进第三方专业化机构独立运营，提升项目的专业化水平，吸引更多高端人才入驻。经过多轮筛选，复客中国签约成为科创园新的运营主体。

复客中国运营科创园后，采取了三大措施将园区运营推入规范化和智慧化的轨道。

图 9-25　吴江太湖新城科创园外景图

（一）严格企业管理制度

科创园虽然是一家国家级孵化器，但在前期运营过程中存在高端人才企业少、入园条件低、退出机制执行不严格等现象，导致园区各种类型的企业都有，有些达到毕业条件的企业没有退出，有些不符合入园条件或过了孵化期限的企业长期赖着不走，大量占用有限的孵化空间。面对这种局面，复客中国立即着手按照国家级孵化器的标准制订了严格的入驻、在孵和退出条件，并严格按标准对不符合要求的企业进行清退。清退后，园区企业减少了 60%。通过企业清理，既保留了优质企业，又腾出了孵化空间，彻底理顺了管理机制，为人才企业打开了畅通之门。从此，园区风气为之一清。

（二）创新项目运营体系

复客中国在运营初期，向园区导入"一个链条、两个生态"运营模式，并搭建金融投资、创业学院、企业辅导、技术对接、市场营销、商务信息、财税法律、人力资源、科技政策、物业管理十大服务平台，通过整合优惠政策、先进技术和专业服务等优势资源，组建复客基金和风投基金，与中国科学院、同济大学、上海大学、哈尔滨工业大学等高校和研发机构建立合作关系，积极开展导师辅导、创业培训、创业大赛、资源对接和技术辅导活动等，将科技创新与人才创业有效结合，助力企业"创无所忧、创有其乐、创必有得"。

（三）优化人才招引机制

硬环境优化只是基础，软环境建设才是引进人才的核心。在招引人才过程中，复客中国不断优化人才引进机制，结合"苏州湾人才""吴江区领军人才""姑苏人才"的评定规则，确立先评后落地、多人评审、制定测评方案的人才评审机制，优化了人才招引流程，节省了人才招引成本，提高了人才招引效率，为人才落地提供了保障。

二、围绕高端人才构建服务体系

人才资源是第一资源，是一个地区经济跨越发展的关键因素。自2007年江苏省率先在全国启动高层次创业创新人才引进计划以来，江苏各地积极响应，纷纷实施各自的领军人才引进计划工程。2015年以后，全国各地开始加大人才争夺，一场看不见硝烟的人才争夺战拉开了大幕。生产总值超过2 000亿元的吴江一直对人才引进非常重视，率先出台了一系列支持政策，建设了一批人才科创载体，为引进人才打下良好基础。太湖新城科创园是吴江区建设的人才科创重要基地之一，也是当地受人瞩目的焦点。

2019年4月，园区负责人只身前往深圳，与在毫米波领域有多年研发经验的何教授洽谈，准备将其团队及研发的相关产品一起引入园区。达成意向后，园区立即帮助何教授在吴江进行企业注册，并提供咨询人才政策、搜集产业资讯、办理外籍人才入境等服务，同时复客中国还给予50万元贴息贷款。周到贴心的服务让外地人才在来吴江创业时感到十分温暖。主动出击，在全国各地招引人才，成为复客中国运营科创园的常规动作。

2020年12月，由苏州吴江东太湖旅游度假区管委会主办、复客中国承办的2020"东太湖杯"5G新一代信息技术创业引才大赛圆满落幕，吸引了长三角80多个高层次人才创业项目参加比赛，其中有2个项目签订了落地吴江太湖新城科创园入驻协议，有8个项目对落地吴江表达了强烈意向。

2018年以来，复客中国利用上海的资源优势和专业的服务能力，在人才招引工作上迅速行动起来，将引才、留才作为重中之重，并采取一系列措施，取得显著成效。一是利用好各级政府部门制定的人才扶持政策开展"政策引才"，在引才过程中为人才讲解政策、匹配政策、落实政策，让人才享受到真正的优惠；二是安排专职人员奔上海、赴成都、上北京、下深圳，通过"走出去、引进来"的方式到全国人才聚集地"外出引才"；三是通过举办以"东太湖杯"为主题的系列人才大赛"以赛引才"，吸引近百名人才参加初选，近20个人才项目参赛；四是落地人才感受到优质服务后，又推荐新的人才入驻，达到"人才引才"的效果。多措并举，短短几年时间就引进人才项目40多个，其中获得区级以上认定的领军人才项目23个。

除了引才外，提供高水平服务留才也是园区的必修功课。一是完善服务平台，为人才提供企业规划、市场营销、人力资源、政策咨询等服务；二是积极拓展融资渠道，使用创业基金、商业信贷、政策性贷款以及担保抵押等金融工具或者渠道，为人才项目提供资金保障；三是组建专业服务团，组建由专业服务员、项目经理、创业导师、专家顾问组成的专业服务团，为人才企业提供专业性指导和服务；四是以园区平台为依托，与高校、科研院所、企业联合建设公共技术服务平台，助力企业技术研发。

园区人才引进初见成效，从海外、深圳、上海等引进的人才带技术、带资金来吴江创业，他们有着不同的工作经历，代表着不同的行业，但都在科创园生根发芽。大量的人才聚集在一起，发挥出来的作用是巨大的，像蝴蝶效应一样。当人才的力量形成共振的时候，必定会对区域产生重要影响，从第一个领军人才引进到评定成功并产业化，产生了品牌价值和知名度后，其他资源就会纷至沓来，会有更多人才愿意聚集到这里，成为创造价值的源泉。

三、围绕高新技术企业创新服务模式

在引进高端人才创业的基础上，培育高新技术企业也是园区的重要任务，而"带技术、带项目、带资金"来创业的领军人才，无疑是培育高新技术企业的主力军。

2020年6月，园区新引进游隼信息技术科技（苏州）有限公司，该团队研发的高精度智能跟随式液剂涂敷系统项目在图像运算处理（charge coupled device，CCD）、追踪式定位、微流量控制、云控制通信等技术上已处于国内领先水平并取得多项专利，随即被评为吴江区领军人才项目，2021年成为高新技术企业。2021年，凯森工控、黑谷智能等5家企业成为高新技术企业。类似于游隼信息、凯森工控这样的高人才、高科技、高附加值的"三高"企业已在园区占比超过60%，成为5G新一代信息技术、智能制造等新兴产业快速聚集的主导企业。

毕业于清华大学的余博士自入驻园区并成立公司以来，研发的环境精密仪器已取得40多项专利，获得外部投资5 000万元，被吴江区、苏州市和江苏省分别评定为双创领军人才，同时公司也成为高新技术企业，2019—2021年，每年的销售额增长均超过100%，已经接近科创板上市要求，近期已在进行上市前筹备工作。从园区毕业的亿友慧云项目曾是园区的明星企业，经过园区的孵化和培育，成功在新三板上市。

截至2022年年底，园区在园入孵企业70家，高新技术企业13家，吸引投资4.1亿元。园区累计入孵创业实体120个，培育高新技术企业18家，上市企业1家，累计解决就业1 000多人，成为当地人才创业的聚集地和培育高新技术企业的摇篮。

园区不仅是将人才转化为高科技企业的平台，同时将人才资源高度融通，形成人才流动发展的平台，太湖新城科创园作为一家国家级科技企业孵化器，不但助力科创企业的发展，而且搭建人才招引、人才集聚、人才交流的平台，有力推动了科技创新事业的繁荣和区域经济的发展。

# 后记
>>> POSTSCRIPT

2022年5月，复客中国成立7周年。公司原本准备举办一些研讨活动，不料所有计划都被突如其来的疫情打乱。4—5月，整个上海按下了暂停键。突然的"静默"虽然让人很不习惯，但也有一个好处，就是让我们能静下心来，好好地捋一捋过去7年所做的事、所取得的成绩以及存在的问题，于是萌生了撰写本书的想法。《孵化与蝶变》既是对复客中国过去几年项目拓展和运营做法的复盘和总结，也是对科创载体建设运营规律的摸索与创新。我们出版此书的目的有两个：一是通过系统的经验总结，不断提升自身能力，实现未来可持续发展。二是通过对科技园区本质内涵、发展脉络、运营规律、生态建设等方面的阐述，一方面帮助各类园区特别是科技园区的运营管理者深化认识、减少失误、提升素养、增加绩效；另一方面也希望为未来我国科创载体行业的健康发展提供有益的经验和借鉴。

在撰写本书的过程中，公司专门成立了顾斌、沈风雷、舒伟清、曹阳、宜琳组成的编写组，并多次召开线上线下讨论会，就全书的框架脉络、章节内容广泛征求意见，博采众长。本书也是上海复客科技集团集体智慧的结晶，公司相关人员参与并做了大量工作。其中，罗斌、张岳磊、李俐、苏予欢等人参与了相关章节的撰写，张建芳、刘帆、汪莉、仇慧姝参与了项目案例的编写。在这里向上述人员一并表示感谢。

复客中国成立以来，也得到了政府相关部门、各战略合作单位的支持和帮助，如昆山市高新区管委会、昆山市人民政府台湾事务办公室、吴江太湖新城管委会、上海华谊（集团）化工联社、上海北翼集团、绿地集团事业一部、盈信集团等单位，不胜枚举，还有许多朋友也一直全力支持，在此一并表示衷心的感谢。

后记

在撰写本书过程中，我们还参考了国内外各类媒介的相关文献资料，按照学术惯例，尽可能在每个章节的最后予以罗列。在此，也一并向这些书籍和文章的作者表示衷心的感谢。

尽管科技园区近几年在我国的发展非常迅速，但相比发达国家而言，仍然属于新生事物，复客中国作为科技园区建设运营领域的后起之秀，未来需要不断探索、揭示科技园区的发展规律，为我国的科技创新事业做出新的贡献。最后，由于我们的能力和水平有限，《孵化与蝶变》肯定存在瑕疵和不足，敬请各位专家学者和行业同人不吝指正。

2023 年 5 月

图书在版编目(CIP)数据

孵化与蝶变/顾斌,沈风雷著. —上海:复旦大学出版社,2023.9
ISBN 978-7-309-16897-6

Ⅰ.①孵… Ⅱ.①顾…②沈… Ⅲ.①高技术园区-研究-中国 Ⅳ.①F127

中国国家版本馆 CIP 数据核字(2023)第 119696 号

孵化与蝶变
FUHUA YU DIEBIAN
顾 斌 沈风雷 著
责任编辑/李 荃

复旦大学出版社有限公司出版发行
上海市国权路 579 号 邮编:200433
网址: fupnet@fudanpress.com http://www.fudanpress.com
门市零售:86-21-65102580 团体订购:86-21-65104505
出版部电话:86-21-65642845
上海四维数字图文有限公司

开本 787×1092 1/16 印张 17.25 字数 247 千
2023 年 9 月第 1 版
2023 年 9 月第 1 版第 1 次印刷
印数 1—4 100

ISBN 978-7-309-16897-6/F·2986
定价:49.00 元

如有印装质量问题,请向复旦大学出版社有限公司出版部调换。
版权所有 侵权必究